Viele Elemente Ihres Lebens sind vorbestimmt, oder zumindest vorbelastet. Wo und von wem Sie geboren wurden, welche Ausbildung Sie genossen haben, welche körperlichen und geistigen Kapazitäten Sie mitbringen und derlei Dinge mehr.

Diese Karten haben Sie zugeteilt bekommen - wie Sie diese ausspielen und was Sie daraus machen, bleibt Ihnen überlassen. Es spricht nichts dagegen, sein Leben nach den eigenen Vorstellungen zu gestalten.

Ich wünsche Ihnen viel Glück auf Ihrem Weg und hoffe, dieses Buch kann Ihnen auf Ihrem Weg von Nutzen sein.

Alles Gute
Ihr
Gerd Ziegler

„Was immer du tun kannst oder erträumst zu können, beginne es.
Kühnheit besitzt Genie, Macht und magische Kraft.
Beginne es jetzt.“

Johann Wolfgang von Goethe

Ein Buch besteht immer aus mehreren Teilen. Dem was der Autor gelernt hat, was er davon verarbeitet hat, welche Schlüsse er daraus gezogen hat, was er schreibt und schließlich aus dem was der Leser liest und sich dabei vorstellt. In diesem Sinne ist dies UNSER Buch.

Meines, Ihres und das der Menschen, deren Gedanken darin eingeflossen sind und die mich zu meinen eigenen Gedanken inspiriert haben. Ein spezielles Dankeschön gilt darüber hinaus unseren Interviewpartnern und allen Unterstützern unseres Projekts.

Gerd Ziegler

Vom Traum zum Ziel

Endlich nach meinen eigenen Vorstellungen leben!

© 2014 Gerd Ziegler

Autor: Gerd Ziegler
Umschlaggestaltung, Illustration: Enrico Golias
Titelbild: Hiker © Dudarev Mikhail - Fotolia.com

Verlag: Hoch-hinaus-Verlag, Stuttgart
ISBN: 978-3-945240-00-7
Printed in Germany

Bibliografische Information der Deutschen Nationalbibliothek:
Die Deutsche Nationalbibliothek verzeichnet diese Publikation in der Deutschen Nationalbibliografie; detaillierte bibliografische Daten sind im Internet über http://dnb.d-nb.de abrufbar.

Inhalt

Einleitung

Warnhinweis – Risiken und Nebenwirkungen

Bitte ziehen Sie unbedingt vor Gebrauch dieses Buches Ihre innere Stimme und Ihre liebgewonnenen Gewohnheiten zu Rate. Durch das Anwenden der Inhalte dieses Buches kann es vereinzelt zu Verunsicherung und starken Veränderungen der Lebensumstände kommen. In wenigen Fällen wurde sogar von akutem Ausredenmangel und Schädigung der Selbstmitleidsdrüse berichtet.

Ferner kann die Leugnung der Verantwortung für das eigene Leben in Mitleidenschaft gezogen werden, bis hin zur kompletten Verflüchtigung selbiger. Auch der Glaube, alles würde sich schon irgendwie alleine und ohne Anstrengung zum Guten wenden, kann unter Umständen stark ins Wanken geraten.

In einzelnen Fällen sind auch Risse im eigenen Weltbild aufgetreten und es sind teilweise Einsichten und neue Perspektiven entstanden, die ihrerseits starke Veränderungen im Verhalten der Leser hervorrufen können.

Durch häufige Anwendung der Inhalte und der daraus gewonnenen Erkenntnisse können sich Ängste und die damit verbundene Handlungsunfähigkeit auflösen. Vereinzelt kann es dadurch zu Aktivität und Umsetzungsstärke kommen.

Sollten Sie also eigentlich alles beim Alten belassen wollen und Veränderungen in Ihrem Leben möglichst vermeiden wollen, sorgen Sie bitte dafür, dass Sie dieses Buch entweder gar nicht oder wenn, dann nur passiv konsumieren. Eine aktive Anwendung der Inhalte kann Sie Ihrem Traumleben näher bringen oder zumindest mögliche Wege dorthin aufzeigen.

Wollen Sie das wirklich?

Wenn ja, dann freue ich mich darauf mit Ihnen die nächsten Seiten gemeinsam zu gestalten. Ich, mit dem was ich schreibe und Sie, mit dem was Sie lesen, was nicht immer zwangsweise dasselbe sein muss. Viel Erfolg auf Ihrem Weg.

Vorwort

Es war einer dieser typischen grauen, wolkenverhangenen Montagmorgen. Ich hatte geschäftlich in München zu tun und stand zusammen mit einigen hundert anderen Wartenden am Bahnsteig der U-Bahn und beobachtete die Menschen.

Die meisten waren von dem Zustand der Begeisterung ungefähr so weit weg, wie ich von der Goldmedaille im Hundertmeter-Sprint. Die Gesichter angespannt, die Schultern hängend und die Laune insgesamt der Farbe des Morgens angepasst - grau. Der Herr vor mir entdeckte plötzlich einen Bekannten und begrüßte ihn: "Und? Alles gut?", sagte er mit einem flüchtigen Lächeln. "Klar. Muss ja. Und selbst?" "Ach ja. Kann nicht klagen." Damit war die Unterhaltung auch schon beendet, denn die U-Bahn fuhr ein.

Mich machte dieses Allerweltsgespräch aber nachdenklicher als sonst. Es lag nichts Dramatisches in dieser Situation am frühen Morgen. Auch ging die Welt nicht unter, nur weil ein paar Menschen etwas unmotiviert zur Arbeit fuhren. Es war diese Selbstverständlichkeit mit der es alle hinnahmen, den Großteil ihres Lebens mit etwas zu verbringen, das ihnen keine Freude bereitete, sie nicht erfüllte. Mit etwas, das von Vielen oft sogar als Zwang empfunden wird.

"Muss ja ...", hatte der Mann gesagt. "Es ist alles gut, weil es muss ja ..." Was soll man denn schon machen? Irgendwie muss man seine Brötchen ja verdienen und es könnte ja schließlich schlimmer sein. Wenn ich es nicht schon so oft erlebt hätte, dass es auch anders geht, hätte ich das wohl für genauso normal gehalten, wie die beiden Wartenden vor mir auf dem Bahnsteig. Das Leben ist 90 % Erfüllung seiner Pflicht und 10 % Spaß, hat mir ein Mann mal erzählt, von dem ich damals noch dachte, er wüsste über alles Bescheid. Man muss hart arbeiten, damit man sich diese 10 % leisten kann. Damit es uns gut geht. Wir haben jeden Tag mehr als genug gutes Essen auf dem Tisch und ein schönes Häuschen. Was will man mehr?

Ich hatte schon als Kind andere Vorstellungen, hielt diese aber für Träumereien, weil dieser Mann, mein Vater, ja wohl Recht mit seinen Ausführungen hatte. Man muss hart arbeiten, Opfer bringen und dann kann man die Annehmlichkeiten des Lebens genießen. Nicht zu lange, versteht sich. Wer rastet, der rostet.

Viele Jahre habe ich dadurch mit Dingen verbracht, die ich für meine Pflicht hielt. Dinge, die mir weder Freude bereiteten, noch ein nennenswertes Einkommen beschert haben. Um diesen Wahnsinn zu komplettieren, hatte ich phasenweise sogar Sorge diesen ungeliebten Job zu verlieren. Meine Leistungen waren schließlich, durch die mangelnde Motivation begründet, eher überschaubarer Natur.

An all das fühlte ich mich an diesem Morgen in München wieder erinnert. Wenn ich damals, nach der Schule oder wenigstens nach der Ausbildung schon gewusst hätte was ich heute weiß. Wie viel weiter könnte ich schon sein? Wie es dann tatsächlich gekommen wäre, ob ich tatsächlich die Chance damals erkannt hätte oder ob sich ein ganz anderer Weg für mich ergeben hätte, das kann ich natürlich nicht mit hundertprozentiger Sicherheit sagen. Aber die Idee für Wissen-ist-Macht-TV begann an diesem Morgen in mir zu reifen, wenngleich natürlich noch nicht in vollem Umfang und in der heutigen Erscheinung. Ich wusste noch nicht wie, wann und in welcher Form, aber ich fand es sollte einen Ort geben, an dem man sich über die Myriaden von Möglichkeiten informieren kann, die einem Menschen für das eigene Leben zur Verfügung stehen. Wenn man weiß, dass es sie gibt und wie man sie nutzt, erst dann kann man von wirklicher Freiheit der Wahl reden.

Heute, mit ein paar Jahren Abstand weiß ich erst, wie naiv und illusorisch es war zu denken, die Menschen würden tatsächlich mehrheitlich danach suchen oder sich über Veränderungen freuen. Mir war damals noch nicht ganz klar, dass wir Menschen zwar gerne von einem besseren Leben träumen, eventuell auch bestimmte Vorstellungen davon haben, wie unser Traumleben aussehen könnte, aber die tatsächliche Realisierung eines solchen Lebens nur sehr selten angehen. Heute weiß ich, dass man Menschen nicht dauerhaft dazu motivieren kann etwas für sich zu tun. Man kann ihnen nur helfen, die eigene Motivation, die eigene Begeisterung, Leidenschaft und den eigenen Mut in sich zu entdecken.

Als eine solche Hilfe versteht sich Wissen-ist-Macht-TV heute. Eine Vielzahl von Interviews mit Menschen, die bereits ihren Traum leben oder zumindest auf einem guten Weg dorthin sind, sollen inspirieren und aufzeigen, dass viele Wege nach Rom führen. Erfolgreiche Unternehmer, eloquente Redner, einfühlsame Trainer, Motivationskünstler, Sportler, die ihre eigenen Grenzen durchbrochen haben, Menschen, die Hilfsorganisationen auf die Beine gestellt haben, eine Fernseh-Schauspielerin, ein ZEN-Meister, eine Radio-Moderatorin, ein Filmproduzent, ein Bestseller-Autor, Fachleute für Charisma, Verkauf, Motivation, Organisation, einen twitternden Maler und einen Social-Media-Metzger und sogar jemand, der sich dem Thema Sterben angenommen hat. Berühmtheiten und "ganz normale" Menschen, die Außergewöhnliches geleistet haben - die Mischung ist eine äußerst bunte. Es sollte für jeden etwas dabei sein, das ihn oder sie anspricht, das der eigenen Art jedes Einzelnen entgegen kommt.

Die Essenz dieser Interviews, gemischt mit den eigenen Erfahrungen und Erkenntnissen sind in diesem Buch zusammengefasst und so strukturiert, dass es Sie auf den Weg bringen kann zu einem Leben nach Ihren eigenen Vorstellungen. Denn dieses Leben steht für Sie bereit. Es ist vielleicht noch nicht bis ins Detail sichtbar und es wird wahrscheinlich nicht ohne Hindernisse und Rückschläge erreichbar sein, aber ich kann Ihnen versprechen, dass der Aufwand sich lohnt und der Weg dorthin Sie erfüllen wird. Ich gratuliere Ihnen zu Ihrem Entschluss es anzugehen und wünsche Ihnen maximalen Erfolg auf dem Weg zu Ihrem Traumleben.

Jeder Mensch wird mit einem Traum geboren

Egal wie gut oder schlecht es uns geht. Egal wie viele Erfolge oder Misserfolge wir schon hinter uns gebracht haben. Etwas begleitet uns immer und tritt mal stärker, mal weniger stark in den Vordergrund. Manchmal gelingt es uns sogar ihn ganz zu verschütten. Jeder Mensch wird einem Traum geboren oder legt sich diesen im Lauf seines Lebens zu. Bei den einen ist es DER große Traum, bei anderen setzt sich dieser aus vielen kleineren Träumen zusammen, die man sich gerne erfüllen würde und die erst zusammen ein Gesamtbild ergeben. Bei einigen Menschen ist es ein bestimmter materieller Wert, von dem sie träumen, bei anderen ein eigenes Buch, ein eigenes Unternehmen, eine bedeutende Position oder eine große Reise. Bei wieder anderen definiert sich ein Traumleben durch die Tätigkeit, mit der sie den

Großteil ihrer Zeit beschäftigt sind. Die Palette der Wünsche und Träume ist so groß wie die Anzahl der Menschen, die auf dieser Welt leben.

Manche Träume sind einfach nur Flausen in unserem Kopf. Wir würden uns freuen wenn wir sie realisieren könnten, aber wenn nicht wäre es auch kein Beinbruch. Andere Träume haben wir nur, weil wir etwas Bestimmtes mit deren Realisierung verbinden. Das Objekt unserer Begierde ist in dem Fall, genau betrachtet, gar nicht so wichtig. Das wirklich Wichtige ist das, was wir sind, werden oder haben, wenn wir es erreicht haben. Im Kapitel über die Bedeutung der Ziele und Festlegung der angestrebten Träume werden wir auf diesen Punkt noch genauer eingehen.

Aber darüber hinaus, gibt es für uns auch diese Träume, die etwas in uns auslösen, das sich nur sehr schwer beschreiben lässt. Es ist dieses erwartungsfrohe Kribbeln im Bauch, diese dopaminschwangere Verklärtheit mit der wir über einen solchen Traum sprechen, oder über Menschen, die diesen Traum bereits leben. Diese Mischung aus glücklichen und melancholischen Gefühlen, wenn wir uns diesen Träumen hingeben. Selbst wenn diese Art von Gefühlen bei allen Menschen unterschiedlich ausgeprägt ist, werden Sie vermutlich wissen, wovon ich spreche.

Und doch haben sich diese Träume im Lauf unseres Lebens oft etwas verflüchtigt. Sie haben ihre Klarheit verloren oder besser gesagt, unser Blick auf sie hat sich vernebelt. Wir haben schließlich gelernt uns zu schützen. Was passiert, wenn Sie aus Ihrem Traum ein richtiges Ziel machen und es nicht erreichen? Was haben Sie dann noch? Immerhin ist dann auch noch Ihr Traum weg, in den Sie sich bisher noch flüchten konnten.

"Es mag ja bei Ihnen so sein", höre ich außerdem immer wieder, "aber bei mir ist das ganz anders. Ich kann ja schließlich nicht einfach …" oder "…ich habe ja schließlich kein …" oder "…im Gegensatz zu …, habe ich ja kein …"

Setzen Sie bei den Pünktchen Ihre beliebtesten Gründe ein, warum Sie Ihren Traum noch nicht realisiert haben.
Woher ich weiß, dass Sie Ihren Traum nicht schon realisiert haben? Nun, würden Sie dann dieses Buch lesen? Aus dem gleichen Grund weiß ich auch, dass Sie Ihren Traum gerne realisieren würden und tief in sich drin wissen, dass sie es können. Zumindest haben Sie die Hoffnung darauf noch nicht ganz aufgegeben. Und das ist gut so. Es ist wichtig zu erkennen, dass auch

diejenigen, die heute ein Leben führen, das Sie sich wünschen, vorher genau an dem gleichen Punkt waren, genau die gleichen Unsicherheiten und Ängste durchlebt haben oder genauso oft Fehler gemacht haben und mit ihren Versuchen gescheitert sind. Sein Traumleben zu führen ist zunächst eine Entscheidung und dann ein Prozess, den man durchlaufen muss. Wie der bei Ihnen genau aussieht, weiß nur ein Mensch auf der Welt, nämlich Sie selbst. Auch und gerade wenn Ihnen das vielleicht noch gar nicht richtig bewusst ist. Weder ich noch irgendjemand anders kann Ihnen sagen was für Sie richtig ist. Wir können Ihnen nur Inspirationen und Werkzeuge liefern, mit deren Hilfe Sie es herausfinden können.

Momente der Entscheidung
bilden unser Schicksal
Tony Robbins

Es wurde zu allen Zeiten viel diskutiert, was denn eigentlich der Unterschied zwischen Mensch und Tier sei. Tiere haben Gefühle, sie empfinden Angst, zumindest einige haben ein Erinnerungsvermögen, sie empfinden Zuneigung oder Ablehnung und zumindest einige Arten entwickeln verschiedene Arten von Intelligenz, können technische Zusammenhänge erkennen und Aufgaben lösen, welche ein dreijähriges Kind überfordern. Lange Zeit wurde der viel gerühmte freie Wille exklusiv dem Menschen zugeschrieben. Allerdings hat den ein Tier auch, wenn man ihm diesen nicht mit Gewalt oder anderen Manipulationsversuchen abtrainiert. Und wenn wir ehrlich sind, ist das bei uns Menschen genauso. Wir haben einen freien Willen, den wir aber meist so einsetzen, wie uns andere das beigebracht haben. Wenn wir uns für ein Produkt oder eine Partei entscheiden, tun wir das aus freien Stücken. Zumindest zwingt uns niemand mit einem Revolver im Anschlag etwas zu tun. Dass dieser freie Wille vorher zahlreichen Einflüssen ausgesetzt war, die ihn beeinflusst haben, ist eine andere Geschichte und gar nicht so weit von der Dressur bei den Tieren weg.

Trotzdem kommen wir dem wesentlichen Unterschied zum Tier, beim Thema freier Wille, ziemlich nahe. Denn wir haben große Einflussmöglichkeiten auf unser Schicksal. Wie viel von unserem Schicksal vorgegeben und wie viel davon selbst kreiert ist, damit werden wir uns im entsprechenden Kapitel noch näher auseinandersetzen. Vorerst wollen wir es dabei belassen festzustellen, dass wir Menschen sowohl die Fähigkeit als auch die Macht haben, unser Leben zu planen und zu gestalten. Tiere sind in ihrer Macht, ihr Leben zu gestalten oft eingeschränkt. Sie werden von ihren natürlichen Feinden und zunehmend von den Einflüssen der menschlichen Ausbreitung, in ihrer Existenz und der Entwicklung der eigenen Lebensgestaltung bedroht. Sei es, dass sie menschlicher Ausbreitung im Weg sind, sei es, dass sie zur menschlichen Belustigung dienen (vom Abknallen über die Auswüchse der Vermenschlichung, bis zum Vorführen von Kunststückchen o. ä.) oder sei es, dass wir uns von ihnen bedroht fühlen.

Zumindest in unseren Breitengraden ist unsere Existenzgrundlage meist soweit gesichert, dass wir uns der eigenen Verwirklichung zuwenden können. Und wir unterliegen dabei viel weniger Zwängen und Beschränkungen, als wir uns gemeinhin einreden. Selbstverständlich verfliegt jeder Gedanke an Traumerfüllung und Selbstverwirklichung in dem Moment, in dem unser Sicherheitsgefühl in seinen Grundfesten erschüttert wird. Wenn Ihnen jemand eine Pistole an den Kopf hält wird alles in Ihnen aufs Überleben und die Angst vor dem Tod ausgerichtet sein. Ebenso wird Ihre Aufmerksamkeit gebunden sein wenn Ihre Existenz bedroht ist, wenn Sie Gefahr laufen Haus und Hof zu verlieren. Grundlage aller Ansätze seine Träume zu verwirklichen ist das Gefühl der Sicherheit. Wird dieses erschüttert oder ist es nicht gegeben, dann ist eine Konzentration auf andere Dinge so gut wie unmöglich.

Deshalb wird dieses Gefühl oft und gerne von Menschen erschüttert, die uns etwas verkaufen oder uns anderweitig manipulieren wollen. Wenn uns das Gefühl vermittelt wird, wir oder unsere Kinder wären gefährdet, sind Tür und Tor für jede Art von Manipulation geöffnet. Wir würden dann alles tun um uns zu retten und genauso werden wir tagtäglich dressiert. Was wäre wenn? Die Versicherungsbranche hat mit diesem Werbeansatz Milliarden verdient und sie arbeitet immer noch damit. Diese Frage hält mehr Menschen von ihrem Traumleben ab, als alles andere auf dieser Welt. Was wäre wenn ich scheitere? Was, wenn ich alles verliere was ich jetzt habe? Was, wenn mich keiner mehr mag?

"Freedom is just another word for nothing left to lose", sang vor vielen Jahren schon Janis Joplin. Freiheit ist nur ein anderes Wort dafür, wenn Du nichts mehr zu verlieren hast. Tatsächlich hat sich der größte Schicksalsschlag für manche Menschen als größter Glücksfall erwiesen. "Wenn Du pleite gegangen bist und mit knapp 2.000.000 € Schulden da stehst weißt Du, dass Du mit einem normalen Job da nie wieder rauskommen kannst", hat mir ein Gesprächspartner mal gesagt. "Dann bleibt Dir nur die Wahl zwischen Selbstaufgabe und der Entscheidung das Außergewöhnliche zu wagen. Was hast Du schon zu verlieren?"

Genau das ist der Punkt. Solange Sie befürchten etwas zu verlieren wird Sie dieses Etwas davon abhalten seinen Verlust zu riskieren. Wenn Sie alles verloren haben können Sie in die Vollen gehen und sehr oft steht genau deshalb am Ende eines solchen Prozesses ein größerer Erfolg, als es sich der Betroffene jemals erträumt hätte.

Ich will Sie damit nicht auffordern Hals über Kopf alles über den Haufen zu werfen was Sie sich bisher erarbeitet haben oder sich blindlings in ein Abenteuer zu stürzen mit unnötigen Risiken. Ich will damit nur darauf hinweisen, dass Sie der Herr der Dinge oder der Sklave der Dinge sein können. Die Entscheidung liegt bei Ihnen.

Und damit sind wir beim Unterschied zum Tier. Wir sehen uns zahlreichen "Dressurversuchen" ausgesetzt, werden manipuliert und in unsichtbaren Käfigen gehalten. Unsere freie Meinung und unser freier Wille ergeben sich aus zahlreichen Stöckchen, die uns hingehalten werden. Und wir springen oft darüber um Bestrafung zu vermeiden oder um unsere Belohnung dafür zu erlangen. Auch wenn uns das nicht gefällt, wir sind so veranlagt und es gibt Menschen, die können mit diesem Wissen sehr virtuos auf der Klaviatur unserer Entscheidungsbildung spielen.

Tatsächlich aber sind Sie Herr über diese Vorgänge oder Sie können es werden. Sie können diese Ihre menschlichen Grundfunktionen nicht abstellen, aber Sie können sie für sich arbeiten lassen. Sie sind zu jedem Zeitpunkt Ihres Lebens ein freier Mensch mit der Macht Entscheidungen zu treffen. Ihr Geist ist unbezwingbar, auch wenn Ihr Körper gewissen Zwängen ausgesetzt ist. Selbst in der Machtlosigkeit eines Konzentrationslagers gab es Menschen, die sich ihre Gedanken nicht verbieten ließen, die dem Rad in die

Speichen gegriffen haben, wie es Dietrich Bonhoeffer ausdrückte. Sie als Mensch haben die Wahl Ihr Leben zu gestalten, denn ich unterstelle mal, Sie leben in weit weniger dramatischen Umständen als Dietrich Bonhoeffer. Sie haben die Macht, den einzigen wirklichen Vorzug zu nutzen, den wir Menschen, von wem auch immer, mitbekommen haben. Die Macht sein Schicksal zu gestalten. Genau daran werden wir uns in den folgenden Kapiteln machen. Sind Sie bereit alles Nötige dafür zu tun? Sind Sie bereit den sicheren Boden des bisher Erreichten ein Stück weit zu verlassen und Ihren Träumen ein Stück entgegen zu gehen? Wenn nicht, können Sie an dieser Stelle auch genauso gut aufhören zu lesen. Die folgenden Seiten werden dann höchstens zur Unterhaltung und zum Zeitvertreib dienen. Wenn ja, dann freue ich mich darauf Sie ein Stück auf Ihrer Reise zu Ihrem Traumleben zu begleiten.

Der Traum vom Mehr

Egal ob Sie Vorstandsvorsitzender einer weltweit agierenden Aktiengesellschaft sind oder in diesem Unternehmen am Fließband stehen. Egal ob Sie Büros einrichten oder welche putzen. Egal ob Sie Bücher schreiben oder welche führen – Sie haben etwas mit Ihren Mitmenschen gemeinsam – den Traum vom Mehr.

Nein – kein Schreibfehler. Es geht um ein Mehr an Ideen, ein Mehr an Geld, ein Mehr an Liebe, ein Mehr an Anerkennung und Ruhm oder ein Mehr an sonstigem, was Ihnen wichtig ist. Dieser Traum vom Mehr ist es der uns antreibt, der immer höhere Leistungen von uns fordert, der uns als Mensch und als Gesellschaft voran bringt und der uns, wenn wir es übertreiben, auffrisst und verschlingt wie eine tollwütige Bestie.

Dabei ist es relativ unwichtig, ob dieser Traum dem Neid auf andere Menschen entspringt oder Ihrem persönlichen Ehrgeiz. Im ersten Moment ist er etwas Positives und er sorgt dafür, dass wir weiter wachsen, uns entwickeln, neue Ideen ausarbeiten und uns weiterbilden.

Seine negative Seite entwickelt der Traum vom Mehr, wenn er sich in Gier verwandelt oder in ständigen, selbstgemachten Stress, weil wir uns nur nach anderen richten. Wer sich, seine Leistung und seine Besitztümer ständig mit den Errungenschaften anderer vergleicht, wird schnell feststellen, dass es IMMER mindestens eine oder einen gibt, der schneller, reicher, beliebter, größer, erfolgreicher, schlanker oder sonst wie besser ist.

Wer sich ganz gezielt Menschen zum Vorbild nimmt, die erreicht haben, was man selbst noch erreichen will, findet dagegen einen Ansporn dafür dran zu bleiben und seine Träume zu verwirklichen. Wer aber wahllos und neidvoll auf alles blickt was größer, schneller, weiter oder schöner ist als der eigene Besitzstand oder Zustand, der wird zwangsweise unglücklich werden.

Dieses Buch trägt den Titel *Vom Traum zum Ziel – endlich nach meinen eigenen Vorstellungen leben*. Und genau darum geht es in den folgenden Kapiteln. Ein Leben nach den eigenen Vorstellungen setzt voraus, dass Sie diese Vorstellungen kennen, dass Sie Ihre Träume konkretisiert und letztlich messbare, umsetzbare Ziele daraus gemacht haben. Das wiederum setzt voraus, dass Sie lernen eigene Träume von denen zu unterscheiden, die Ihnen „eingepflanzt" wurden.

Träume, die aus dem Neid auf den Nachbarn oder Geschäftskollegen resultieren sind ein schlechter Ratgeber und ein extrem schlechter Kompass auf dem Weg zu Ihrem wahren Traumleben. Und dieser Weg ist schließlich mindestens genauso wichtig wie das Ziel.

Woher ich weiß, was Ihr wahres Ziel ist? Nun, ganz einfach. Dieses wahre Ziel verbindet uns genauso wie der Traum vom Mehr. Es ist der Sinn unserer Aktivitäten, unserer Bemühungen und es ist der wahre Grund für die Art und Weise wie wir durch unser Leben gehen.

Aber dazu später mehr. Wenn Sie erst die Wahrheit in diesen letzten Zeilen erkannt haben werden viele Dinge klarer, die vorher unerklärlich schienen. Vieles von dem, was Sie bisher als Schicksal bezeichnet haben, wird dann als logische Folge sichtbar. Ursache und Wirkung – wir tun etwas und erzeugen damit eine Wirkung. Wir denken etwas und das wirkt sich auf uns und unsere Umwelt aus. Wir tun etwas nicht, und wieder hat das Konsequenzen für uns und unsere Ergebnisse. Ist unser Bewusstsein erst einmal geschärft und erfasst unsere Wahrnehmung dadurch was wirklich in uns und um uns herum vor sich geht, dann erkennen wir, dass WIR unsere Ursachen setzen und damit verantwortlich sind für deren Auswirkungen.

Ich will nicht so weit gehen wie manche Autoren und behaupten, jeder ist für ALLES verantwortlich was ihm oder ihr zustößt. Aber ich bin überzeugt, dass wir für einen weit größeren Anteil unseres Schicksals selbst verantwortlich sind, als wir uns selbst eingestehen wollen.

Genauer gesagt denke ich, dass wir nicht auf alles Einfluss haben was uns im Lauf unseres Lebens begegnet und was sich ereignet, aber wir sind zu hundert Prozent dafür verantwortlich, wie wir mit diesen Ereignissen und Begegnungen umgehen. Wir bestimmen zu einem viel größeren Teil selbst unser Leben als wir glauben.

Die größte Begrenzung die wir haben sind wir selbst. Unsere Art zu denken, unsere gewohnheitsmäßige Art der Fragen, die wir uns stellen, die Glaubenssätze, die wir mit uns herumtragen und die Erfahrungen, die wir und unsere Vorfahren gemacht haben, bestimmen darüber wie wir bestimmte Ereignisse in unserem Leben interpretieren.

Manche Experten gehen soweit zu sagen, dass es weder gute noch schlechte Ereignisse gibt, nur unsere Wahrnehmung davon. Wir entscheiden was richtig oder falsch ist, schön oder hässlich, wohlschmeckend oder ungenießbar, wohlklingend oder eine Qual für die Ohren und vieles mehr.

Ob ein Musikstück gut klingt oder so, als würde gerade jemand bis aufs Blut gequält, das entscheidet unser kultureller Background, unsere Erziehung und die Gesellschaft in der wir aufgewachsen sind. Ob zum Beispiel orientalische Klänge für Sie ein Genuss sind oder eher Ohrenschmerzen verursachen, ist eine Sache der Übereinkunft mit sich selbst und anderen. Über Geschmack kann man nicht streiten heißt es im Volksmund.

Welche Filme wir gut finden, welche Art Humor wir akzeptieren, was wir verabscheuen, wovor wir Angst haben und vieles mehr ist einfach ein Resultat unseres persönlichen Umfelds. Wechseln wir unser Umfeld, ändert sich für gewöhnlich unsere Sicht auf die Dinge.

Für unseren Traum vom Mehr – oder noch wichtiger – für unseren Traum von einem Leben nach den eigenen Vorstellungen ist dieses Wissen von elementarer Bedeutung. Wenn Sie nicht in vollem Umfang verstehen, dass nichts und niemand eine Bedeutung für Sie hat, außer der Bedeutung, die Sie selbst ihm geben, werden Sie Schwierigkeiten haben Ihr Lebensglück zu finden.

Es liegt eine große Befreiung in dieser Erkenntnis, denn es nimmt den Irrglauben von Ihren Schultern, Sie wären Ihrem Schicksal hilflos ausgeliefert. Sie bestimmen einen Großteil dessen, was Ihnen möglich ist und was nicht. Sie entscheiden, ob Sie Ihre Vergangenheit behindert oder ob diese Vergangenheit zu großen Taten motiviert. Sie selbst legen fest welchen Einfluss andere Menschen und unerwartete Ereignisse auf Sie haben.

Im konkreten Beispiel heißt das, wenn Ihr Nachbar den neuesten Porsche kauft und Sie damit überflügelt, dann ist das zunächst ein völlig neutrales Ereignis. Ob Sie nun denken: „Dieser Angeber will wohl allen zeigen was für eine große Nummer er ist. Ich werde mir einen Ferrari holen, dann wird er schon sehen wer die Nummer 1 ist." Oder ob Sie denken: „Hey, super. Endlich mal einer der sich an seinem Erfolg freuen kann. Schönes Auto. Ich selbst fahr lieber praktische Fahrzeuge, aber ihn scheint es glücklich zu machen und das ist die Hauptsache."

Glauben Sie, dass diese beiden Sichtweisen völlig unterschiedliche Folgen haben? Für Sie, für Ihren Nachbarn und wahrscheinlich für das Verhältnis in der gesamten Nachbarschaft. Die Entscheidung liegt immer und zu jeder Zeit bei Ihnen.

Ist deshalb jedem wirklich alles möglich?

- vom Versuch Iglus in die Sahara zu bauen

Wenn es darum geht seine Träume zu verwirklichen hört man von vielen selbsternannten Propheten, Sprechern und Trainern, alles sei möglich. Allerdings hält das einer genaueren Prüfung selten stand. Ich denke, es ist nicht alles möglich, auch wenn diese Behauptung natürlich ihren Charme hat.

Ich vermute, das wird so oft verkündet, weil die Menschen es hören wollen. Wir möchten gerne glauben, dass alles möglich ist, irgendwann. Und somit auch für uns selbst Hoffnung besteht, unsere Träume zu verwirklichen. Aber tatsächlich leben wir nicht auf einer Insel und wir haben nicht die Möglichkeit, alles nach unseren Wünschen zu gestalten oder wie Superman die Naturgesetze auszuhebeln. Spätestens wenn wir in die Lebenskreise unserer Mitmenschen eindringen stoßen wir schnell an unsere Grenzen.

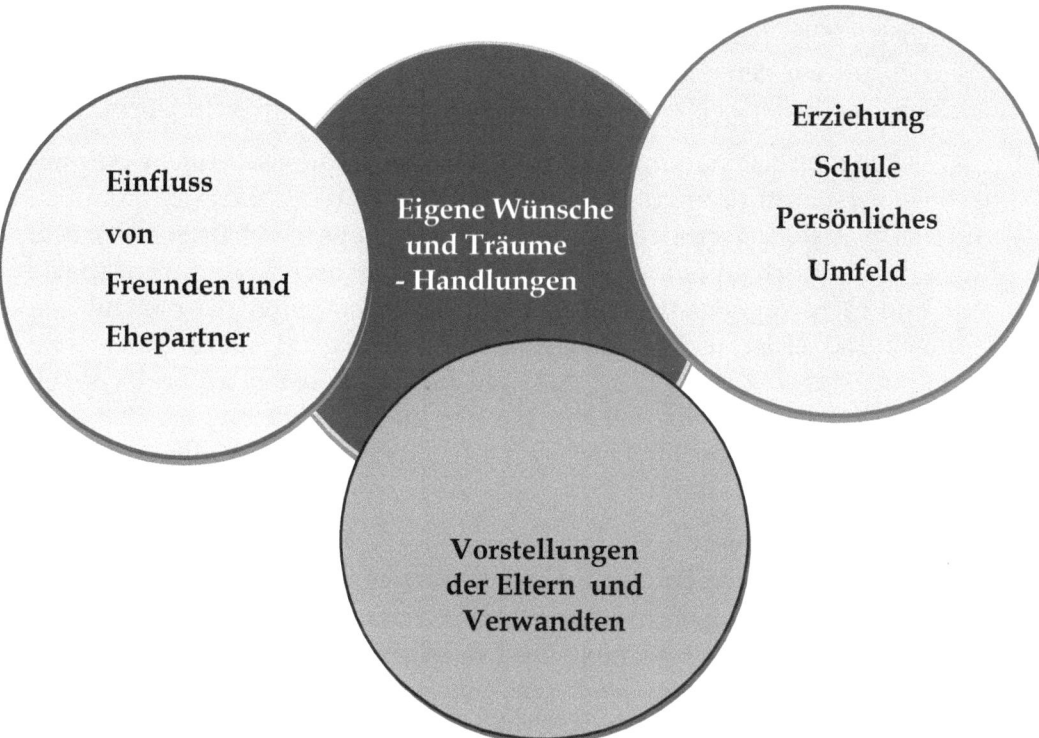

Wir sind nicht alleine auf dieser Welt und niemand kann es sich erlauben, ausschließlich nach seinen eigenen Vorstellungen zu leben. Er oder sie würde innerhalb kürzester Zeit isoliert leben und als Tyrann und Egoist gelten. Eine Partnerschaft, mit solch einem Menschen ist so gut wie unmöglich.

Das heißt aber nicht, dass wir auf alles und jeden Rücksicht zu nehmen brauchen. Ganz im Gegenteil. Leute, die man gemeinhin als Everybody's Darling bezeichnet, haben meist einen Hang zur Selbstaufgabe. Darum geht es in diesem Buch ganz bestimmt nicht, sondern darum zu erkennen, dass uns gewisse Grenzen gesetzt sind.

Zugegeben, diese Grenzen sind in den allermeisten Fällen wesentlich weiter gesteckt als wir annehmen, aber nichtsdestotrotz sind sie da. Uns ist im Normalfall viel mehr möglich als wir vermuten und uns im Moment vielleicht vorstellen können, aber eben nicht alles. Auch dem mental stärksten Menschen wird es nicht gelingen Iglus in der Sahara zu errichten, trotzdem versuchen einige immer wieder an solchen Vorhaben. Wir können mehr erreichen, als wir gemeinhin glauben und es ist grundsätzlich alles möglich, was sich innerhalb der Naturgesetze abspielt, aber nicht alles für jeden.

Was bedeutet das nun im Klartext? Es bedeutet, dass wir uns, wenn wir nachher versuchen unseren Träumen wieder auf die Schliche zu kommen und sie in Ziele verwandeln wollen, mit der Frage beschäftigen müssen: Kann ich das überhaupt umsetzen? Ist das ein realistisches Vorhaben? In wie weit sind Menschen aus meinem Umfeld davon betroffen? Ist das mit den Träumen und Zielen meines Lebenspartners kompatibel, sprich passt es zu deren oder dessen Zielen? Passt es zu meinen eigenen Werten und Vorstellungen? Und vieles mehr. Ich möchte hier nicht zu weit vorgreifen. Wir werden im Verlauf dieses Buches noch sehr intensiv auf diese Fragen eingehen. Auch und gerade auf die Frage, was denn nun genau realistisch ist.

Es geht mir an dieser Stelle nur darum, Ihre Erwartungshaltung von Anfang an in die richtigen Bahnen zu lenken. Freuen Sie sich darauf Ihre Grenzen zu sprengen und ganz neue Lebensbereiche und Fähigkeiten an sich zu entdecken. Sie können weit mehr als Sie sich im Moment zutrauen. Aber verschwenden Sie nicht Ihre wertvolle Zeit mit Versuchen Iglus in die Sahara zu bauen oder anderer Vorhaben, die von vornherein gar nicht umsetzbar sind.

Wenn Sie stattdessen, neben dem Feuer der Begeisterung und der großen Motivation die aus dem Gefühl entsteht, das zu tun was man wirklich will, den Kopf eingeschaltet lassen, dann steht Ihnen der Weg zu Ihrem Traumleben weit offen. Der Traum vom Mehr wird so zu einem wertvollen Werkzeug statt zu einem Sklaventreiber. Gehen Sie es an.

Worum geht es hier überhaupt? Das Ziel dieses Buchs!

Und täglich hält das Spiegelbild

gefangen meinen Blick

schon tausendmal war ich gewillt

zu ändern mein Geschick

Doch tausendmal gelang es nicht

es gleicht sich jeder Tag

als wär's das ewig gleiche Licht

das ich nun in mir trag

Als ändere sich niemals was

als gäbe es kein morgen

als wäre ich Gefangener

von ewig gleichen Sorgen

Vielleicht kennen Sie dieses unbestimmte Gefühl des ausgeliefert seins, als Opfer seiner Umstände. Ich selbst hatte dieses Gefühl eine lange Zeit mit mir herumgeschleppt und lebte in einer Mischung aus Pflichterfüllung, Träumereien und Tatenlosigkeit. Ich wusste immerhin was ich nicht wollte, nämlich so weitermachen. Aber ich hatte keine Ahnung was ich stattdessen mit meinem Leben anfangen sollte. Ich lebte in den Tag hinein, freute mich aufs Wochenende und die Freizeitaktivitäten mit Freunden. Erfüllung brachte das zwar ebenfalls nicht immer, aber Zerstreuung. Die Unklarheit und latente Unzufriedenheit brachte alles zum Stillstand was kurzfristig an Erkenntnissen aufflackerte.

Nicht dass wir uns falsch verstehen. Ich war nicht depressiv oder unglücklich im klassischen Sinne. Es ging mir nicht einmal wirklich schlecht. Vielleicht war das ein Teil des Problems. Der Schmerz war nicht groß genug, um etwas zu verändern und dem Wunsch nach Sinn und Erfüllung in meinem Leben Beine zu machen.

Erst relativ spät erkannte ich mit Schrecken, dass das Leben nicht auf einen wartet. Wenn man es nicht ergreift und es gestaltet, verrinnt es einfach so. Quasi nebenher. Ohne großes Aufsehen zu erregen betritt man so die Bühne des Lebens als Statist und verlässt sie wieder durch die Hintertür, unbemerkt von der Welt. Obwohl man sich selbst ja einredet das Beste würde noch vor einem liegen und man bräuchte nur die richtige Gelegenheit abzuwarten um die Melodie seines Lebens vorzutragen, die einem mitgegeben wurde. Aber auf diese Gelegenheit warten viele Menschen ihr ganzes Leben lang. Die Friedhöfe dieser Welt sind voll von ungesungenen Liedern und begrabenen Träumen, im wahrsten Sinne des Wortes.

Es gibt zwar Menschen, die kennen ihre Lebensaufgabe von Kindesbeinen an, aber die Regel ist das nicht. In den Interviews, die ich für Wissen-ist-Macht-TV geführt habe hat sich gezeigt, dass die Interviewpartner auf unterschiedlichste Art und Weise ihr Traumleben gefunden haben und es auf die unterschiedlichsten Arten ausleben. Aber eines hat die große Mehrheit gemeinsam. Sie alle mussten teilweise große und zahlreiche Umwege nehmen bevor sie ihre Bestimmung gefunden haben. Ich bin also nicht der Einzige, der zunächst relativ planlos umherirrte.

Es mag sein, dass es Menschen gibt, die da eher pragmatisch denken oder denken müssen. Wer hart ums tägliche Überleben kämpfen muss hat wenig Zeit für philosophische Überlegungen oder die Frage nach dem Sinn des Lebens. Für ihn oder sie besteht der Sinn darin, zu überleben. Außerdem denken viele sie hätten keine Wahl. Die Welt sei so und so und da könne ein Einzelner, ein kleines Licht wie sie, ja nichts daran ändern. Man muss ja schließlich arbeiten gehen, die Familie versorgen, für die Eltern/Kinder da sein und vieles mehr. Muss man das? Muss das jeder?

Das alles sind Glaubenssätze und unterm Strich selbst auferlegte Regeln. Auch wenn die Gesellschaft, unsere Familie oder unsere Freunde es von uns erwarten, so bleibt es doch unsere alleinige Entscheidung, ob wir uns danach richten oder unseren eigenen Weg gehen. Man hat immer eine Wahl. Das ist die gute Nachricht. Wer aber diesen eigenen Weg wählt, der übernimmt damit die alleinige Verantwortung für sein Leben und der Preis für die Folgen der Entscheidung muss bezahlt werden. Für manche ist das die schlechte Nachricht – es gibt keine Ausreden mehr.

Ich selbst war früher immer sehr kreativ wenn es darum ging, den Menschen und mir selbst zu erklären, warum ich dies oder jenes nicht tun könnte. Ich würde ja und ich hätte ja, wenn nur dieses ... nicht wäre. Vielleicht kennen Sie diese Sätze, dann können Sie hier bei den Pünktchen Ihren Lieblingsgrund einfügen, warum etwas nicht geht. Bei mir hörte sich das dann zum Beispiel ungefähr so an: „Von den Noten her hätte ich ja weiter machen können, aber ich war länger krank. Die Ausbildung davor war schlecht und außerdem reicht mir im Moment das Geld nicht für weitere Bildungsmaßnahmen." Ich würde ja was verändern, aber ich sitze in der Falle ... Bla-Bla-Bla.

Und so musste ich erst das zarte Alter von 32 Jahren erreichen, bevor ich Fachwirt, Betriebswirt und schließlich einen Master nebenberuflich nachholte. Als ich den Weg eingeschlagen hatte, war alles halb so wild und es brachte mich menschlich ein unheimliches Stück weiter in meiner Entwicklung. Vor allem die Aufenthalte in London, während der Studien an der Businessschool der University of East London, waren eine große Herausforderung und somit eine gute Gelegenheit zu wachsen.

Damit hatte ich aber erst eine grobe Richtung und ich merkte schon während des Studiums, dass Betriebswirtschaft zwar interessant ist und eine gute Grundlage bietet, mir aber keine Erfüllung bringen würde. Es war viel mehr der Umgang mit den Menschen unterschiedlichster Herkunft und kulturellen Hintergründen, der mich fasziniert hat.

Wir waren knapp 20 Studenten aus Deutschland, Portugal, Ghana und England. Da geht es schon damit los, dass etwas scheinbar Unstrittiges, wie der Vorlesungsbeginn um 9:30 Uhr, für jeden etwas anderes bedeutet. Der Großteil der Deutschen war um 9:15 Uhr vor Ort, damit wir pünktlich um 9:30 Uhr anfangen konnten. Die Engländer, inklusive der Professoren, kamen Punkt 9:30 Uhr, hielten noch ein bisschen Smalltalk und starteten dann so gegen 9:40 Uhr. Und die Portugiesen trudelten ab 10:00 Uhr langsam ein, um jedes Klischee zu bestätigen. Und um dieses auch gleich wieder zu widerlegen war es unser Nürnberger Kollege, der im Normalfall als letzter eintraf. Hier wurde mir zum ersten Mal richtig bewusst, wie unterschiedlich die eigene Sicht der Dinge darüber bestimmt, wie das Leben wahrgenommen wird und somit auch, wie es gelebt wird.

Es wurde mir ebenfalls bewusst, wie individuell verschieden wir sind und wie ähnlich wir uns dann doch in bestimmten Situationen verhalten. Nur weil wir in einem bestimmten Land, in einem bestimmten Kulturkreis geboren wurden oder dort leben. Es gibt so viele Dinge, die wir gar nicht mehr hinterfragen und für selbstverständlich halten, nur weil sie schon immer so waren seit wir uns erinnern können.

Wenn dann zwei oder mehr solche Weltbilder aufeinander treffen, dauert es eine ganze Weile bis man sich auf eine gemeinsame Linie einigen kann. Wie wir aus der Vergangenheit und der Gegenwart wissen gelingt das manchmal aber auch gar nicht.

Wir alle haben mehr oder weniger klare Träume und Vorstellungen wie das eigene Leben aussehen soll. Wir sind aber auch Gefangene unserer Glaubenssätze und Überzeugungen, die von unserem Umfeld geprägt sind. Wer ein Leben nach den eigenen Vorstellungen schaffen will, muss sich dieser Fesseln bewusst werden und sie abstreifen. Es ist Ihr Leben, Ihre Entscheidung, Ihre Freiheit und es sind Ihre Handlungen.

Aber unterschätzen Sie die Kräfte nicht, die von Ihrem Umfeld und diesen lang gehegten Überzeugungen ausgehen. Sie sind über Jahre gewachsen und von unseren Erfahrungen genährt worden. Sie haben tiefe Wurzeln, die für nachwachsende Pflanzen sorgen und Sie werden sich wohlmeinenden Freunden und Verwandten gegenüber sehen die unter keinen Umständen wollen, dass Sie sich verändern. Aber dazu später mehr.

Nach unzähligen Seminaren, Büchern und praktischen Erfahrungen hat sich bei mir das Puzzle erst sehr langsam zusammengefügt. Und ehrlich gesagt fühle ich mich heute noch nicht im Besitz der einzig selig machenden Wahrheit. Aber ich weiß immerhin, dass es diese sowieso nicht gibt. Ich bin also in guter Gesellschaft mit allen anderen. Vor allem in Gesellschaft derjenigen, die behaupten diese allgemein gültigen Wahrheiten gefunden zu haben.

Die Dinge ändern sich. Weltbilder ändern sich. Es kommen täglich neue Erkenntnisse und Erfahrungen hinzu und selbst betonhart verkrustete Strukturen brechen mit der Zeit auf. Alles ist im Fluss und wir können jeden Tag wachsen und uns nach Belieben verändern. Und der Einzige, der weiß, wie und in welche Richtung Sie sich verändern sollten, steht Ihnen morgens im Spiegel gegenüber. Alle äußeren Vorschläge und Richtlinien vom Staat, der Kirche, der Familie oder sonst wem, können als Anregung dienen, als mögliche Alternativen auf Ihrem Weg. Nicht mehr und nicht weniger. Jede einzelne Entscheidung, ob Sie etwas davon annehmen oder nicht, liegt bei Ihnen.

Warum also dieses Buch? Was ist das Ziel des Buchs?

Nun dafür gibt es seitenlange Erklärungen, aber eigentlich ist es schnell auf den Punkt gebracht. Man kann jahrelang eigene Erfahrungen machen und daraus lernen. Man kann aber auch die Erfahrungen und Erkenntnisse anderer Menschen nutzen und den Weg dadurch abkürzen. Ich selbst habe das ebenfalls immer getan. Ich habe zahlreiche Seminare besucht, Bücher gelesen und inspirierende, interessante Blogbeiträge verschlungen. Nichts davon hat mich alleine auf den Weg gebracht, es mussten erst noch eigene Referenzwerte dazu kommen, in Form von Erlebnissen und Ergebnissen, die mit dem Gelernten abgeglichen werden konnten. Aber letztlich waren es immer Beschleuniger, die das eigene Denken in die richtigen, für mich wichtigen Bahnen gelenkt haben.

Und genau das soll dieses Buch für Sie sein. Ein Wegweiser, eine Inspiration für eigene Gedanken, eine Anleitung wie Sie Ihren Träumen und Zielen auf die Spur kommen und eine Sammlung von Anregungen, wie sie diese umsetzen können. Dabei sind nicht nur die eigenen Erfahrungen und Erkenntnisse eingeflossen, sondern auch die Essenz aus zahlreichen Interviews mit Menschen, die bereits ihren Traum leben. Experten aus allen möglichen und unmöglichen Bereichen kamen dabei zu Wort. Diese Menschen unterscheiden sich nicht nur durch ihre Themengebiete, sondern sie sind auch von ihren Überzeugungen, Charakterzügen und Philosophien höchst unterschiedlich aufgestellt. Das bietet Ihnen die Gelegenheit einen Einblick in unterschiedlichste Weltbilder zu erlangen und über den eigenen Tellerrand hinaus zu blicken. Was Ihrer Art, Ihrem Wesen am nächsten kommt, könnte ein Hinweis auf Ihren persönlichen Weg sein. Aber auch das, was Sie zunächst eher abstößt, liefert Ihnen Informationen über Ihre tiefsten Überzeugungen. Es gibt kaum etwas Faszinierenderes als sich selbst und die Welt auf diese Weise immer wieder neu zu entdecken und in dem Sinne neu zu erschaffen.

Ich bin fest überzeugt, dass der Schlüssel zur positiven Veränderung dieser Welt in der Veränderung des einzelnen Menschen liegt. Ich will mir nicht anmaßen zu behaupten, dass dieses Buch oder unsere Plattform dies bewirken können, aber Sie können dazu beitragen. Sofern Sie das wollen natürlich. Wie gesagt, die Entscheidung liegt bei Ihnen.

Menschen, die ihre Bestimmung im Leben gefunden oder festgelegt haben, sind glücklicher und von einem inneren Frieden erfüllt. Und solche Menschen haben keine Lust dieses wertvolle Leben in Kriegen oder Wirtschaftsschlachten zu vergeuden. Oder es mit Hass und Missgunst zu vergiften. Warum sollten sie das auch tun, wenn es doch noch so viel Gutes und Positives zu erreichen gibt und die Freude an der Arbeit daran gar keine Zeit für solche Dinge lässt. Die Welt würde sich also, quasi als Nebeneffekt, von alleine verbessern, wenn die Menschen weiter wachsen und sich nach den eigenen Vorstellungen verwirklichen können.

Zugegeben, das klingt heute noch etwas naiv und unrealistisch, aber so sind Träume nun mal bevor sie zur Realität werden.

Wenn einer allein träumt, ist es nur ein Traum.
Wenn viele gemeinsam träumen, ist es der Beginn
einer neuen Wirklichkeit.
Friedensreich Hundertwasser

In den folgenden Kapiteln werden wir uns Ihrem Traumleben von unterschiedlichen Seiten und unter verschiedenen Gesichtspunkten nähern. Die eine oder andere Übung bzw. Sequenz wird Ihnen bekannt vorkommen, andere werden neu für Sie sein. Glauben Sie nichts ungeprüft und unreflektiert, aber beschäftigen Sie sich mit einem offenen Geist mit den Inhalten ohne Ihrem Denken unnötige Fesseln anzulegen. Egal was bisher in Ihrem

Leben geschehen ist, es hat nur dann etwas mit Ihrer Zukunft zu tun, wenn Sie es dorthin mitschleppen.

Im nächsten Kapitel werden wir uns dem Thema Schicksal das erste Mal annähern. Weitere Blickpunkte zu diesem Thema werden im Verlauf des Buches noch folgen.

Wie viele Schicksalsschläge brauchen Sie?

Es war kalt. Verdammt kalt. Und es begann zu regnen. Er wollte losheulen, aber die Tränen blieben aus und kein Ton wagte sich über seine Lippen. Still leidend lag er da, während hinter ihm das total demolierte Motorrad um den Baum gewickelt vor sich hin dampfte. Alles raste in seinem Kopf. Sein ganzes Denken bestand aus wirren Bildern und Eindrücken. Das einzige, was ihm zwischen den Gedankenschnipseln immer wieder in den Sinn kam war: „Sch..., alles vorbei."

Er konnte von Glück sagen, dass ihn ein aufmerksamer Autofahrer liegen sah und den Krankenwagen rief. Die Diagnose im Krankenhaus dagegen, ließ ihn dem Gedanken nachhängen: "Warum bin ich nicht einfach gestorben?" Stattdessen lag er hilflos auf seinem Bett und musste mit der Diagnose Querschnittslähmung fertig werden. Vom Kopf abwärts gelähmt. Heilung unwahrscheinlich bis unmöglich. Alles was er noch vorhatte, alles worüber er sich bisher definiert hatte, alles was ihn ausmachte, war von jetzt auf nachher pulverisiert. Einfach wegradiert. Es dauerte sechs lange Monate bis er etwas anderes empfinden konnte als Selbstmitleid.

Ein kleines Mädchen, das in einer Mischung aus Neugier und Langeweile bei ihm am Bett stand, riss ihn schließlich aus seiner Lethargie. Nachdem er ihr von seinem Schicksal vorgejammert hatte, streichelte sie ihm mitleidig über den Kopf und fragte: „Was wolltest Du denn noch so wichtiges machen?"

„Na ja", antwortete er nachdenklich, „ich war dabei mein Ingenieursstudium abzuschließen und ich wollte auf den größten Baustellen der Welt mitwirken."

„Warum eigentlich?", fragte sie und schaute ihn mit großen Augen an.

„Nun", antwortete er, "um etwas Außergewöhnliches zu leisten, um etwas zu bewegen." Und nach einer kurzen Pause fügte er hinzu: "Um ehrlich zu sein, wenn ich es jetzt recht überlege, hauptsächlich wollte ich das, um meinen Vater zu beeindrucken. Der ist nämlich ein erfolgreicher Bauunternehmer und ich konnte seinen Ansprüchen bisher nie gerecht werden ... Jetzt natürlich erst recht nicht mehr", er wandte sich ab um eine Träne zu verdrücken.

„Was wolltest Du denn stattdessen machen?", fragte sie. „Ich meine, wenn Du was für Dich alleine hättest tun können?"

Er schaute sie lange an. „Ich wollte immer Schriftsteller werden und den Menschen gute, unterhaltsame und lehrreiche Geschichten schenken." Ein seltsamer Schauer der Vorahnung durchzuckte ihn. „Warum machst Du das denn jetzt nicht?", fragte sie. „Ja, warum nicht?", sagte die Schwester, die den letzten Teil mitgehört hatte. „Sie könnten die Texte diktieren oder sich entsprechende Computertechnik besorgen. Das geht heute alles."

Widerwillig tat er das ab und gab sich abweisend, aber insgeheim hatte er Feuer gefangen und wieder einen Funken Hoffnung geschöpft. Er war dankbar dafür, auch wenn ihm der Gedanke, sich dieser neuen Aufgabe, seinem Traum zu stellen, noch gewaltige Angst einjagte. In einem Anflug von tiefer Dankbarkeit für die Inspiration des kleinen Mädchens sagte er: „Und falls ich das mache und wenn Du groß bist, dann darfst Du mich bei einer Lesung besuchen und ich werde Dich als meine Quelle der Inspiration vorstellen." Er lächelte ihr zu. Sie senkte den Kopf etwas.

„Das wird wohl nicht gehen", sagte sie traurig. „Mama sagt, ich bin bald bei Oma oben." Sie zeigte Richtung Decke. Tief erschüttert erfuhr er von ihrem Schicksal und er schämte sich, weil er sein eigenes Leid betrauert hatte, während er durchaus noch Möglichkeiten hatte, seinen Traum zu verwirklichen. Im Endeffekt machte das Unglück diese Überlegungen überhaupt erst möglich. Er lebte noch und er konnte noch handeln. Das kleine Mädchen nicht mehr oder zumindest nicht mehr lange. Er traf eine Entscheidung und sein erstes Buch war ihr gewidmet: Für Emily, die mich gerettet hat und die jetzt bei ihrer Oma ist. Alles Gute mein Engel.

**

Es gibt unzählige solcher Geschichten. Unsere Interviewpartnerin Antje Heimsoeth fand sich zum Beispiel nach einem Reitunfall plötzlich im Rollstuhl wieder. Dadurch hat sich ihr ganzes Leben verändert und sie ist heute eine weltweit erfolgreiche Trainerin und Sprecherin. Viele weitere Gesprächspartner berichteten uns ebenfalls davon, dass sie mehr oder weniger gelebt wurden bis das Schicksal zuschlug und sie auf mehr oder weniger schonende Weise in die richtige Richtung drängte. Solche Schicksalsschläge sind nie angenehm und ich will sie hier bestimmt nicht als etwas Positives darstellen. Vielleicht könnte man sie manchmal eher als etwas Notwendiges betrachten.

Man könnte den Eindruck gewinnen, das Leben schickt uns seine Lektionen und wenn wir sie nicht lernen, fährt es größere Geschütze auf. Es kommt uns vor, als würde uns so ein Schicksalsschlag aus heiterem Himmel treffen, aber im Rückspiegel betrachtet haben wir fast immer Vorwarnungen erhalten. Ob das die zunehmende Atemnot, der Bluthochdruck und die leichten Schmerzen vor dem Herzinfarkt sind, das Unwohlsein, wenn wir der falschen Arbeit nachgehen, die Rückschläge, wenn wir den Weg anderer Menschen gehen oder anderes mehr. Natürlich ist das immer auch eine Frage der Interpretation, aber möglicherweise wissen wir, oder weiß unser Unterbewusstsein wesentlich mehr, als wir bewusst wahrnehmen. Und wenn wir gegen unsere Bestimmung, gegen unsere Werte und gegen unsere Träume handeln, weist es uns, auf seine unnachahmliche Art, darauf hin.

Leider reagieren wir meist erst wenn uns das bisherige Leben weggenommen wird. Wenn es definitiv nicht mehr so weiter geht wie bisher. Erst dann sind wir bereit, alles zu verändern. Es ist, als lernten wir durch diese Erfahrung und die Erkenntnis, dass unser Leben endlich ist, uns auf das Wesentliche zu konzentrieren. Das führt häufig dazu, dass Menschen nach einem solchen Schicksalsschlag glücklicher und erfolgreicher leben, als zuvor. Wenn auch anders als ursprünglich geplant.

Wir haben wenig Einfluss auf das, was uns im Leben zustößt, aber wir haben hundert Prozent Einfluss darauf, wie wir darauf reagieren und was wir daraus machen.

Sicher kennen Sie mittlerweile die Geschichte von Nick Vujicic, der ohne Arme und Beine auf die Welt kam. Ich will auf diese bewundernswerte Geschichte nicht weiter eingehen. Wenn Sie diese noch nicht kennen, googlen Sie den Namen einfach und lesen Sie über seine außergewöhnliche Entwicklung. Für diesen Bereich möchte ich nur die unterschiedlichen Phasen seines Lebens aufführen. Er war als Kind, trotz seiner schweren Behinderung, glücklich. Jedenfalls so lange, bis ihn andere Kinder hänselten. Sie gaben ihm das Gefühl anders zu sein. Wertloser als sie. Mit zehn Jahren hatte er genug und wollte sich umbringen. Er wurde von Depressionen geplagt und von großen Zukunftsängsten gequält.

Erst später erkannte er die Aufgabe, die für ihn in seiner Behinderung lag und wie er sagt, seine Bestimmung von Gott. Heute ist er ein gefragter Redner und Motivationstrainer. Er macht Menschen Mut ihre Träume zu leben, nicht nur denen mit Behinderung. Vor allem auch denen, die zumindest körperlich keine Einschränkungen haben. Wer will schon über eine ungerechte Behandlung durch seinen Chef oder über sonstige Gründe, warum etwas nicht geht jammern, wenn er jemandem ohne Arme und Beine gegenüber steht?

Am Ende bleibt die Frage aus dem Titel dieses Kapitels bestehen: Wie viele Schicksalsschläge brauchen Sie? Sie haben die Wahl. Sie können es auf die harte Tour lernen, auf die sanfte oder gar nicht. Ihr Leben wird auch so vergehen. Bitte entschuldigen Sie die etwas harte Formulierung, aber es ist die Wahrheit. Es besteht für Sie kein Zwang ein Leben nach den eigenen Vorstellungen umzusetzen. Sie können einfach Ihr Leben an den scheinbaren Zwängen und Pflichten ausrichten oder an Ihren Bequemlichkeiten. Neben dem Beispiel aus der Geschichte am Anfang dieses Kapitels gibt es noch genügend Beispiele von Menschen, die ihre Lektion ignoriert haben und nun ihr Leben lang mit dem Schicksal hadern. Wie gesagt, es ist Ihre Entscheidung.

Sie können sich darauf konzentrieren, was Ihnen der liebe Gott oder das Schicksal alles vorenthalten hat, weil Sie zu dick, zu jung, zu alt, zu dünn, zu ungebildet, zu intelligent, zu hässlich, zu schön, zu groß, zu klein oder sonst wie „zu ..." sind. Sie können aber auch anfangen, die Chancen zu sehen die darin liegen, dass Sie genau so sind, wie Sie sind. Möglicherweise liegt Ihr großes Glück in Ihrem größten Handicap verborgen. Vielleicht sogar in, bisher als nutzlos verkannten, Talenten? Und möglicherweise sind Sie bisher so lange erfolglos, weil Sie gar nicht Ihre wirkliche Bestimmung leben, sondern irgendwelche Erwartungen anderer erfüllen wollen. Wenn Sie beispielsweise anderen gefallen wollen oder aus sonstigen falschen Motiven das tun, was Sie tun. Letztlich gibt es nur eine Person, die diese Fragen beantworten kann – Sie selbst. Wer sein Leben aktiv gestaltet braucht die harten Lektionen nicht. Er oder sie kann vorher schon den eigenen Sinn für sein Leben finden oder festlegen.

Wie man der eigenen Wahrheit auf die Spur kommt und herausfindet, ob man wirklich den eigenen Traum verfolgt oder versucht ein Leben für andere aufzubauen, damit beschäftigen wir uns in den folgenden Kapiteln. Seien Sie mutig und riskieren Sie es, sich selbst zu begegnen. Ungeschminkt und ohne beschönigende Ausreden. Es lohnt sich.

Was ist das überhaupt, ein Traumleben?

"Was ist das eigentlich, ein Traumleben?" Diese Frage wird uns immer mal wieder gestellt. Denn abseits der gängigen Vorstellungen von weißen Stränden aus der Bacardi-Werbung, ist diese Frage gar nicht so einfach zu beantworten. Es handelt sich um die gleiche Art Fragen wie, "ab wann ist man reich?" oder "was bedeutet Erfolg?" Man kann sie nur für sich selbst beantworten, weil das jeder für sich definieren muss. Für einen Jungen, der in Bangladesch von einem Dollar am Tag leben muss, ist ein Mensch, der in einem Haus lebt, fließend warm Wasser und jeden Tag genug zu essen hat, reich. Für Donald Trump ist ein einfacher Millionär ein armer Schlucker.

Bei Ihrem Traumleben ist das ebenfalls so. Für den einen bedeutet das ein Leben in der Hängematte, irgendwo in der Südsee, für den anderen bedeutet es, berühmt zu werden und für den Dritten bedeutet es, genug Zeit für die Familie zu haben und ein Buch zu schreiben. Alleine in meinem Bekanntenkreis und bei unseren Interviewpartnern gibt es da eine bunte Palette an Vorstellungen, was ein Traumleben ausmacht.

Einer meiner Nachbarn arbeitet halbtags, seine Lebensgefährtin ebenfalls. Zusammen haben sie ein für sie ausreichendes Einkommen und sie genießen die freigewordene Zeit in ihrem Garten und bei ihren Hobbies. Eine Bekannte hat sich ihren Traum erfüllt und ein eigenes Unternehmen aufgebaut und viele, die ich kenne, träumen davon, bekannt und ein Stück weit berühmt zu werden. Für einen anderen Teil meiner Freunde und Bekannten wäre das eine Horrorvorstellung. Sie arbeiten lieber im Verborgenen und unerkannt. Bei unseren Interviewpartnern gibt es da ebenfalls große Unterschiede. Die einen fühlen sich auf der Bühne wohl. Je mehr Zuschauer, desto besser. Sie blühen vor Publikum förmlich auf. Andere würden eher sterben, als vor Tausenden von Menschen einen Vortrag zu halten. Ein Traumleben ist also nichts, das man sich irgendwo her ableiten oder das uns irgendwer vorgeben kann.

Sicher haben wir alle als Kinder schon mal davon geträumt, Rockstar, Rennfahrer, Fußballprofi, Sänger/in oder sonst etwas zu werden, was uns reich und berühmt macht. Oder wir wollten das werden, was der Vater oder die Mutter schon beruflich machten. Aber letztlich ist das nur in den seltensten Fällen wirklich unser eigener Traum. Wir versuchen damit eher Orientierung zu finden. Wir sind von außen beeinflusst und verbinden meist die falschen Motive mit diesen Träumen. Wir wollen gefallen, anerkannt werden, geliebt werden, bewundert werden und uns Sicherheit oder Spannung verschaffen. Es sind Wunschträume, die uns zwar kurz begeistern können, aber sie fallen oft unter die Kategorie "Schön wär's". Ein ernsthaftes Verlangen nach der Umsetzung dieser Träume wächst im Normalfall nicht in uns.

Es bleibt uns nichts anderes übrig, als ein bisschen tiefer zu graben. Manche Menschen wissen schon ganz genau was sie wollen und wie ihr Leben aussehen soll, aber bei der großen Mehrheit entwickelt sich dieser Traum, diese Bestimmung erst im Lauf des Lebens. Im Rahmen unserer Interviews haben wir festgestellt, dass nur eine verschwindend geringe Minderheit von klein auf wusste, wo die eigene Berufung lag und was sie einmal mit ihrem Leben anfangen wollten. Bei den anderen hat sich das mit der Zeit, nach vielen Umwegen erst herauskristallisiert.

Außerdem werden die wenigsten Menschen über Nacht erleuchtet. Weder erscheint ein magisches Licht am Horizont und zeigt uns den Weg, noch wird die Erkenntnis plötzlich wie ein Blitz in uns einschlagen und unsere Bestimmung vor uns offenlegen. Und wenn, dann nur als Ergebnis von vorherigem, intensivem Nachdenken, welches dann in einem lichten Moment plötzlich fruchtet. Es gehört eine gute Portion Arbeit an sich selbst, Mut zur

Selbstanalyse und der Mut genau hinzusehen, dazu. Ob es dann tatsächlich unser Schicksal ist, das wir erfüllen oder ob wir dieses Schicksal und unsere Bestimmung selbst kreieren, darauf gehen wir in den folgenden Kapiteln noch ein. Für den Moment soll uns die Information genügen, dass wir unseren Weg suchen müssen, damit wir ihn finden können.

Wenn Sie sich schon sicher sind, wo Sie hin wollen und warum, dann herzlichen Glückwunsch. Aber machen Sie sich nicht verrückt, wenn die Dinge noch nicht so klar für sie erkennbar sind. Wir sorgen in den folgenden Kapiteln dafür, dass sich der Nebel lichtet und die Sicht besser wird. Ihre Mitarbeit vorausgesetzt, versteht sich.

Beim nächsten Guru wird alles besser

Wir verkaufen Freiheit und
wir verursachen Abhängigkeit
Werner Erhard
(Trainer und einer der Gründerväter der Selbsthilfeszene)

Im tiefsten Inneren weiß es eigentlich jeder. Es gibt keine Patentrezepte. Trotzdem rennen wir immer neuen Gurus hinterher, die ihre Heilslehre als allgemeine Wahrheit verkaufen. Oft in bester Absicht. Die meisten Trainer und Sprecher, denen wir begegnet sind, haben den festen Wunsch, den Menschen zu helfen. Ein kleiner Teil will nur deren Bestes - ihr Geld.

Egal aus welchen Motiven solch ein Guru handelt, er kann nicht Ihren Weg kennen, nur seinen. Er kann Ihnen helfen, Ihnen Inspiration und Werkzeuge vermitteln, aber niemals kann er oder sie in allen Punkten, das für Sie und Ihr Leben passende bereitstellen. Das liegt in der Natur der Sache.

Trotzdem machen wir unseren Erfolg, unser Glück, unseren inneren Frieden immer noch zu oft von irgendwelchen Regeln, von Weisheiten anderer Menschen und überhaupt von Dingen im Außen abhängig. Das ist der direkte Weg in die Unselbständigkeit und das Gegenteil eines selbstbestimmten Lebens.

Menschen, die wir gemeinhin als Gurus bezeichnen verfügen meist über großes Lebenswissen und die charismatische Ausstrahlung, dieses Wissen unterhaltsam und glaubhaft zu vermitteln. Dagegen ist zunächst überhaupt nichts einzuwenden. Es ist ein fairer Tausch. Jemand weiß etwas von dem Sie profitieren können. Er oder sie unterrichtet Sie darin und Sie zahlen einen angemessenen Preis dafür, weil Sie sich sonst alles mühevoll selbst erarbeiten müssten. Gefährlich wird es, wenn Sie vergessen, dass ein Guru vor allem eines ist - ein Mensch. Und jeder Mensch hat Fehler, Ecken, Kanten, Charaktereigenschaften, Erfahrungen, Probleme und vieles mehr. Die meisten Gurus würden schnell den Nimbus des Übermenschen verlieren, würden wir den Alltag mit ihnen verbringen. Wir würden sehr schnell merken, dass er oder sie mit denselben Alltagsproblemen zu kämpfen hat und oft sogar seiner eigenen Lehre nicht zu hundert Prozent entspricht.

Damit will ich nicht vom Besuch der Seminare solcher Menschen abraten - ganz im Gegenteil. Mehrheitlich haben sie, trotz allen menschlichen Schwächen, immer noch etwas zu sagen und zu lehren, von dem man in vielerlei Hinsicht profitieren kann. Sie sollten nur in dem Bewusstsein hin gehen, dass dort ein Weg präsentiert wird, der sich für den Guru selbst und einige seiner Anhänger für richtig erwiesen hat. Das heißt weder, dass er der Allwissende ist, noch heißt es, dass dieser Weg der richtige für Sie ist.

Besonders krass finde ich den psychologischen Druck, der immer mal wieder aufgebaut wird. Jeder ist für sein Leben verantwortlich. Was Sie jetzt haben, sind und tun, ist das Resultat Ihrer früheren Entscheidungen. Alles liegt in Ihrer Hand. Ihre Muster / Ihre Prägung sorgt für Ihre Ergebnisse usw. Ich hatte das ja in den vorigen Kapiteln auch schon so geschildert.

So wahr diese Sprüche aber auch sind, so unvollständig sind sie. Sie stimmen in der Regel und für viele Bereiche. Wenn man sie allerdings pauschal und allgemein anwendet, werden sie zur Gefahr und führen zu Fehlurteilen und Fehlbewertungen. Die Welt ist viel zu komplex für solche Verallgemeinerungen. Die Einflüsse unserer Umwelt, unserer Mitmenschen, des gesellschaftlichen und beruflichen Systems in dem wir uns bewegen, die Familie, die Freunde, die persönlichen Überzeugungen und vieles mehr nimmt Einfluss auf unser Leben. Dadurch ist es völlig unmöglich, dass alles was um uns herum passiert, nur an uns selbst liegen kann. Überlegen Sie selbst - das würde bedeuten, die ganze Welt richtet sich nur an Ihnen aus.

Sobald sich ein Teil davon aber ebenfalls an sich selbst ausrichtet haben wir schon ein Problem.

Tatsächlich verursachen wir viele Ereignisse und die Umstände unseres Lebens durch unser eigenes Verhalten, durch unsere Entscheidungen. Und wahrscheinlich trifft das sogar auf einen Großteil unserer Lebensumstände zu, aber keinesfalls auf alle. Wenn Sie in einem Land geboren wurden, in dem Armut herrscht, Sie keine Schule besuchen können und die Infrastruktur überhaupt nicht vorhanden ist, um sich etwas aufzubauen, dann sind Ihre Chancen Millionär zu werden dramatisch schlechter, als wenn Sie hier in Deutschland geboren wurden. Wenn Sie dieses Privileg nicht als solches erkennen, werden Sie es allerdings ebenfalls nicht schaffen. Aber Sie werden schon ohne eigenes Zutun komfortabler leben, als der unermüdlich an seinem Erfolg arbeitende Mensch in einem Armutsland. Die Frage "Was will ich und was sind meine Träume?", stellt sich dort nicht. Es geht einfach ums Überleben.

Wenn ein Ansatz eines Gurus bei Ihnen nicht funktioniert, dann könnte es unter Umständen also einfach daran liegen, dass es der falsche Lehrer für Sie ist. Die Tatsache, dass es beim Guru und bei anderen seiner Schüler geklappt hat, hat nichts mit Ihnen zu tun. Selbst wenn ein Guru schon so von seinen eigenen Fähigkeiten überzeugt ist, dass er Ihr Scheitern gar nicht mehr mit seinen Ansätzen und der Möglichkeit, dass diese ungeeignet sein könnten, in Verbindung bringt. Er sagt Ihnen, da wären wohl noch alte Muster am arbeiten und die Ursache müsse ja bei Ihnen liegen.

Ich sage nicht, dass das nicht häufig tatsächlich so ist. Ich sage nur, es muss nicht zwangsweise die Wahrheit sein. Es gibt keine unfehlbaren Ansätze. Viele Menschen suchen trotzdem immer wieder nach dem einen Heilsbringer, der sie erlöst, der ihnen zeigt, was genau sie machen müssen, damit alles plötzlich wie von alleine läuft. Der Prozess ist dann immer der Gleiche. Man findet eine neue Lehre und deren Lehrer oder Lehrerin. Man ist von den neuen Blickpunkten fasziniert, probiert sich an ein paar der vorgegebenen Übungen, macht gute Erfahrungen und beschließt diesem Vorbild zu folgen und dessen Ratschläge in Zukunft zur neuen Religion zu erheben. Dann, irgendwann merkt man, dass es doch nicht so gut läuft, sich vieles nur wenig, anderes gar nicht verändert hat. Es scheint wohl doch noch nicht der oder die Richtige gewesen zu sein. Aber da gibt es ja ein neues, ganz revolutionäres Seminar. Das muss man erlebt haben. Sie kratzen Ihre Ersparnisse zusammen und besuchen hoffnungsfroh diesen Event, sind begeistert usw. Der Kreislauf beginnt von vorne. Manche sprechen bei diesem Phänomen vom ewigen Marsch zur Erlösung, die sich nie einstellen wird. Das einzige, das sich einstellt ist eine Form der Abhängigkeit, was so ziemlich das Gegenteil von einem selbstbestimmten Leben ist. Dabei werden Sie feststellen, dass sich viele Inhalte wiederholen. Jeder Seminarentwickler greift auf Wissen zurück, dass er bei seinen Ausbildungen und Seminaren gelernt hat. Und diejenigen, die ihm dieses Wissen vermittelt haben, haben dies ebenfalls nicht anders gemacht. Dadurch kann der Eindruck entstehen, dass etwas richtig ist, nur weil viele dasselbe erzählen.

Niemand schläft mittags am Esstisch ein, wird von der Erleuchtung im Schlaf überrascht und hat etwas komplett Neues erfunden. Es handelt sich immer um erlerntes oder erarbeitetes Wissen, das im Idealfall weiterentwickelt wurde. Bei manchen wird es, der Einfachheit halber gleich Eins-zu-Eins so weiter gegeben. Und wieder andere glänzen einfach nur mit sogenanntem Chauffeurs-Wissen. Dieser Ausdruck geht auf Max Planck zurück, der bei seinen Vorträgen immer von seinem Chauffeur begleitet wurde, sodass dieser mittlerweile die Reden zum Thema Quantenphysik schon auswendig kannte. Laut der Legende ging Max Planck deshalb auf den Vorschlag seines Chauffeurs ein, den nächsten Vortrag in München selbst zu halten, während er, Max Planck, mit Chauffeursmütze im Zuschauerraum Platz nehmen wollte.

Den Vortrag hielt der Chauffeur so gut, dass niemand etwas bemerkte und auf Nachfragen antwortete er schlagfertig, dass er derlei einfache Fragen in einer technisch so fortschrittlichen Stadt wie München, nicht erwartet hätte. Solche Fragen könnte ja sogar sein Chauffeur beantworten. Seither spricht man von Chauffeurs-Wissen, wenn jemand Inhalte überzeugend wiedergeben kann, ohne sie wirklich verstanden zu haben. Leider gibt es das auch in der Weiterbildungsszene. Sie erkennen das relativ schnell, wenn Sie immer wieder inhaltlich nachfragen. Meistens folgen dann Ausflüchte oder Sie werden auf später vertröstet, der Trainer will es Ihnen in der Pause persönlich erklären, was er dann natürlich wieder vergisst oder er bedient sich der Waffe, des oben beschriebenen Chauffeurs und stellt Sie als unwissend, ungläubig oder sonst wie inkompetent hin. Nicht selten steckt man dann zurück. Wer will schon blöder dastehen, als die anderen, die das alles scheinbar schon verstanden haben.

Dabei kommen manchmal die kuriosesten Sachen vor. Vielleicht haben Sie zum Beispiel einmal ein Zielsetzungsseminar besucht oder einen entsprechenden Kurs mitgemacht. Dann ist die Wahrscheinlichkeit überdimensional groß, dass Ihnen folgende Geschichte erzählt wurde:

Im Jahr 1953 (bei einer abweichenden Version war es 1979), wurden Studenten von Harvard (wahlweise wird auch Yale genannt)nach ihren Zielen befragt. Man stellte fest, dass sich nur 3 % von ihnen schriftliche Ziele gesetzt hatten. Die restlichen 97 % hatten eher vage Vorstellungen oder zumindest diese Ziele nicht schriftlich fixiert. Als man diese Studenten nach 20 Jahren wieder befragte, stellte man fest, dass diese 3 % mit den schriftlich fixierten Zielen, mittlerweile mehr Geld verdienten, als die restlichen 97 % der ehemaligen Studenten zusammen.

Eine tolle Geschichte, die von allen großen Trainern, von den weniger berühmten sowieso, verbreitet wurde und wird. Brian Tracy, Zig Ziglar, Mark McCormack, Tony Robbins und auch die deutschsprachigen Motivationspäpste nutzen diese Story um die Dringlichkeit, Ziele schriftlich zu fixieren, zu unterstreichen und Sie werden eine ähnliche Empfehlung im weiteren Verlauf dieses Buches entdecken. Außerdem macht so eine Geschichte auch immer Eindruck, was ebenfalls ein wesentlicher Grund ihrer Verwendung sein dürfte. Tatsächlich hat es diese Befragung weder in Harvard noch in Yale, weder 1953 noch 1979 stattgefunden. Sie wurde irgendwann, von irgendjemand in die Welt gesetzt und von allen anderen übernommen.

Es gibt tatsächlich, statistisch erfasst diese 3 % Menschen die mehr verdienen als die restlichen 97 % zusammen. Jedenfalls ungefähr in diesen Dimensionen. Aber ob das mit der vermittelnden Art der Zielsetzung zusammenhängt wurde nie nachgewiesen. Wahrscheinlich wurde es nicht einmal daraufhin geprüft.

Ich habe sowohl in den Interviews, als auch bei eigenen Erfahrungen festgestellt, dass Zielsetzung etwas sehr Individuelles ist. Manche arbeiten perfekt mit schriftlichen Ausarbeitungen, andere mit Visualisierungen und wieder andere, wenn sie nur grob wissen wo sie hinwollen und dann eher intuitiv vorgehen. Nur weil also einzelne Gurus meinen, den Königsweg des Erfolgs gefunden zu haben, heißt das noch lange nicht, dass es auch Ihrer ist. Der wichtigste Glauben, auf dem Weg zu Ihrem Traumleben, ist der Glaube an sich selbst, schreibt Robert Pauly in seinem Newsletter aus dem auch der Hinweis auf die fehlerhafte Geschichte stammt.

Seminare, Bücher, Kurse oder Coachings können Ihnen helfen, sie unterstützen und wertvolle Inspirationen liefern. Genießen und nutzen Sie diese Hilfsmittel ausgiebig. Allerdings in dem Bewusstsein, dass nichts davon in Stein gemeißelt, wahr und für immer und alle Zeiten gültig ist.

Im Kapitel über Zielfindung und Zielsetzung werden wir darauf noch ein bisschen näher eingehen.

Wissen ist Macht - Sätze, die jeder nachplappert

Nur selbst erfahrenes Wissen ist Macht, hören wir immer mal wieder. Der Mensch lernt nur durch eigene Erfahrungen. Alles andere bleibt reine Theorie. Das ist meiner Meinung nach einfach Schwachsinn. Und damit meine ich die Verwendung des Wortes "nur" am Anfang des Satzes. Natürlich ist es die nachhaltigste Art Wissen zu erwerben und zu behalten, wenn man selbst die entsprechende Erfahrung damit macht und die richtigen Lehren daraus zieht. Allerdings wären wir wohl heute noch in der Steinzeit, wenn jeder alles immer selbst erfahren oder erleben müsste um daraus zu lernen.

Oder hat tatsächlich jeder von Ihnen, liebe Leser und Leserinnen, auf eine heiße Herdplatte gefasst um zu erfahren, dass man sich tatsächlich verbrennt? Die meisten glaubten wahrscheinlich den Berichten derer, die es versucht haben. Letztlich macht es die für Sie richtige Mischung. Sie sollten nicht aufhören Dinge zu hinterfragen, vor allem, wenn Sie das Gefühl haben, ein Erfahrungsbericht, eine Lehrmeinung oder ähnliches stimme nicht oder nicht mehr.

Die Dinge kritisch zu hinterfragen und zu prüfen ob etwas für Sie und Ihre Umstände stimmt oder noch stimmt, gehört zu den Pflichtaufgaben für ein selbstbestimmtes Leben. Sie sollten nur nicht übertreiben und gar nichts mehr glauben, was Sie nicht selbst erlebt haben. Vielmehr kann es hilfreich sein, sich dabei auf die für Sie und Ihre Träume wichtigen Bereiche zu konzentrieren und dem darin enthaltenen Wissen auf den Grund zu gehen. Wissen von Menschen, die bereits das tun was Sie tun möchten, ist genauso wertvoll, wie selbst erfahrenes Wissen.

Die Frage ob Wissen tatsächlich schon Macht ist und ob Macht tatsächlich erstrebenswert sei, begegnet uns ebenfalls immer mal wieder. Vor allem, wo doch scheinbar jeder weiß, dass nur angewandtes Wissen Macht sei und angehäuftes Wissen nur Ballast darstellen würde und somit unnütz sei.

Allerdings vergessen diese Wissenskundigen wahrscheinlich, dass man bis dahin unnützes Wissen, erst mal ansammeln muss, bevor man es anwenden kann. Ich kann im Moment noch gar nicht wissen, welches Wissen mir von Nutzen sein wird. Vielleicht kann ich im Moment völlig unnützes Wissen, später für die Problemlösung in einem ganz anderen Bereich anwenden. Vielleicht geht es Ihnen ja ähnlich wie mir - meine Neugier zeigt mir den Weg.

Das, was mich interessiert - und mich interessiert gewaltig viel, das können Sie mir glauben - das kann ich meistens irgendwo verwenden mit dem ich es heute noch gar nicht in Verbindung bringe. Wissen alleine ist also schon Macht. Es verleiht mir zumindest die Macht entscheiden zu können. Wenn ich kein Wissen zu einem bestimmten Thema habe, muss ich aufgrund der Empfehlungen anderer entscheiden und gebe damit einen Teil der Macht über mein Leben ab.

Und ob Macht nun etwas Erstrebenswertes ist, das kann jeder für sich beantworten. Wer Macht für sich ablehnt, der kann es gerne weiter mit Ohnmacht versuchen. Macht wird bei diesen Menschen meistens mit der Macht über andere Menschen und dem Missbrauch dieser Macht gleichgesetzt. Es geht hier aber darum, die Macht über sein eigenes Leben zu erlangen. Dabei gibt es nur zwei Möglichkeiten: Sie haben die Macht über Ihr Leben oder andere Menschen haben diese Macht über Ihr Leben. Sie können wählen.

Müssen Sie deshalb alles an Wissen ansammeln, was Ihnen so über den Weg läuft? Müssen Sie wissen, wann der heilige Sankt Nimmerlein in Jerusalem von seinem Esel gefallen ist? Nein, mit Sicherheit nicht. Es sei denn das wird mal die Millionenfrage bei "Wer wird Millionär?" und Sie sitzen gerade als Kandidat bei Günter Jauch. Zugegeben, die Wahrscheinlichkeit ist nicht sehr hoch.

Aber im Ernst. Sie müssen natürlich nicht alles wissen und jeden kennen. Es geht nur darum, dass zu viel Wissen weniger Schaden anrichten kann, als zu wenig Wissen. Lassen Sie sich von Ihren Interessen leiten. Sie sind eng mit Ihren Träumen und Zielen verbunden. Wissen in diesen Bereichen wird Ihnen also im Normalfall irgendwann nutzen.

Die mittlerweile berühmte, scherzhafte Weiterführung "Wissen ist Macht - nichts Wissen macht auch nichts", ist inzwischen zu einem der häufigsten Kommentare avanciert, der auf unserer Facebook-Fanpage hinterlassen wird. Die ersten hundert Mal war es noch halbwegs lustig. Mittlerweile erspare ich es mir darauf einzugehen. Es ist ja meist humorvoll und freundlich gemeint.

Tatsächlich glauben aber viele daran. Sie glauben, es würde nichts ausmachen, nichts zu wissen. Man kann ja jederzeit googlen wenn man etwas wissen will oder jemand fragen. Man muss nicht alles wissen, man muss nur wissen wo es steht, so lautet der nächste Schlaumeierspruch. Haben Sie eine grobe Vorstellung davon, wie lange man für eine vernünftige Einschätzung eines normalen Vorgangs in Ihrem Leben brauchen würde, wenn Sie alles erst mal nachschlagen oder googlen müssten?

Von der Tatsache mal ganz abgesehen, dass ein großer Teil der vorgefundenen Informationen reiner Schwachsinn ist und Sie nicht unterscheiden könnten, welcher Anteil das ist. Nichts wissen macht auch nichts. Mit dieser Einstellung machen Sie zumindest denen eine große Freude, die von Ihrem Unwissen profitieren und Sie beliebig für ihre eigenen Zwecke einspannen wollen.

Wenn Sie das nicht wollen, dann entwickeln Sie einen großen, unstillbaren Appetit auf Wissen. Es wird Ihnen bei Ihrem persönlichen Wachstum helfen und es macht nicht dick. Versprochen.

Glück, Erfolg und Zufriedenheit

Wenn es darum geht ein Leben nach den eigenen Vorstellungen zu führen, dann kommen diese Begriffe immer wieder ins Spiel. In den USA ist das Streben nach Glück sogar in der Verfassung verankert. Tatsächlich werfen wir die Begriffe Glück, Zufriedenheit und Erfolg oft durcheinander oder verwenden sie als Synonyme. Dabei gibt es aber große Unterschiede zwischen ihnen. Und da diese Begriffe so eine wichtige Rolle in unserem Leben spielen, habe ich ihnen einen eigenen Bereich in diesem Buch gewidmet.

Was bedeutet Glück und wie wird man glücklich?

Glück ist ein Gefühl.
Es hat mehrere Ebenen.
Richard de Hoop

Glücksforscher sagen, 50 % des persönlichen Glücks sei fast schon der genetischen Veranlagung zuzuschreiben und die restlichen 50 % sind erlernt, erarbeitet und letztlich eine Entscheidung. Viele Menschen sind unglücklich, weil etwas in der Vergangenheit nicht gut lief, sagt unser Interviewpartner Richard de Hoop. Andere sind unglücklich, weil etwas in der Zukunft nicht gut laufen könnte oder weil es ihnen nicht genauso gut geht wie anderen. Tatsächlich hängt das persönliche Glücksempfinden des Einzelnen nicht selten davon ab, ob es anderen Menschen in dessen erweitertem Umfeld besser oder schlechter geht.

Es gibt daher Menschen, denen geht es finanziell gut, sie sind gesund, haben eine halbwegs funktionierende Beziehung, gesunde Kinder und einen Hund. Eigentlich könnte man so glücklich und zufrieden leben, oder? Wenn da nicht die anderen wären, die noch wesentlich mehr Geld haben, ein größeres Haus, die noch attraktivere Frau oder den noch attraktiveren Mann, das schickere Auto und die höhere Position im Berufsleben. Tatsächlich gibt es immer jemand, der höher, schneller und weiter kommt als wir, der mehr hat, begabter ist oder privilegierter. Es liegt in der Natur der Sache, dass wir nicht auf allen Gebieten die Nummer eins sein können.

Wozu sollte das auch gut sein?

Richard de Hoop, der für PRO7 einst beim Glücksreport mitwirkte, sagt ebenfalls: "Wir sind viel zu fokussiert auf das, was im Moment nicht gut läuft. Solange alles gut läuft, sprechen wir nicht darüber, registrieren es häufig nicht mal."

Das geht schon in der Schule los. Die Bewertung erfolgt selten über das erfolgreich absolvierte Ergebnis, sondern meistens über die Häufigkeit der Fehler, die es zu vermeiden gilt. Hat ein Kind beim Diktat fast alles richtig gemacht, steht da nicht etwa 995 Worte richtig geschrieben, sondern da steht dann - 5 Fehler, Note 2 - 3. Der Fokus wird in unserem System schon früh auf Fehlervermeidung und Erkennung des Negativen gelegt.

Und während des Berufslebens setzt sich das fort. Reinhold Würth, einer der letzten Selfmade-Milliardäre Deutschlands, steuert seinen Konzern über Kennzahlen. Liegen diese im Soll, sehen die entsprechenden Abteilungen und Niederlassungen, den Chef so gut wie nie persönlich. Liegen die Ergebnisse unter Soll, kümmert er sich um die Ursachen. Hier wird das Positive ebenfalls als selbstverständlich, als normal angesetzt und das negative Ergebnis wird herausgehoben. Kein Wunder, dass die Menschen, dieses Bewertungssystem auch mit in die Freizeit und in ihre Familien tragen. Aber wer etwas erreichen will muss den Mut haben Fehler zu machen.

Was ist Glück denn nun? Wann sind wir glücklich und wie können wir es werden? Was sind denn die Glücksfaktoren? Es gibt ja Menschen, die untersuchen genau das. Sogenannte Glücksforscher haben alle sinnigen und unsinnigen Daten zusammen getragen, wann Menschen glücklich sind.

> *Wer Zahnweh hat hält jeden, dessen*
> *Zähne gesund sind, für glücklich.*
> *Der an Armut Leidende begeht denselben*
> *Irrtum den Reichen gegenüber.*
> George Bernard Shaw

Viele Menschen denken, wenn dieses oder jenes Ereignis in meinem Leben eintritt oder wenn ich erst mal so und so viel Geld hätte, dann wäre ich glücklich. Oder wenn ich diese Frau oder diesen Mann an meiner Seite wüsste, dann wäre ich glücklich.

Die Glücksforscher fanden heraus, dass Geld tatsächlich in einem gewissen Zusammenhang mit dem persönlichen Glücksempfinden steht. Allerdings nur bis zu einer bestimmten Summe. Wird diese überschritten, steigert sich dieses Glücksempfinden nicht mehr wesentlich. Ich vermute, dass diejenigen Personen, denen es an Geld mangelt, eher von Sorgen geplagt und in ihrer Entfaltung eingeschränkt sind. Sie schätzen Ihre Lage als unbefriedigend ein und teilweise als bedrohlich.

Die Neigung sich in dieser Situation als glücklich zu bezeichnen, geht in unseren Breitengraden meist gegen Null. Eine Verbesserung der Vermögenssituation kann hier durchaus zu einem höheren Glücksempfinden führen, auch wenn es natürlich keine Garantie dafür ist, schon gar nicht dauerhaft. Denn kaum widerfährt uns dann etwas Gutes, suchen wir nach dem Haken oder entdecken, dass es anderen noch besser geht.

Gemessen am materiellen Wohlstand geht es der Mehrheit hier im deutschsprachigen Raum um Längen besser, als einem Großteil der restlichen Welt. Gemessen am tatsächlichen Glücksempfinden landen wir allerdings unter ferner liefen. Gerade Länder und Regionen, denen es materiell an fast allem fehlt und in denen sogar die Grundbedürfnisse wie Essen, Trinken und ein sicherer Platz zum Schlafen nicht jeden Tag gewährleistet sind, liegen da vor uns. Wie kann das sein?

Antje Heimsoeth, die Sportmentaltrainerin aus Rosenheim, brachte dieses Phänomen in unserem Interview wie folgt auf den Punkt:

"Das Haupthindernis für den eigenen Erfolg und das persönliche Glück sind oft die eigenen Ängste und Gedanken."

Dr. Rüdiger Dahlke benennt zusätzlich gewisse Verdrängungsmechanismen, als Faktor fürs unglücklich sein, bis hin zum Verlust der Gesundheit und anderen Erscheinungen, die sich wieder aus dem Schatten melden, in den wir sie verdrängt haben.

Ich denke, vor allem eines wird bei allen Aussagen und Feststellungen klar. Glück ist nichts, was uns zufällt oder was genau messbar ist. Es ist ein individuelles Gefühl, das bis zu einem gewissen Grad immer auch eine Entscheidung ist. Das bedeutet nicht, dass wir uns einfach mal kurz entscheiden können: "Ich bin dann ab jetzt mal glücklich." Zumindest wird das ziemlich schwer, weil die kleine Stimme in unserem Kopf sich meistens einmischen wird und uns detailliert darüber aufklären wird, warum das Schwachsinn ist und welche Gründe es gibt, unglücklich zu sein. Stattdessen ist die Entscheidung gemeint, den eigenen Fokus zu steuern.

Letztlich gibt es zu jeder Zeit genügend Glücksmomente um uns herum. Ob Sie sich dabei am köstlichen Duft des morgendlichen Kaffees erfreuen, an der Blütenpracht Ihrer Blumen, an guter Musik, an einem guten Buch, einem guten Film, einem guten Gespräch, einem guten Essen bei einem ebenfalls guten Glas Rotwein, einem Kaminfeuer im Winter, an der Wärme eines Sonnentags, an der erfrischenden Wirkung eines Sommerregens, am warmen Wasser, wann immer wir welches brauchen, an der Heizung im Winter, an der Liebe des Partners / der Partnerin, an gutem, erfüllendem Sex, am tanzen, singen und lachen, an der Unbekümmertheit eines Kindes und vielem mehr. Setzen Sie die Liste beliebig fort. Es gibt noch Myriaden kleine Wunder in diesem Leben an denen man sich erfreuen kann und die zum persönlichen Glück beitragen können - vorausgesetzt wir beachten sie.

Leider erkennen wir sie meistens erst, wenn wir sie nicht mehr haben. Wenn ein Mensch von uns geht, erinnern wir uns daran, was wir alles an ihm gehabt haben. Wenn wir unsere Gesundheit verlieren, erkennen wir deren Wert. Ich kann mich noch gut daran erinnern, dass ich als 12-jähriger Junge, aufgrund einer Hüftoperation einige Wochen im Bett liegen musste und ungefähr 5 Monate lang danach noch an Krücken gehen musste. Den Moment, als ich mich das erste Mal danach wieder, ohne Hilfsmittel, frei auf meinen zwei Beinen bewegen konnte, werde ich wohl nicht mehr vergessen. Es war ein unbeschreibliches Glücksgefühl, ausgelöst von einer Fähigkeit, die wir viel zu oft als selbstverständlich betrachten. Diese Erfahrung hatte auch Antje Heimsoeth gemacht, als die begeisterte Sportlerin nach einem Reitunfall plötzlich eine Zeit lang an den Rollstuhl gefesselt war.

Im materiellen Sinne ist das ebenfalls nicht anders. Unser Interviewpartner, der erfolgreiche Geschäftsmann und Trainer Michael Bandt, sah sich im Laufe seiner Karriere als Rohstoffhändler, nach dem 11. September 2001 durch äußere Umstände, von heute auf morgen um die Früchte aus 10 Jahren Arbeit gebracht. Der Gedanke wie gut es einem doch vorher ging liegt dann nahe. Aber wir können diese Segnungen auch schon rechtzeitig erkennen, wenn wir uns dazu entschließen.

Glück kann kein Dauerzustand sein, sonst würden wir es gar nicht erkennen. Es wird immer ein auf und ab geben. Es wird immer Ereignisse geben, die gefallen uns mehr oder eben weniger. Oft muss man drei Glücksmomente wahrnehmen, um vom Glücksempfinden her ein negatives Erlebnis auszugleichen, sagt Richard de Hoop. Aber wenn man gelernt hat auf diese Glücksmomente zu achten, gerade auf die kleinen, dann wird es einem auch eher gelingen sich auf die positiven Aspekte seines Lebens allgemein zu fokussieren.

Fangen Sie am besten gleich damit an. Nehmen Sie sich so viel Papier wie Sie brauchen und schreiben Sie auf wofür Sie jetzt gerade in Ihrem Leben dankbar sind. Und wenn Ihnen tatsächlich spontan nichts einfallen sollte, dann schreiben Sie auf wofür Sie dankbar sein könnten. Denken Sie dabei auch und gerade an die Dinge, die Ihnen mittlerweile zur Selbstverständlichkeit geworden sind. Schreiben Sie solange es irgendwie geht. Solange Ihnen noch etwas einfällt, egal wie absurd es zunächst klingen mag, schreiben Sie einfach weiter. Es geht um die Bewusstmachung der guten Dinge in Ihrem Leben.

In den folgenden Kapiteln werden wir uns damit beschäftigen, was das Schicksal mit unserem persönlichen Glück zu tun hat und welche Rolle die Zufriedenheit und unsere Vorstellungen und Erwartungen dabei spielen. Wir werden dann außerdem der Frage auf den Grund gehen, ob Glück überhaupt der höchste zu erreichende Zustand im Leben ist.

Das Recht auf ein glückliches Leben

Soviel ich weiß gibt es kaum eine Sprache in der für Glück, im Sinne von glücklich sein und für Glück, im Sinne von Glück haben, dasselbe Wort verwendet wird, außer im Deutschen. Ich finde, das gibt schon einen ersten Hinweis darauf, wie schwer wir uns mit diesem Thema tun. Ein glückliches Leben zu führen, hat nichts mit sechs Richtigen in der Lotterie oder dem Glück zu tun, als Sohn oder Tochter der richtigen Eltern geboren worden zu sein. Überhaupt hat glücklich sein nur sehr bedingt etwas mit materiellen Dingen oder einem großen Einkommen zu tun.

Geld spielt so lange eine Rolle für das persönliche Glück, solange Mangel daran herrscht. Ab einer bestimmten Summe lässt sich das persönliche Glücksempfinden mit Geld nicht mehr steigern, haben Forscher herausgefunden. Ich hatte das im vorigen Kapitel schon erwähnt.

Von der Frage nach der Sinnlosigkeit oder Sinnhaftigkeit solcher Forschungen und der Zuverlässigkeit der Ergebnisse dieser Studien mal ganz abgesehen vermute ich, dass die Bedeutung von Geld und materiellen Werten für das persönliche Glück eine höchst individuelle Sache ist. Fakt ist jedoch, dass es Ärmere gibt als uns, die glücklicher sind und Reichere, die unglücklicher sind. Das legt den Schluss nahe, dass Reichtum zumindest keine Grundbedingung für Glück ist.

Der Rückschluss vieler Zeitgenossen, Geld und Glück ließen sich nur sehr schwer vereinen, oder man müsse sich sogar zwischen beiden entscheiden, ist ausgemachter Unsinn. Vielmehr hat das eine - Glück, mit dem anderen - Geld, einfach nichts oder sehr wenig zu tun. Und umgekehrt ist das eine - nämlich ausreichend Geld, oft die logische Folge der Handlungen eines glücklichen Menschen.

Die Vorstellung, jemand der ein glückliches Leben führt, müsse tagein, tagaus, Stunde für Stunde und Minute für Minute glücklich sein, hat ebenfalls zu völlig falschen Erwartungen geführt. Niemand reist in einem rauschähnlichen Dauerglückszustand durchs Leben. Wir haben alle unsere Hochs und Tiefs, wir erleben Rückschläge, Niederschläge, stehen wieder auf, gehen weiter, erleben Glücksgefühle, Erfolge, Niederlagen, finden Liebe, werden zurückgewiesen und vieles mehr. Man nennt das Leben und diese wechselnden Erfahrungen sind die Essenz, die uns wachsen lässt und zu dem einzigartigen Wesen macht, das wir heute sind.

Schicksalsschläge sind somit auch nicht der Hauptgrund für unser unglücklich sein, sondern unser Umgang, unsere Verarbeitung dieser Ereignisse ist es. Damit will ich nicht sagen, dass ich oder jemand anderer es ohne Weiteres wegsteckt oder gar nach positiven Aspekten suchen sollte, wenn man eine nahestehende Person verliert oder einen eine schwere Krankheit befällt. Das finde ich unpassend. Was Sie, nach der für Sie passenden Trauerzeit oder Schockphase jedoch tun können, ist die Situation neu zu bewerten.

Der Mut wieder nach vorne zu schauen, die eigene Situation aus dem Jetzt heraus neu zu beurteilen und die Möglichkeiten auszuloten, das ist eine wesentliche Fähigkeit, die das persönliche Glück fördert.

Auch wenn es für die Betroffenen oft nicht sofort ersichtlich ist und der nötige Überblick fehlt, jede Situation die wir überleben hat das Potential daran zu zerbrechen oder daran zu wachsen. Es sind diese Herausforderungen im Leben, die wir meistern müssen, gerade dann wenn uns die Lage aussichtslos erscheint. Wahres Glück könnte ohne seinen Gegenpol gar nicht wahrgenommen werden.

Glück hängt also vor allem davon ab, wie wir mit den Ereignissen in unserem Leben umgehen, wie wir alles bewerten und worauf wir unseren Fokus legen. Es sind immer alle Aspekte da, auch wenn wir sie nicht immer sehen. In jedem Tiefschlag ist der Samen für eine neue Gelegenheit verborgen und in jedem Erfolg ist seine Vergänglichkeit schon angelegt.

Die Werbung mancher Persönlichkeits-Gurus und die verfälschte, unvollständige Darstellung in Filmen, Büchern und Fernsehsendungen hat uns den Eindruck vermittelt, es gäbe diese rundum in allen Bereichen glücklichen Menschen und diejenigen, denen gar nichts gelingt. Einer genaueren Untersuchung hält das nicht stand. Aber diese Vorstellung ist fest in unseren Köpfen verankert.

Das trägt mit dazu bei, dass Personen, denen es nach menschlichem Ermessen gut geht und die über alle Elemente eines glücklichen Lebens verfügen, unzufrieden sind, weil es eben nicht perfekt ist. Der Fokus liegt immer auf dem was fehlt. Dabei geht es nicht um das gewisse Maß an Unzufriedenheit, das uns antreibt uns zu verbessern und die Umstände in unserem Leben zu optimieren. Es geht vielmehr um die Unfähigkeit, dankbar anzuerkennen, was man schon geleistet und erreicht hat. Wer das nicht kann, wird nie glücklich werden, denn es fehlt immer etwas.

In unserer Welt gibt es nur insofern Perfektion, dass alles immer als Gesamtpaket daher kommt. Gut und böse, dunkel und hell, Anfang und Ende, Stille und Töne, schwarz und weiß, Leere und Dinge, Mangel und Fülle, Erfolg und Misserfolg. Ohne sein Gegenstück kann nichts existieren. Es wäre nicht wahrnehmbar. Diese einfache Weisheit klingt so banal und doch liegt in dieser Erkenntnis ein wesentlicher Schlüssel zum persönlichen Glück.

Ein weiterer Schlüssel zum persönlichen Glück ist das Erkennen der Macht über das eigene Leben. Sie sind der Herr und Meister Ihres Lebens oder sie überlassen das anderen Menschen und Umständen. Ich weiß, dass das leichter geschrieben, als danach gehandelt ist, aber es gibt keine Alternative, außer sich in Ihr scheinbares Schicksal zu fügen und an den Träumen anderer Menschen zu arbeiten.

Es geht darum heraus zu finden, was man tief in seinem Inneren wirklich will, was einen im Herzen berührt, was einen begeistert, worin man aufgeht, was einen erfüllt und einem inneren Frieden verschafft. Ein Gefühl tiefer Dankbarkeit und eine Leichtigkeit des Seins unabhängig von jedem äußeren Einfluss. Oder ganz unspektakulär - etwas zu finden, das dem eigenen Leben einen Sinn verleiht.

Dabei müssen Sie keine Völker von der Unterdrückung befreien oder die Welt auf eine andere Art und Weise retten - Sie dürfen natürlich, aber Sie müssen nicht - Vielmehr geht es um Sie persönlich. Was ist Ihr Traum? Was sind Ihre Träume? Mal angenommen, es wäre alles möglich, es gäbe keine Beschränkungen, wie sieht Ihr Leben dann in Ihrer Vorstellung aus?

Für den einen ist es ein eigenes Unternehmen, mit dem er seine Ideen umsetzen möchte, für den anderen das Buch, das er schreiben will, für den Dritten, die Hilfsorganisation, die er oder sie gründen will und wieder andere wollen einfach die Welt bereisen und darüber berichten, wie es in anderen Ecken dieser Erde zugeht. Ein Bekannter von mir geht vollkommen im Sammeln alter Radios, Vorläufern des Plattenspielers, alten Motorrädern, Oldtimerfahrzeugen usw. auf.

Er liebt es in Kellern, auf Dachböden und manchmal auf dem Recyclinghof zu stöbern und alte Dinge zu entdecken, sie zu reparieren, wieder in Gang zu bringen und in neuem Glanz erstrahlen zu lassen. Er braucht dazu kein Unternehmen gründen, keine Reichtümer anhäufen, keine Karriere machen - er hat einen ganz normalen Job, der ihm genügend Freizeit lässt für sein Hobby und ausreichend Geld einbringt um dieses zu finanzieren. Er führt sein Leben nach den eigenen Vorstellungen. Was will man mehr?

Was das für Sie bedeutet können nur Sie selbst beantworten. Ich kann nur so viel sagen - persönliches Glück besteht zu einem großen Teil aus Selbstbestimmung. Gestalten Sie Ihr Leben nach Ihren Vorstellungen und seien Sie glücklich. Letztlich ist Glück nämlich eine Entscheidung und kein Zufall. Es ist Ihr gutes Recht ein glückliches Leben zu führen. Fordern Sie es ein.

Dem Schicksal folgen oder es kreieren?

Folgen wir Menschen einem vorgegebenen Schicksal oder erschaffen wir unser Leben, während wir es leben? Wenige Fragen haben unseren Interviewpartnern unterschiedlichere Antworten entlockt und kaum eine Frage hat die meisten von ihnen so stark zögern lassen. Viele haben sich der Frage ganz entzogen und frei weg zugegeben, dass sie das nicht wissen können, was natürlich für alle gilt, inklusive denen, die eine Antwort parat hatten. Mit letzter Sicherheit kann das niemand wissen. Solange wir leben, können wir nur vermuten, glauben oder überzeugt sein, wir würden ein Schicksal erfüllen oder es eben erschaffen. Je nachdem, was Sie glauben, wird sich alles mit der Zeit zusammenfügen und ein perfektes Bild ergeben oder der Zufall wird Sie dahin führen, wo Sie halt landen werden.

Das Verzwickte an der Sache ist, dass sich im Nachhinein Beweise für beide Theorien finden lassen. Wenn Sie zum Beispiel von Ihrem Arbeitgeber entlassen werden und danach eine erfolgreiche Karriere als Unternehmer starten, kann es genauso gut sein, dass dies von vornherein so vorbestimmt war, wie es sein kann, dass Sie einfach das Beste aus den Ereignissen gemacht haben. Blicken Sie doch mal zurück in Ihrem Leben. Welche Umstände und Ereignisse haben Sie denn dorthin gebracht, wo Sie heute sind?

Was musste alles passieren, damit Sie das werden konnten, was Sie heute sind? Wo lagen die Abzweigungen und welche Entscheidungen und Ereignisse haben Sie in die eine oder die andere Richtung gehen lassen? War es der Einfluss Ihrer Eltern, Verwandten oder Freunde? Waren es die wirtschaftlichen oder politischen Ereignisse, die Ihren Lebensweg beeinflusst haben? War es vielleicht ein ganz bestimmtes Ereignis, das für nachhaltige Veränderungen gesorgt hat? Oder ein ganz bestimmter Mensch, der Sie und Ihr Leben inspiriert und verändert hat? Oder haben Sie eine bewusste Entscheidung getroffen was Sie genau tun, haben oder sein wollen? Wenn es Ihnen geht, wie den meisten Menschen, dann ist es eine Mischung aus einem Teil oder allen diesen Elementen.

Nun kann man trefflich darüber streiten, ob das die Vorsehung war oder das Ergebnis Ihrer Bemühungen Ihr Leben auf die Reihe zu bekommen. Müssen Sie, gemäß Ihrer schicksalhaften Vorsehung heute genau da sein, wo Sie gerade sind und müssen Sie vielleicht genau jetzt, dieses Buch in Händen halten und sich mit dessen Inhalt beschäftigen? Oder ist das eine freiwillige Entscheidung, mit der Sie eine weitere Ursache für die Ergebnisse in Ihrem weiteren Leben setzen? Wie gesagt, für beide Theorien lassen sich Beweise finden, wenn man will.

Ich selbst bin leider ebenfalls nicht im Besitz der erleuchteten Wahrheit für diese Frage. Deshalb kann ich Ihnen nur mitteilen, was ich glaube und wovon ich überzeugt bin. Vielleicht hilft Ihnen diese Sichtweise ja weiter, vielleicht haben Sie Ihre eigene. Vor allem die Anhänger diverser Religionen berufen sich gerne auf das unabänderliche, gottgewollte Schicksal des Einzelnen. Man könne ihm nicht entfliehen, heißt es.

In manchen arabischen Ländern wird das Kismet genannt und führt nicht selten zu absolutem Stillstand der Aktivitäten des Einzelnen, weil ja sowieso alles kommt, wie es kommen soll. Warum sich also unnötig anstrengen? In unserem christlichen Sprachgebrauch finden sich aber ebenfalls genügend Hinweise für eine solch fatalistische Sichtweise. Wir müssen alle sterben, wenn unsere Zeit gekommen ist. Wir können unserem Schicksal nicht entgehen. Gott hatte andere Pläne mit ihm oder ihr. Das Schicksal hat uns zusammengeführt. Wir sind Seelenverwandte und die Vorsehung wird uns wieder vereinen. Das alles sind Redensarten, die auf einen Glauben an eine höhere Macht die alles steuert, hinweisen.

Dieser Glaube gibt dem Gläubigen die Zuversicht geführt zu werden und das Urvertrauen, alles diene einem höheren Zweck und sei gut, so wie es ist. Und tatsächlich gibt es schlechtere Grundlagen für das eigene Leben, als einen festen Glauben und die Überzeugung, alles sei gut oder werde irgendwann gut werden. Menschen mit diesem festen Gottvertrauen haben meist ein tiefes Fundament, auf dem sie Ihr Leben aufbauen können und dagegen gibt es absolut nichts einzuwenden.

Ich persönlich glaube allerdings nicht, dass es uns so einfach gemacht wird. Ich halte es für unwahrscheinlich, dass wir hier nur ein vorbestimmtes Schicksal erfüllen sollen. Wozu sollte das auch gut sein? Wenn es einen Gott oder eine höhere Macht gibt, die alles steuert - und ob es die gibt überlasse ich hier ausdrücklich der Überzeugung des einzelnen Lesers - dann bräuchte diese Macht höchstwahrscheinlich keine vorgefertigten Leben zu verteilen, nehme ich mal an. Vielmehr leuchtet mir noch am ehesten ein, dass diese höhere Macht die alles steuert, sich aus allem Leben zusammensetzt. Wenn wir hier tiefer in die Philosophie des Monotheismus, des Polytheismus, des Atheismus oder sonstiger -ismen einsteigen wollten, würde wahrscheinlich ein weiteres Buch daraus entstehen. Wir wollen es hier deshalb bei einer oberflächlichen Betrachtung belassen. Auch aus Rücksicht auf diejenigen, die Zweifel an ihrer Religion als Angriff auf ihre Lebensgrundlage betrachten.

Egal ob Sie aber glauben, Sie hätten Ihre Talente und Fähigkeiten von Gott mit auf den Weg bekommen oder ob Sie glauben Sie hätten diese einfach von den Eltern oder von Ihrem Umfeld vererbt bekommen, Fakt ist, dass Sie Talente und Fähigkeiten mitbekommen haben. Manchmal ist das tatsächlich ein Talent, das der Vater oder die Mutter schon hatte. Oft ist aber davon bei den Eltern überhaupt nichts zu finden und im ganzen Stammbaum davor ebenfalls nicht. Der Klaviervirtuose, dessen Vater Maurer war, die begnadete Sängerin, deren Mutter völlig unmusikalisch ist, das Universalgenie, dessen Eltern man mit Fug und Recht als Ignoranten bezeichnen kann. Diese Fälle bilden eher die Regel als die Ausnahme.

Und dennoch ist unser Leben bis zu einem gewissen Grad vorherbestimmt. Wer unsere Eltern sind, wo wir aufwachsen, mit wem wir die meiste Zeit verbringen, was in unserem Kulturkreis als selbstverständlich gilt und was ein absolutes Tabu darstellt, welche Regeln und Überzeugungen wir mit auf den Weg bekommen und was uns von unseren Vorbildern vorgelebt wird, vor allem von den Eltern, das prägt uns und bildet unsere Lebensgrundlage.

Dabei macht es einen himmelweiten Unterschied, ob ich in einem freien, wohlhabenden Land geboren wurde, mit freiem Zugang zu Bildung und Wissen oder ob ich in einem Land geboren wurde, in der Wissen nur zensiert oder gar nicht weitergegeben wird. Es macht außerdem einen Unterschied, ob meine Eltern etwas über die menschlichen und weltlichen Zusammenhänge wussten oder ob sie mir stattdessen Weisheiten wie zum Beispiel "Schuster bleib bei deinen Leisten" oder "Wer zu hoch hinaus will, wird tief fallen" oder "Hinter jedem großen Unternehmen steckt ein großes Verbrechen" und ähnliches vermittelt haben.

Wir haben also keineswegs alle die gleichen Voraussetzungen, wenn wir in unser Leben starten. Wir werden stattdessen geprägt von unserem Umfeld, in dem wir aufwachsen. Dass wir diesem aber mit der Zeit entwachsen und manchmal auch entfliehen können, dafür gibt es genügend Beweise. Die Schicksalsgläubigen werden jetzt sagen, das war dann die Vorsehung, dass er oder sie einen anderen Weg einschlagen musste. Er oder sie hat auf diese Art das eigene Schicksal erfüllt.

Ich persönlich glaube das nicht. Ich glaube, dass wir vom Schicksal, von Gott, dem Universum oder an was jeder glauben will, Karten zugeteilt bekommen. Wie wir damit spielen und was wir daraus machen, liegt alleine bei uns. Wenn wir einen göttlichen Auftrag haben dann den, Erfüllung zu finden in dem was wir tun und das Leben so auch für das Göttliche spürbar und erlebbar zu machen. Und ich vermute Sie sind zu einem ähnlichen Schluss gekommen. Wenn Sie sich dem Schicksal machtlos ausgeliefert fühlen würden, würde es wenig Sinn ergeben ein Buch über die Gestaltung seines Lebens zu lesen.

Zufriedenheit und Dankbarkeit - eine gefährliche Verwechslung

Gerade in Zeiten in denen grenzenloses Wachstum zum Ideal erhoben wird, hört man immer öfter die Menschen müssten doch wieder mit dem zufrieden sein, was sie bereits haben. Und tatsächlich kann man sich des Eindrucks nicht erwehren, die ständige Unzufriedenheit, die einem oft begegnet und die einem ein Stück weit auch von findigen Marketing- und Werbeleuten eingeredet wird, rühre von diesem Gedanken des unbegrenzten Wachstums her.

Anstatt einmal inne zu halten und anzuerkennen was wir bereits alles erreicht haben und welche Schönheit und Wunder uns bereits umgeben, hasten wir von einem Ziel zum nächsten. Stillstand ist schließlich gleichbedeutend mit dem Tod und vor dem haben wir mehr Angst als jemals zuvor. Immer wenn wir ein Ziel erreicht haben, entdecken wir jemanden der schon weiter ist oder das gleiche besitzt wie wir, nur größer, schöner, bequemer oder sonst wie besser. Der Stachel der Unzufriedenheit hält die Wirtschaft in Gang. Kein Wunder, dass Zufriedenheit immer wieder mit Stillstand in Verbindung gebracht wird.

Zufriedenheit ist Gift für das eigene Wachstum. Allerdings kann es, wie die meisten Gifte, richtig dosiert zur Medizin werden.

Zufriedenheit führt bei vielen Menschen tatsächlich zum Stillstand. Wer mit dem zufrieden ist, was er bereits hat oder ist, dem fehlt der Antrieb nach dem besseren, dem größeren zu streben. Warum sollte man sich anstrengen und womöglich den Verlust des Bestehenden riskieren wenn schon alles passt so wie es ist?

Dabei verwechseln wir oft Zufriedenheit mit Dankbarkeit. Wenn wir sagen, dass es besser wäre mit dem Erreichten auch mal zufrieden zu sein, meinen wir im Normalfall, dass wir dieses Erreichte anerkennen und würdigen sollten. Tatsächlich ist es eminent wichtig für das eigene Glücksempfinden in regelmäßigen Abständen innezuhalten und für alles zu danken was uns Gutes widerfahren ist. Und für das Schlechte am besten ebenfalls, denn daraus lernen wir im Normalfall oder es zwingt uns auf neue Wege und zum persönlichen Wachstum. Dankbarkeit ist die Grundlage um Glück überhaupt wahrzunehmen und sie führt zu einer gesunden Zufriedenheit mit der Gegenwart, ohne das Streben nach Verbesserung zu zerstören.

Machen Sie sich also möglichst täglich bewusst, für was Sie dankbar in Ihrem Leben sein können. Nehmen Sie sich am besten jetzt gleich Stift und Papier oder schreiben Sie es digital auf, falls vorhin nicht schon geschehen. Denken Sie an alle Bereiche, vor allem an diejenigen, welche Ihnen mittlerweile selbstverständlich vorkommen. Sind Sie zum Beispiel gesund? Funktionieren alle Ihre Gliedmaßen einwandfrei? Können Sie sich frei und ohne Schmerzen bewegen? Haben Sie eine Schule besucht und jeden Tag genug zu essen? Wann haben Sie das letzte Mal bewusst Ihr Essen geschmeckt –

Bissen für Bissen und die einzelnen Geschmacksnuancen wahrgenommen? Denken Sie außerdem an die Schönheiten in Ihrem Umfeld? Wann haben Sie das letzte Mal ganz genau hingeschaut und eine einzelne Blume und deren Perfektion in jedem Detail wahrgenommen?

Machen Sie sich bewusst, was Sie schon alles geschafft haben. Was Ihnen wirklich gut gelungen ist und worauf Sie stolz sind. Für was können Sie bei Ihrem Partner / Ihrer Partnerin dankbar sein oder bei Ihrer Familie und den Menschen, mit denen Sie zu tun haben?

Es geht bei dieser Übung nicht darum alles rosarot einzufärben und schön zu reden, sondern darum den Blick auch mal auf das Gute zu richten. Bei all dem Ärger und aller Frustration, die uns natürlich auch immer wieder begegnen, passiert es sonst leicht, dass unser Weltbild von diesen Dingen bestimmt wird. Wir leben dann frustriert im Paradies und verhungern seelisch neben einem reich gedeckten Tisch.

Diese Art von Dankbarkeit gibt Ihnen Kraft und Zuversicht für die Aufgaben, die vor Ihnen liegen. Sie führt zur inneren Zufriedenheit, die unser natürliches Streben nach persönlichem Wachstum nicht behindert.

Was ist Erfolg und macht er glücklich?

Ähnlich wie das Glück, lässt sich der Erfolg ebenfalls nur schwer definieren. Grundsätzlich ist Erfolg etwas, das erfolgt. Also die Folge einer Ursache, die wir gesetzt haben. Wobei der eine sich schon erfolgreich fühlt, wenn er es jeden Tag, ohne zu verschlafen, zur Arbeit schafft, während der andere sich, trotz nachweislicher Erfolge, eher als durchschnittlich erfolgreich bezeichnen würde. Es ist also, genau wie beim Glück, ein eher subjektives Empfinden. Bei einer klaren Zielsetzung lässt sich Erfolg zwar messen, aber das heißt nicht, dass sich diejenigen die ein Ziel erreichen auch erfolgreich fühlen. Dagegen können andere, die einige oder sogar alle ihre Ziele verpassen, aber in dem Bereich tätig sind, der ihnen Freude bereitet, sich trotzdem insgesamt als erfolgreich und glücklich empfinden. Sie können den Großteil ihrer Zeit mit dem zubringen, was sie gerne tun.

Wir halten also fest, dass beim Erfolg objektiv messbar bedeutet, sich ein Ziel zu setzen und wenn dieses erreicht wird waren wir erfolgreich. Wenn Sportler eine Medaille gewinnen, Erster in ihrem Bereich werden, deutscher, europäischer oder gar Weltmeister in ihrer Sportart werden, ist der Erfolg ebenfalls offensichtlich und messbar. Wobei es bei der Silber- und Bronzemedaille schon auf die vorherige Erwartungshaltung ankommt, ob sie als Erfolg verbucht wird. Der überraschende Dritte, der sich vorher keine Chancen ausgerechnet hatte, empfindet diesen Platz als Erfolg. Der Favorit, der nur Dritter wurde, sieht das ganz anders.

Erfolg ist also nicht nur das messbare Erreichen eines Ziels oder das beste Abschneiden beim Messen der Kräfte mit anderen, sondern Erfolg ist außerdem ein Ergebnis subjektiver Bewertung. Was haben wir uns zum Ziel gesetzt? Was ist dabei herausgekommen? Und was haben wir tatsächlich erwartet?

Der Zusammenhang zwischen Erfolg und Glück ist eine andere Geschichte. Macht Erfolg glücklich? Ich vermute mal, im ersten Moment trägt das Empfinden erfolgreich zu sein, zum Empfinden glücklich zu sein bei. Aber sind offensichtlich erfolgreiche Menschen automatisch glücklich? Ich denke es gibt genügend Beispiele die zeigen, dass dies nicht so ist. Die Höchststrafe für Erfolg ist Isolation:

Kleiner Erfolg = kleine bis keine Isolation.
Großer Erfolg = große Isolation.

Wer geschäftlich und finanziell große Erfolge erzielt, sieht sich Neidern und Begehrlichkeiten gegenüber. Wer beruflich erfolgreich wird, sieht sich oft Angriffen der Kollegen ausgesetzt. Man sagt, es gäbe immer zwei Möglichkeiten selbst groß zu erscheinen. Entweder man kann kontinuierlich wachsen oder andere, die größer sind, niedermachen. Erfolgreiche Menschen bekommen es oft mit der letzeren Gruppe zu tun. Diese Isolation, zusammen mit dem Gefühl kaum noch jemand trauen zu können, ist dem persönlichen Glücksempfinden äußerst abträglich. Zahlreiche Sportler, Musiker, Schauspieler und andere erfolgreiche Stars, die sich in Alkohol und Drogen geflüchtet haben oder am Ende ganz abstürzten und tragisch endeten, seien Beweis genug dafür, dass Erfolg nicht automatisch glücklich macht.

Allerdings ist die Fähigkeit, sich erfolgreich zu fühlen, eine tragende Säule des persönlichen Glücks. Das scheint sich zunächst zu widersprechen, aber der Unterschied wird bei näherer Betrachtung schnell sichtbar.

Der Star merkt früher oder später, dass die große Masse, die ihn bejubelt, gar nicht ihn oder sie persönlich meint, sondern das, was sie mit ihm oder ihr verbinden. Der Sportler gewinnt für sein Land oder seinen Verein, sozusagen stellvertretend für den Zuschauer, ein Spiel oder eine ganze Meisterschaft. Dafür wird er gefeiert und geliebt. Die Zuschauer lieben das Idol, das auf der Bühne steht und ihre Träume verkörpert. Oder das Sexsymbol, das ihre Sehnsüchte repräsentiert. An dieser Tatsache - selbst, als Person gar nicht gemeint zu sein - zerbrechen einige erfolgreiche Menschen. Sie fühlen sich mit der Zeit als Erfolgsmaschinen, die zu funktionieren haben und Erwartungen erfüllen müssen, sonst werden sie abgestraft. Er oder sie wird abhängig von Erfolgen, im Misserfolg zwangsweise unglücklich und irgendwann im Erfolg ebenso.

Der Mensch, der sich schon aufgrund seiner Lebensgestaltung erfolgreich fühlt ist dagegen nicht von äußeren Einflüssen abhängig, sondern ist sich seines Erfolgs von innen heraus bewusst. Er gestaltet sein Leben weitestgehend nach den eigenen Vorstellungen und kann daraus sein persönliches Glück ableiten.

Was sind Ihre Erfolge? In welchen Bereichen haben Sie noch Probleme Ihren Erfolg anzuerkennen? Wo können Sie sich erfolgreich fühlen und warum? Ein Tipp, der in der Literatur immer wieder auftaucht, ist das Führen eines Erfolgstagebuches. Nehmen Sie sich jeden Abend ein paar Minuten Zeit und schreiben Sie alles auf, was Ihnen an diesem Tag gut gelungen ist. Schreiben Sie dabei wirklich alles auf. Wenn Sie eine kritische Situation mit einem Kollegen gut gelöst haben. Wenn Sie weniger geraucht haben oder anstatt das gewohnte, das gesunde Essen gewählt haben. Wenn Sie etwas gelernt haben. Wenn Sie Ihr Verhalten positiv verändert haben. Wenn Ihnen irgendetwas gut gelungen ist usw. Schreiben Sie alles auf, sonst geraten diese Dinge in Vergessenheit. Und wenn Sie sich mal wieder als Loser oder Versager fühlen sollten, holen Sie Ihr Buch heraus und lesen darin. Es gibt keinen besseren Turbo für Ihr Selbstvertrauen und somit für Ihr persönliches Glücksempfinden.

Glück und innerer Frieden

Der Sinn des Lebens besteht darin glücklich zu sein, behaupten viele Menschen. Wenn wir es schaffen glücklich zu werden, dann werden wir uns rundum wohlfühlen und zufrieden unsere Tage verbringen. Aber stimmt das wirklich? Fühlen wir uns wirklich erfüllt und dauerhaft zufrieden, wenn wir glücklich sind?

Glücklich zu sein ist zweifelsfrei ein wunderbares Gefühl und es hat eine fast drogengleiche Wirkung auf uns. Wie im Rausch fliegen wir durch die Zeit und alles erscheint uns auf einmal freundlicher, besser und selbst die Probleme wirken plötzlich irgendwie eingeschrumpft. Aber da ist außerdem noch so ein kleines, fast nicht wahrnehmbares Hintergrundgeräusch, das alle glücklichen Momente begleitet. Zunächst wird es vom Lärm der Freude übertönt, aber mit der Zeit wird es immer lauter. „Es ist nur ein Moment", tönt es leise, „es ist bald wieder vorbei."

Glück, im Sinne von glücklich sein, ist kein Dauerzustand und auch das freudigste Ereignis weicht irgendwann dem Alltag. Es kann uns nicht den erwünschten und erhofften inneren Frieden bringen. Der lang ersehnte Partner tritt in unser Leben, wir erreichen die angestrebte Position im Unternehmen, unsere eigene Firma wird zum Marktführer, wir erleben die Geburt unserer Kinder – all das sind Momente die uns glücklich machen und niemand sollte darauf verzichten müssen. Aber sie haben allesamt keine allzu lange Haltbarkeit. Die lang ersehnte Partnerschaft sieht sich bald den ersten Herausforderungen gegenüber, der neue Job und das neue Einkommen wird zur Gewohnheit und die Marktführerschaft will verteidigt werden, was weniger Spaß bereitet als gedacht. Ein dauerhaftes Glücksempfinden lässt sich von äußeren Umständen nicht ableiten und somit auch kein innerer Frieden.

Tatsächlich kann man in einem Zustand inneren Friedens sein ohne glücklich zu sein und glücklich ohne in den Zustand des inneren Friedens zu kommen. Wer diesen inneren Frieden erreicht, der einer fortgeschrittenen Bewusstheit und Akzeptanz des Unabänderlichen entspringt, für den sind die Ausschläge auf der Gefühlsskala nicht mehr so stark und auch nicht mehr ganz so wichtig. Es werden nach wie vor traurige und freudige Ereignisse in unser Leben treten. Wir werden einige Ziele erreichen und andere verpassen und wir werden nach wie vor, erst hinterher feststellen, ob die erreichten oder die verpassten Ziele gut für uns waren. Menschen, die wir lieben, werden in unser Leben treten und Menschen, die uns Probleme bereiten. Andere werden uns verlassen oder durch tragische Ereignisse aus dem Leben gerissen. Wir werden gewinnen und verlieren, vorwärts kommen und zurück fallen. Um das voraus zu sehen oder in jedem Leben zu erkennen, braucht man kein Hellseher sein und keine Raketenwissenschaft studiert haben. Es ist einfach der Lauf der Dinge. In der einen oder anderen Form begegnen uns diese Dinge immer wieder. Das Leben ist einfach so. Warum auch immer.

Wer diesen Schwankungen mit einer inneren Gelassenheit und Souveränität begegnen kann, hat einen dauerhaften Zustand erreicht, der dem glücklich sein und Spaß haben weit überlegen ist. Das bedeutet natürlich nicht, dass man keinen Schmerz, keine Trauer, Freude und kein Mitgefühl mehr empfindet, sondern dass man sich nicht mehr so stark von ihnen leiten lässt. Innerer Frieden entspringt der Weisheit der Zeit und dem Vertrauen auf das seelische Gleichgewicht.

> *Gott gebe mir die Gelassenheit, Dinge*
> *hinzunehmen, die ich nicht ändern kann,*
> *den Mut, Dinge zu ändern, die ich ändern*
> *kann und die Weisheit, das eine von*
> *dem anderen zu unterscheiden.*
> *Gelassenheitsgebet von Reinhold Niebuhr*

Die Klarheit, Dinge zu ändern, die man beeinflussen kann und Dinge hinzunehmen, die man nicht ändern kann, sind ein wichtiger Baustein für inneren Frieden, aber sie macht ebenfalls nur einen Teil dieser Grundhaltung aus. Ergänzend kommt noch die Weisheit hinzu, unsere Wahrnehmungsfilter und unsere verzerrten Blickwinkel zu erkennen und den Blick wieder auf das zu richten was ist und wann es ist. Mehr im Hier und Jetzt zu leben und zu erkennen, dass alles und jedes ein Teil eines großen Ganzen ist. Keine Sorge. Wenn das im Moment noch keinen Sinn für Sie ergibt oder sich noch Unsicherheit oder Zweifel daran bei Ihnen regen. Ich kann ebenfalls nicht behaupten, dass ich diesen Umstand in vollem Umfang erfasst habe, geschweige denn diesen tiefen inneren Frieden bereits erreicht habe. Ich kann lediglich mittlerweile erahnen, welches Potential noch für uns bereit steht, wenn wir eines Tages gelernt haben richtig damit umzugehen.

Aspekte eines Traumlebens

Was genau ein Traumleben ausmacht ist eine höchst individuelle Frage. Für den einen bedeutet es, wie schon angesprochen, den Tag in der Hängematte am Strand zu verschlafen, für den anderen Erfüllung in seiner Arbeit zu finden. Dabei begleiten uns zahlreiche Denkfallen und falsche Vorstellungen, solange wir keine Klarheit darüber haben was wir eigentlich wollen und warum wir das wollen. Oft werden dabei Bereiche unseres Lebens leichtfertig geopfert oder dem einen, dominierenden Ziel untergeordnet, was meist zu Konflikten mit unserem Umfeld und uns selbst führt. Aber der Reihe nach. Wir wollen zunächst einigen Irrtümern auf den Zahn fühlen und die großen Bereiche unseres Lebens ein wenig genauer beleuchten.

Talent ist nicht alles, aber ohne Talent ist alles nichts

Dieser etwas abgewandelte Spruch, bringt es bei dem Thema Talent, sehr gut auf den Punkt. Mittlerweile gibt es tausende Bücher und andere Beiträge, die behaupten Talent sei nicht wichtig und es käme nur darauf an, fleißig zu üben und dabei zu lernen. Die meisten Menschen glauben das gerne, vor allem dann, wenn sie sich für nicht so talentiert halten wie andere.

Wir glauben das, wovon wir denken, dass wir es wissen. Ob das den Tatsachen entspricht, stellt sich meist erst hinterher heraus. Ich selbst glaube, dass unser Körper den Naturgesetzen unterworfen ist, unser Geist hingegen nicht. Das führt zu manchem Missverständnis. Jeder kann sich zu jeder Zeit vorstellen, etwas Bestimmtes zu besitzen, etwas Bestimmtes zu sein oder zu werden. Wenn aber auf der körperlichen Ebene, und da gehört das Gehirn dazu, die nötigen Voraussetzungen fehlen, bleiben einem nur drei Möglichkeiten. Entweder diese Voraussetzungen lassen sich durch Training und durch erlernen schaffen oder man kann die fehlenden Elemente durch Kooperationen mit anderen ausgleichen oder man sollte sich nach einer Aufgabe, einem Wunsch umsehen, der besser für einen selbst geeignet ist.

Nehmen wir das Beispiel eines Sängers und eines Sportlers um das zu verdeutlichen.

Es gibt Kinder beim Fußball, denen wurde Ballgefühl und Spielverständnis praktisch in die Wiege gelegt. Jedenfalls kommt es einem so vor, wenn man sie spielen sieht. Und es gibt welche, die müssen sich mit dem Ball erst anfreunden, um das mal höflich auszudrücken. Bei anderen bleibt es eine lebenslange Feindschaft. Ohne Talent kann, mit viel Übung, ein passabler Amateurspieler in den unteren Klassen aus dem Kind werden. Einer der von der Kraft und dem Laufvermögen lebt. Ein Meister seiner Sportart wird es aber nicht werden.

Allerdings läuft auch der Talentierte Gefahr, sich auf seinem Talent auszuruhen und vom durchschnittlich begabten, aber fleißigeren Fußballer überrundet zu werden. Der eine oder andere Fußballfan wird sich noch an Hans-Peter Briegel erinnern, einen gelernten Zehnkämpfer, der es mit begrenzten fußballerischen Mitteln zum Nationalspieler brachte. Aufgrund seiner Physis passte er damals in das körper- und kampforientierte Spiel der Deutschen. Untalentiert war er aber freilich nicht, sonst hätte alles rauf und runter rennen nichts gebracht.

Oder stellen Sie sich jemand vor, dessen Traum es ist Sänger zu werden und ein großes Publikum zu begeistern. Was wenn er eine Fliege mit der Pistole aus hundert Metern zuverlässiger trifft als die Töne des jeweiligen Musikstücks?

"Die Stimme kann verändert werden", versicherte uns der Stimmtrainer Arno Fischbacher in unserem Interview zwar, aber natürlich nur bis zu einem gewissen Grad. Ohne Talent zum Singen wird unser Möchtegern-Sänger mit viel Übung maximal ein durchschnittliches Ergebnis hinbekommen oder als eine der "Attraktionen", die am Nasenring durch die Manege geführt werden, bei *Deutschland sucht den Superstar* landen.

Trotzdem legen viele Menschen eine Hartnäckigkeit bei der falschen Sache an den Tag, die ihnen an anderer Stelle alles bescheren würde, was sie sich wünschen. Sie versteifen sich darauf unbedingt Sänger, ein bekannter Sportler, Schauspieler oder Showstar zu werden, obwohl ihnen jegliches Talent dafür abgeht.

Der Grund dafür liegt meist in den Nebenwirkungen. Ruhm, Anerkennung, Aufmerksamkeit und bis zu einem gewissen Grad auch der Reichtum, den man mit Berühmtheit verbindet. Menschen wollen geliebt werden, bewundert werden und sich bedeutend fühlen. Star zu sein erscheint dabei als das nötige Mittel zum Zweck. Auch wenn das natürlich nicht bewusst so wahrgenommen oder zugegeben wird.

Aber Talent alleine garantiert noch keinen Erfolg. Ausnahmetalente wie Boris Becker, Franz Beckenbauer, Lionel Messi, Diego Maradona, Tiger Woods und wie sie alle heißen, verbindet vor allem eines - der Ehrgeiz sich immer weiter zu verbessern. Weiter an sich und dem eigenen Talent zu arbeiten. Der Beste sein zu wollen. Alle haben sie, trotz bereits erreichter Spitzenleistungen und Führerschaft in ihrem Bereich, Sonderschichten beim Training eingelegt und Freistöße, Dribblings und Torschüsse geübt. Tiger Woods hat auf dem Höhepunkt seiner Karriere, als er der Konkurrenz schon enteilt war, seine Schlägerhaltung umgestellt. Als er gefragt wurde warum er das tue, er sei ja sowieso ohne wirkliche Konkurrenz, antwortete er - weil ich weiß, dass ich die Schläge so perfekter spielen kann als vorher.

Talent ist somit mit Sicherheit der kleinere Teil des persönlichen Erfolgs bei einem bestimmten Vorhaben. Viel wichtiger ist die Fähigkeit, dauerhaft an Verbesserungen zu arbeiten, zu üben und aus Fehlern und Rückschlägen zu lernen, kurz gesagt, sich weiter zu entwickeln und zu wachsen. Allerdings hat das alles auch seine Grenzen. Talent mag die kleinere Rolle für den Erfolg spielen, aber es ist eben die Basis für große Leistungen. Aus dem Rohstoff Talent kann der Mensch die Meisterschaft schmieden. Dieser Rohstoff besteht aus körperlichen und geistigen Eigenschaften, die jeder Mensch bei seiner Geburt mitbekommen hat. Sozusagen das Rohmaterial für sein Leben.

Manche sagen wir hätten eine ganz spezielle Aufgabe hier auf Erden, die nur wir mit unseren Gaben erfüllen können. Und dazu müssen wir unsere Talente entwickeln. Ich selbst weiß nicht ob wir hier einem festgelegten Auftrag folgen, aber ich denke, dass wir alle mit unterschiedlichen Fähigkeiten, in unterschiedlicher Ausprägung geboren wurden, an denen wir uns orientieren können.

Wenn wir diesen Talenten folgen und an ihnen arbeiten, ist die Wahrscheinlichkeit am höchsten, dass wir unser volles Potential entfalten. Wahre Meisterschaft in einem ganz bestimmten Bereich ist dann möglich. Und idealerweise sollten wir uns nicht mit weniger zufrieden geben, als möglich wäre. Wenn Sie also mehr schlecht als recht singen können, suchen Sie weiter nach Ihrem speziellen Talent und verschwenden Sie Ihre Zeit nicht mit

Versuchen ein berühmter Sänger oder eine berühmte Sängerin zu werden. Entspricht das, was Sie gerade tun, womit Sie einen Großteil Ihrer Zeit verbringen, Ihren Talenten? Sind Sie wirklich gut in dem, was Sie tun und wollen Sie immer noch besser darin werden? Sind Sie bereit alles Nötige dafür zu tun, weiter darin zu wachsen und sich zu entwickeln?

Wenn ja, dann herzlichen Glückwunsch. Sie sind höchstwahrscheinlich schon auf dem richtigen Weg. Wenn das nicht so ist, suchen Sie unbedingt weiter und finden Sie Ihre Erfüllung. Ihre Talente zeigen Ihnen den Weg.

Materielle Träume vs. Ideelle Träume

Dem schnöden Mammon nachzujagen und die Welt der Reichen und Schönen anzustreben gilt nach wie vor noch gemeinhin als profan und wenig inspirierend. Geld ist schließlich nicht alles, sagt man oder manche behaupten sogar es würde den Charakter verderben. Materielle Träume sind also nicht allzu hoch angesehen. Es wird vor allem in Deutschland deshalb immer noch mit einer gewissen Scham vom eigenen Wohlstand gesprochen und wir finden Menschen, die mit Ihrem Reichtum protzen einfach nur abstoßend.

Amerikanische Management- und Erfolgstrainer und ihre deutschsprachigen Pendants, geben sich die größte Mühe dieses scheinbare Defizit an positiver Gier zu beseitigen. Aber auch wenn dies vor allem bei Menschen, die Erfolg vorleben sollen um andere zur Leistung zu motivieren, fruchtet und in diesen Kreisen ganz offen mit materiellen Begehrlichkeiten umgegangen wird – die Regel ist es bei uns nicht geworden. Deshalb fügen die meisten Menschen, deren ansehnliches Vermögen bekannt wurde, oft noch verschämt hinzu:

„Wir spenden aber auch viel und haben eine eigene Stiftung", oder ähnliches. So als wolle man den eigenen Erfolg rechtfertigen. Wahrscheinlich vor allem vor sich selbst. Der Glaube, ein großes Vermögen lasse sich auf ehrliche Weise nicht aufbauen, ist schließlich noch weit verbreitet und zu viel zu besitzen, sei in Anbetracht der vielen Armen auf dieser Welt, fast schon unanständig, sagt man.

Nun, lassen Sie uns das doch etwas genauer untersuchen, beginnend mit der Frage, wie man ein Vermögen auf ehrliche Weise erwerben kann. Heißt das, ich muss alles durch eigene Arbeit verdienen und darf nicht die Arbeitskraft anderer nutzen um reich zu werden? Und ändert es etwas am Leid dieser Welt wenn ich auf meine materiellen Wünsche verzichte? Verdirbt zu viel Geld meinen Charakter und wenn ja, wie viel genau ist zu viel?

Diese Fragen sind ähnlich schwer zu beantworten, wie die Frage was denn nun genau eine gerechte Welt ausmachen würde. Alles zu gleichen Teilen aufzuteilen oder den ungleichen Faktoren, wie Engagement, Intelligenz, Tatkraft und Schaffung von Werten, Rechnung zu tragen. Wer alles gleich verteilt belohnt Faulheit und Untätigkeit und er verhindert den Hunger nach Erfolg, der uns antreibt. Wer alles den Gegebenheiten überlässt, fördert das Recht des Stärkeren. Gerechtigkeit liegt irgendwo dazwischen, sagen die meisten. Wo genau dabei das richtige Maß an Gerechtigkeit, Reichtum und der Verteilung materieller Güter liegt, entscheidet zunächst mal jeder für sich.

Fakt ist, dass wir hier in Deutschland, Österreich und der Schweiz eine Wahl haben, was in vielen anderen Ländern nicht der Fall ist. In einem Entwicklungsland ohne wirtschaftliche Möglichkeiten ist es ungleich schwerer sich materielle Träume zu erfüllen, als in einem Land, in dem alles verfügbar ist, was man mit Geld kaufen kann. Das heißt natürlich nicht, dass sich hier tatsächlich jeder alles leisten kann, aber es bestünde die theoretische Möglichkeit dazu. Über das Schulsystem kann man lange und ausführlich streiten, aber jeder kann hier eine Schule besuchen und die elementaren Dinge wie lesen, schreiben und rechnen erlernen. Jeder kann Wissen erlangen und/oder das Wissen anderer für die eigenen Ziele einsetzen. Wenn wir also mal die ethische Frage, ob materielle Träume etwas schlechtes sind, genauer betrachten, dann kann man erkennen, dass diese Frage schon viel darüber aussagt, wo das Problem liegt.

Ich bin ganz bestimmt kein Anhänger unbegrenzten Konsums und ebenfalls kein Fan der unreflektierten Lebensweise, aber wenn es für Sie wichtig ist ein großes Vermögen aufzubauen und einen Ferrari zu fahren, dann gehört das zu einem ehrlichen, authentischen Leben genauso dazu wie ein ethisch korrektes, mit Ihren Werten übereinstimmendes Vorgehen bei der

Verfolgung dieses Ziels. Mehr dazu später im Kapitel über die Zielerreichung. Vorab nur so viel. Wünsche und Träume zu unterdrücken oder sich gar dafür zu schämen bringt niemandem etwas. Meist handelt es sich um verschiedene Phasen in unserem Leben. Manchmal muss man erst Ferrari fahren und in luxuriösen Häusern leben, um festzustellen, dass dies zwar sehr angenehm ist, aber auf Dauer nicht die nachhaltige Befriedigung liefert, die wir uns erhofft hatten. Je nachdem was wir mit dem Sportwagen, der Luxusyacht oder anderen Spielzeugen verbinden, wird es zu unserem persönlichen Glücksempfinden beitragen oder die stete Quelle unserer Unzufriedenheit werden.

Wie schon gesagt, wenn es darum geht andere zu beeindrucken, wird immer einer da sein, der schneller, höher und weiter springt als Sie und der noch schönere oder bessere Spielzeuge besitzt als Sie.

Wenn der Besitz eines Sportwagens oder eines luxuriösen Hauses aber zu Ihrem Wohlbefinden und Ihrem Gefühl für ein Leben in der Fülle und des genussvollen Reichtums beiträgt, warum sollten Sie dann darauf verzichten? Es ist ein gefährlicher Irrtum, zu glauben man könnte die Welt verbessern indem man den Besitzenden etwas wegnimmt, anstatt dafür zu sorgen, dass es die Nicht-Besitzenden ebenfalls bekommen können. Die ungleiche Verteilung von Geld und Gütern hat ja schließlich eine Ursache auf die wir im Kapitel über Geld und Einkommen noch zu sprechen kommen. Es wäre viel logischer und letztlich auch erfolgreicher an diesen Ursachen zu arbeiten und die Strukturen daran auszurichten, anstatt etwas umzuverteilen, das nachher sowieso wieder am alten Platz landen wird. Die Reichen werden immer reicher und die Armen immer ärmer, weil das System für oder gegen diese Menschen arbeitet. Oder besser gesagt, weil es einige Menschen verstehen, dieses System für sich arbeiten zu lassen und andere darunter leiden.

Ihre materiellen Wünsche und Träume ändern daran überhaupt nichts. Und ich behaupte mal, aus der Position des Reichtums und der Unabhängigkeit wird es Ihnen leichter fallen auf dieses System Einfluss zu nehmen, als aus der Position der Armut und der Abhängigkeit. Wer ein Spiel verändern will, muss es kennen und in der Position sein, es zu verändern. Lassen Sie sich also kein schlechtes Gewissen einreden weil Sie materielle Träume haben und gut leben wollen. Das ist ein völlig natürliches, menschliches

Grundbedürfnis. Entscheidend ist, sich über die eigenen Motive für diese Träume und die Art und Weise klar zu werden, wie diese realisiert werden sollen.

Das gilt übrigens ebenfalls für ideelle Träume. Wenn jemand den Drang verspürt anderen Menschen oder Mitgeschöpfen zu helfen kann das nämlich ziemlich schnell zum Selbstzweck ausarten. So edel Ihre Absichten sein mögen anderen zu helfen, es setzt ein Ungleichgewicht der Kräfte voraus. Jemand der in der Lage ist zu helfen und jemand, der diese Hilfe annimmt und dadurch ein Stück weit abhängig wird. Ich spreche hier nicht von akuter Notfallhilfe, sondern von dauerhafter, systematisierter Hilfe, die Eigeninitiative und Selbstverwirklichung verhindert. Das geht im engsten Familienkreis los. Haben Sie schon mal überfürsorgliche Eltern in Aktion erlebt, die ihr Kind vor allem und jedem beschützen wollen? Sie nehmen ihrem Nachwuchs jegliche Chance Erfahrungen zu sammeln, Durchhaltevermögen zu entwickeln oder einfach nur lebensfähig zu werden. Dabei wollen sie doch nur das Beste für ihr Kind. Aber das Gegenteil von gut ist manchmal eben nicht schlecht, sondern gut gemeint.

Passen Sie also bitte auf, dass Ihre subjektive Bewertung Ihrer Träume nicht dazu führt, dass Sie einzelne Wünsche und Bedürfnisse unterdrücken, während Sie andere idealisieren und damit übers Ziel hinaus schießen. Jeder Traum und jeder Wunsch hat seinen Ursprung in uns und damit eine Berechtigung zu existieren und ernst genommen zu werden. Die Schaffung eines Bewusstseins für die Motive und Ursachen unserer Träume hilft Ihnen dabei, lohnenswerte Ziele daraus zu machen und diese schon bei ihrer Verfolgung zu genießen.

Lieber reich und gesund – Die Bedeutung von Geld

Geld ist nicht alles. Geld verdirbt den Charakter. Geld ist die Wurzel allen Übels. Gesundheit ist viel wichtiger als Geld. Überhaupt gibt es Wichtigeres als Geld. Lieber arm und gesund, als reich und krank. Und nicht zu vergessen, den Lieblingsspruch aller Besitzlosen:

"Hinter jedem großen Vermögen steht ein großes Verbrechen." Wir hatten diese Glaubenssätze schon im letzten Kapitel kurz angesprochen.

Es scheint ein wichtiges Thema zu sein, dem wir da so viel Bedeutung beimessen, dass wir so viele Aussagen darüber erfinden, die etwas schlecht machen, von dem wir alle leben. Mal vorausgesetzt, Sie wollen nicht in irgendeinem Wald von Würmern und selbsterlegtem Wild leben, dann brauchen Sie Geld. Geld um Ihre Träume zu verwirklichen. Geld um Ihr Traumleben zu finanzieren. Geld um einfach erst mal zu überleben.

Geld ist weder etwas Böses noch etwas Gutes und schon gar nicht muss man zwischen reich und gesund wählen. Das geht sehr gut zusammen. Geld ist einfach ein Mittel zum Zweck. Es ist eine Energieform, die Dinge in Bewegung bringt. Es ist ein Wertspeicher, der uns den Tauschhandel erleichtert. Sonst müssten Sie heute noch die Früchte Ihrer Arbeit beim Bäcker gegen Brot, beim Metzger gegen Fleisch, beim Arzt gegen Behandlung eintauschen. Immer vorausgesetzt, diese Anbieter bräuchten gerade, was Sie anzubieten haben. Wenn nicht, hätten Sie Pech gehabt. Geld ist also etwas, das Sie im Normalfall für Ihre Arbeit, Ihre Dienstleistung, Ihr Produkt oder für Ihr Wissen bekommen. Dieses erwirtschaftete Geld können Sie dann wieder für Waren, Dienstleistungen, für Ihr Vergnügen, für Ihre Altersvorsorge, für Wohltätigkeit oder andere beliebige Zwecke ausgeben.

Das Hauptproblem, von dem der schlechte Ruf des Geldes herrührt, ist seine ungleiche Verteilung und die Macht, die durch dessen Besitz ausgeübt wird. Verstärkt durch die Auswirkungen des Zinseszinseffektes. Verbunden mit der Geldschöpfung durch Schulden treibt dieser nämlich die Schere zwischen Arm und Reich immer weiter auseinander. Dieser Zinseszinseffekt arbeitet also für Sie, wenn Sie Geld in ausreichendem Maße besitzen und anlegen können und er arbeitet gegen Sie, wenn Sie Schulden haben. Zumindest wenn es sich um Konsumschulden handelt, also Kredite für Fernseher, Stereogeräte, privat genutzte Fahrzeuge und sonstige Gebrauchs- und Verbrauchsartikel. Bei Krediten für wirtschaftlich genutzte Güter, genannt Investitionen, besteht zumindest die Möglichkeit, damit einen Gewinn zu erwirtschaften, der über dem Zinssatz liegt, den Sie für den Kredit bezahlen müssen.

Darüber und über den vernünftigen Umgang mit diesen Tatsachen könnte man ein eigenes Buch schreiben und genau das wurde von zahlreichen

Menschen bereits getan. Es gibt zahllose Bücher und andere Publikationen zum Umgang mit Geld. Wir beschränken uns hier deshalb auf die für Sie und Ihr Traumleben wichtigen Bereiche.

In der Kurzform ist es relativ einfach. Machen Sie keine Schulden, es sei denn für Investitionen die sich durch die damit erwirtschafteten Gewinne wieder amortisieren. Sorgen Sie für genügend Einkommen und behalten Sie einen Teil davon für sich und Ihre Investitionen zurück. Legen Sie Ihr Hauptaugenmerk auf Ihr Nettovermögen und dessen Wachstum, denn das führt Sie zur finanziellen Freiheit. Das Einkommen ist dabei nicht unwichtig, aber nicht der wichtigste Aspekt.

In der Theorie klingt das einfach und wenn man die Disziplin hat, sich von Anfang an daran zu halten, gibt es kaum Probleme dabei. In der Praxis freilich sitzt man schneller in der Konsumfalle als einem lieb ist. Kaufe jetzt, zahle später und dann in bequemen Raten. Je kleiner die Rate, desto länger die Laufzeit, desto verlockender der Gedanke sich Dinge leisten zu können für die man eigentlich gar kein Geld hat. Und ich will auch nicht unterschlagen, dass es Menschen gibt deren Lohn schon für Miete, Essen und ein wenig Kleidung drauf geht.

Wenn Sie in dieser Situation sind kommt es Ihnen wahrscheinlich zynisch vor, gute Ratschläge über Vermögensaufbau und finanzielle Freiheit zu lesen. Aber gerade dann ist es wichtig das nötige Verhaltensmuster einzustudieren, sich daran zu gewöhnen. Es geht nicht um die Summe, die Sie für sich investieren, sondern darum die Gewohnheit zu entwickeln dies zu tun. Notfalls mit ein paar Euro im Monat die vorerst in einem Sparschwein landen.

Vielleicht gibt es Wichtigeres als Geld und vielleicht haben die Sprüche am Anfang dieses Kapitels auch ein Körnchen Wahrheit in sich, aber ein Leben nach den eigenen Vorstellungen zu führen ohne über ein Mindestmaß an Geld zu verfügen, wird sich äußerst schwierig gestalten. Nicht dass es etwa unmöglich wäre, das nicht. Aber man muss auf sehr viel verzichten um frei zu sein oder sich zumindest unabhängig zu machen. Mit Geld kann man sich diese Freiräume kaufen und braucht nicht auf ein Minimum an Luxus zu verzichten. Die Wahl liegt selbstverständlich bei Ihnen. Und damit Sie wirklich wählen können, müssen Sie in der Lage sein Geld zu bekommen, wenn Sie es brauchen. Sonst haben Sie nicht wirklich die Wahl darauf zu verzichten. Die Aussage, Geld sei Ihnen halt nicht so wichtig, wird dann zur Farce. Und glauben Sie nicht die anderen Menschen würden das nicht erkennen. Niemand stellt Sie vor die Wahl reich oder gesund zu sein, außer Sie selbst. Wählen Sie deshalb immer beides, denn es ist kein Widerspruch. Sie können für beide Bereiche etwas tun und somit liegt zumindest ein Teil der Verantwortung für ein reiches UND gesundes Leben bei Ihnen. Beschließen Sie im Zweifelsfall reich und gesund zu sein oder zumindest Ihren Teil dazu beizutragen.

Aus dem Geldfluss schöpfen

Um Geld zu bekommen muss man verstehen, was Geld eigentlich ist und welche Bedeutung es für unser Leben hat. Geld ist ein Wertspeicher, ein Hilfsmittel um Waren und Dienstleistungen besser und leichter tauschen zu können. Sie geben einen Wert in einen bestimmten Markt und die Summe an Geld, die dieser Markt Ihrer Leistung beimisst, fließt zu Ihnen zurück. Dieses Geld geben Sie wiederum weiter an Anbieter, deren Leistungen Ihnen die entsprechende Summe wert sind.

Das Ganze folgt also keiner starren Regel, sondern beruht auf Wertschätzung und subjektiver Wahrnehmung. Soweit, so einfach und klar. Wenn da nicht noch zahlreiche weitere Faktoren dazu kämen, welche die Sache ein bisschen komplizieren. Der Staat will von allem was da erwirtschaftet und bewegt wird etwas abhaben, weil er für die nötigen Rahmenbedingungen sorgt.

Des Weiteren wird Geld häufig zwangsumverteilt und fließt Menschen zu die keine Gegenleistung erbringen können oder wollen. Es fließt außerdem in Form von Subventionen wieder in den Markt zurück und weil das alles noch nicht verwirrend genug ist, kommen noch die Finanzdienstleister hinzu, die sowohl dem Staat, als auch Unternehmen und Verbrauchern Geld leihen, Ersparnisse und Gewinne verwalten, den Geldkreislauf in Gang halten und "Geld schöpfen" sobald dieses gebraucht wird. Durch die Sichteinlagenregelung (vereinfacht gesagt darf eine Bank die 100 € von einem Sparer erhält, 1000 € wieder verleihen) ist nur ein geringer Teil des Geldes, das im

Umlauf ist, tatsächlich physisch vorhanden. Der Rest sind digitale, rein virtuelle Vorgänge die nur solange von Wert sind wie sich alle einig sind diese als wertgleiche Tauschmittel anzuerkennen. Dasselbe gilt für Papiergeld, das ebenfalls keinen Wert an sich hat.

Sie sehen, der Vergleich mit des Kaisers neuen Kleidern drängt sich hier förmlich auf. Aber darauf kommt es im Moment gar nicht an. Dieses System wird irgendwann durch ein sinnvolleres ersetzt werden, sobald die Schraube überdreht ist. Ob das früher oder eher später passiert weiß keiner. So anfällig dieses System im Großen und Ganzen auch ist, in Ihrem Mikrokosmos können Sie sich dagegen stellen oder es nutzen solange es besteht. Wie gesagt, das Geld selbst ist weder gut noch böse. Sie müssen nicht raffgierig werden oder korrupt oder seelenlos um es zu bekommen. Sie müssen noch nicht mal alles für sich behalten, wenn Sie das nicht möchten. Aber um darüber zu entscheiden wie Sie es verwenden, müssen Sie es sich erst einmal holen. Ich sage bewusst, Sie müssen es sich holen, nicht Sie müssen es sich verdienen. Nutzen Sie das System und leiten Sie den Geldfluss in Ihre Richtung und Ihr Leben nach den eigenen Vorstellungen wird sich wesentlich leichter realisieren lassen, als wenn Sie es nicht tun.

Der Einkommensquadrant

Der Einkommensquadrant ist Ihnen vielleicht schon mal begegnet. Er wurde schon mehrfach in angepasster Form verwendet um Einkommensmöglichkeiten aufzuzeigen. Bodo Schäfer hat ihn zum Beispiel um den Faktor Experte erweitert und einen Stern daraus gemacht. Ich finde trotzdem, dass er eine einfache und verständliche Variante Ihrer Möglichkeiten aufzeigt auf legalem Wege an Geld zu kommen. Zunächst wollen wir uns dem Thema aber noch ein wenig annähern.

Geld an sich kann man weder essen noch trinken. Alle wirklich wichtigen Dinge im Leben kann man damit nicht kaufen. Und es hat nur den Wert den wir ihm gemeinsam beimessen. Solange wir uns einig sind, dass wir für 10 bis 15 Euro eine Pizza beim Italiener bekommen oder 7 bis 10 Liter Benzin, solange hat Geld den entsprechenden Wert. Sobald das Vertrauen nicht mehr da ist, dass man die entsprechenden Waren und Dienstleistungen für diese Summe auch tatsächlich bekommt, pulverisiert sich dessen Wert sofort. In Ländern in denen die Inflation den Wert des Geldes stündlich auffrisst treten oft Alternativwährungen, wie Zigaretten oder Gutscheine auf den Plan. Und erstaunlicherweise funktionieren diese mindestens genauso gut, wenn man das System dahinter verstanden hat. Genau wie bei unserem jetzigen Geld auch.

Geld allein ist also eher von unbeständigem Wert. Wirklich wertvoll sind Strukturen, welche die Geldströme steuern. Das Geld folgt natürlichen Regeln da es an sich keinen Wert besitzt und für uns nur wertvoll ist, wenn wir uns das, was wir wirklich wollen dafür kaufen können. Deshalb fließt es immer von dem der etwas braucht zu dem der dieses Etwas hat. Ich wiederhole das noch einmal, weil es so essentiell wichtig für das Verständnis Ihrer Möglichkeiten Vermögen aufzubauen ist. Geld fließt immer von dem, der etwas braucht zu dem der dieses Etwas hat.

Vielleicht kennen Sie dieses Gedankenexperiment, dass man heute alles Geld dieser Welt gleichmäßig auf alle Menschen verteilen könnte. Es wäre spätestens nach einem Jahr wieder an seinem alten Platz. Nicht weil diese Reichen so mächtig sind, jedenfalls nicht nur. Und auch nicht, weil sie so rücksichts- und gewissenlos sind, sondern weil diese Menschen über die nötigen Strukturen verfügen.

Egal was passiert auf dieser Erde, solange es Menschen gibt müssen sie essen, trinken, sie brauchen Energie, Transportmöglichkeiten, Rohstoffe und vieles mehr. Diejenigen, die über diese Ressourcen verfügen und über die Möglichkeit diese zu verteilen oder einen entsprechenden Wert in Form von Produkten und Dienstleistungen anbieten können, zu denen wird das Geld immer hin fließen. Menschen, die diese Dinge brauchen bzw. verbrauchen und nichts davon besitzen oder anbieten können, von denen wird dieses Geld immer wegfließen.

Das ist so banal, aber die Grundlage jeden Reichtums. Die Menschen haben Wünsche, Bedürfnisse, Ängste und Probleme. Wer diese Wünsche erfüllen kann, die Bedürfnisse befriedigen kann, den Ängsten etwas entgegensetzen kann und Probleme für die Menschen lösen kann, der wird von ihnen Geld dafür erhalten. Wer das nicht kann oder es schlechter als seine Mitbewerber kann, wird langfristig keines oder zu wenig Geld erhalten.

Wer dasselbe in ein System packen und multiplizieren kann, wird reich werden. Wer das nicht kann wird je nach Auftragslage über die Runden kommen, einen gewissen Wohlstand erzielen oder eben finanziell untergehen. Jedenfalls wird der- oder diejenige ohne System immer für Geld arbeiten müssen, statt umgekehrt Geld bzw. Systeme für sich arbeiten zu lassen.

Die beste Darstellung dieses Sachverhalts spiegelt sich meiner Meinung nach im oben angekündigten Einkommensquadranten wieder:

Angestellte / Arbeiter Tauschen Zeit gegen Geld, arbeiten für Systeme	**Unternehmer** Schaffen Systeme, nutzen **ALG** und **ALA** (anderer Leute Geld und anderer Leute Arbeit)
Selbständige / Freiberufler Tauschen Zeit gegen Geld, arbeiten oft für Systeme	**Investoren** Investieren ausschließlich in Unternehmen, Sachwerte und Systeme

Die Personen auf der linken Seite des Quadranten tauschen ihre Lebenszeit gegen Geld ein. Bei den Arbeitern ist das für gewöhnlich sogar so benannt. Sie erhalten einen Stundenlohn und die Gewerkschaft fordert für sie einen Mindestlohn von soundso viel Euro pro Stunde Lebenszeit die eingebracht wird.

Dieser Lohn ist, zumindest im ersten Moment, unabhängig von der erbrachten Leistung des Arbeiters oder der Arbeiterin und dem Ergebnis der Arbeit. Lediglich bei der Akkordarbeit ist ein Teil des Lohns leistungsabhängig. Ähnlich verhält es sich beim Angestellten, der im Regelfall ein festes Monatsgehalt bezieht. Hier wird dieses zunächst ebenfalls unabhängig von Leistung und Ergebnis bezahlt. Sind Leistung und Ergebnisse schlecht, wird das natürlich Auswirkungen auf die Beschäftigungsdauer haben, aber eben zunächst nicht auf Lohn und Gehalt.

Steigerungen des Einkommens sind in diesem Bereich hauptsächlich durch eine Erhöhung der eingebrachten Zeit zu realisieren. Es gibt eine natürliche Grenze für diese Art von Einkommen. Die Höhe schwankt zwar stark, je nachdem wie groß die Nachfrage nach den Kenntnissen und Fähigkeiten der Betroffenen ist, sie ist jedoch immer durch die eigene Leistungsfähigkeit gedeckt. Selbst wenn Sie 16 Stunden am Tag arbeiten und gute Leistungen zeigen, ist irgendwann Schluss. Von den Folgen für die Lebensqualität mal gar nicht zu sprechen.

Bei den Selbständigen und Freiberuflern ist das ebenfalls ähnlich. Sie erhalten zwar aufgrund der wegfallenden Lohnnebenkosten und der Risikoübernahme für ihre Ergebnisse im Normalfall mehr bezahlt als Arbeiter und Angestellte. Sie haben dafür aber wesentlich höhere Verpflichtungen in Form von Versicherungen, Investitionen und in manchen Fällen für Lohn- und Betriebskosten. Unterm Strich ist diese Gruppe meist ebenfalls im Einkommen durch die eigene Arbeitskraft limitiert.

Arbeiten sie erhalten sie Geld, arbeiten sie nicht kommt auch kein Einkommen zustande. Oft arbeitet diese Gruppe für Unternehmen als Subunternehmer oder Dienstleister, aber auch teilweise für die Angestellten und Arbeiter, zum Beispiel als Anwalt, Arzt, Handwerker oder ähnliches. Nicht selten sind die Selbständigen noch stärker im Hamsterrad gefangen als die Arbeiter und Angestellten. Der Begriff selbst und ständig arbeiten ist ja mittlerweile nicht umsonst zum geflügelten Wort geworden.

Unternehmer und Unternehmerinnen dagegen erschaffen Systeme, die ihnen Geld verdienen und sie benutzen dazu ALG (Anderer Leute Geld) und ALA (Anderer Leute Arbeit). Damit ist das Geld der Banken und Investoren gemeint, die in diese Systeme investieren oder ihnen Geld leihen. Und außerdem die Arbeit der Personen, die sich auf der linken Seite des Quadranten befinden. Diese Unternehmen koordinieren Material, Rohstoffe, Kapital und Arbeitskraft zu einer Leistung die am Markt Werte erschafft. Dafür erzielen sie in diesen Märkten Gewinne die sie wieder in den Ausbau des

Systems und in den eigenen Vermögensaufbau stecken können. Einkommen entsteht für diese Personengruppe zwar auch nicht unabhängig von ihrer Arbeitskraft, aber der Zeiteinsatz spielt nur eine untergeordnete Rolle. Wichtiger ist die intelligente Koordination aller Faktoren des Systems. Sie werden für Ergebnisse bezahlt, nicht für die eingesetzte Zeit. Durch die Möglichkeit, das System beinahe beliebig auszubauen und zu multiplizieren, ist ihr Einkommen nicht durch die eigene Arbeitskraft begrenzt.

Die letzte Personengruppe des Quadranten sind die Investoren. Sie investieren ihr Kapital ausschließlich in Systeme, Unternehmen, Immobilien, Sachwerte und sonstige Güter mit Wertsteigerungspotential. Sie bringen ihren Besitz, nämlich das Geld, in den Markt ein und erhalten dafür eine Beteiligung an den erwirtschafteten Gewinnen oder einen festen Zinssatz. Ihr Einkommen ist weitestgehend unabhängig vom Arbeitseinsatz der eigenen Person. Es richtet sich ausschließlich nach den erzielten Ergebnissen der Investments. Diese Einkommensform ist für die Verwirklichung der eigenen Träume natürlich am besten geeignet, weil sie die meisten Freiräume gestattet. Allerdings muss man dazu über das nötige Grundkapital verfügen oder es erst einmal erwirtschaften.

Welche Einkommensart ist für Sie die beste?

Auch wenn es beim Lesen der Beschreibung offensichtlich erscheint welche Einkommensart man anstreben sollte, möchte ich Sie bitten das ganze Bild zu betrachten bevor Sie Ihre Schlüsse daraus ziehen. Wenn man es nur unter den Aspekten des "Geldmachens" betrachtet wird schnell klar, dass man auf jeden Fall den Sprung auf die rechte Seite des Einkommensquadranten schaffen muss, um finanziell auf einen wirklich grünen Zweig zu kommen und sich Freiräume zu schaffen ohne sich krumm und bucklig zu arbeiten.

Allerdings gibt es da auch noch andere Aspekte zu beachten. Ich kenne genügend Menschen, die sind mit einem halbwegs passablen Job zufrieden und leben ihren Traum nach Feierabend und am Wochenende als Hobby aus. Der Job bietet ihnen genügend Geld um ordentlich zu leben und lässt ihnen genügend Zeit für ihre Interessen. Wer damit glücklich ist, der sollte das nicht ändern. Warum auch?

Diese Menschen ersparen sich die Unsicherheit des Selbständigen beim Unternehmensaufbau oder auch während der Unternehmensführung. Sie wissen an jedem Monatsende wie viel Geld reinkommt. Sie werden bei der Bank bevorzugt behandelt und nicht wie ein Bettler. Und sie haben wenig bis gar keine Erfahrungen mit den bangen Stunden, die ein Unternehmer oder Investor durchlebt wenn seine finanzielle Existenz von den täglich neu umkämpften Aufträgen oder von dem Wohl und Wehe eines Bankangestellten abhängt.

Unternehmer und Investoren leben in Saus und Braus(so jedenfalls das Vorurteil), oder zumindest in finanzieller Freiheit und Unabhängigkeit. Aber meist erst, wenn sie die unvermeidlichen Phasen der Unsicherheit durchlaufen und überwunden haben. Wollen Sie das? Macht Ihr Nervenkostüm das mit? Sind Sie bereit die volle Verantwortung für die Ergebnisse Ihrer Arbeit zu übernehmen? Sind Sie bereit für Ihre Fehler mit Ihrem eigenen Geld zu bezahlen? Sind Sie bereit mit großen Schwankungen bei Ihrem Einkommen zu leben und phasenweise Minus zu machen oder im schlimmsten Fall Ihr eingesetztes Kapital ganz zu verlieren? Wenn ja, dann sollten Sie sich auf jeden Fall daran machen ein System aufzubauen, das Ihnen Geld verdient, das für Sie arbeitet.

In vielen Fällen können Sie das sogar nebenberuflich beginnen und somit fast ohne Risiko starten. Nehmen Sie dann die Gewinne aus diesem System und verwenden Sie diese zu Beginn ausschließlich für dessen weiteren Auf- und Ausbau. Zum Leben haben Sie ja noch die Einnahmen aus Ihrem Job. Sofern es vom Verlauf her möglich ist, versuchen Sie bei wachsendem Erfolg zunächst einen Halbtagsjob zu behalten und weiter Ihr System aufzubauen und parallel dazu Vermögen aufzubauen das Sie in weitere Systeme investieren können. Sofern Ihr System von Anfang an genug abwirft können Sie sich natürlich auch gleich auf diese Arbeit konzentrieren, aber der Regelfall ist das nicht. Meistens werden Sie in der Anlaufzeit eher investieren als einnehmen, eher Verluste machen als Gewinne. Dazu brauchen Sie ein entsprechendes Einkommen aus einer anderen Quelle oder Kapital um diese Zeit zu überbrücken.

Es ist unheimlich wichtig diese Zusammenhänge in ihrer ganzen Auswirkung zu verstehen. Frei sein heißt tun zu können was man will und nicht tun zu müssen was man nicht will. Weder als Angestellter noch als Selbständiger ist dies wirklich in vollem Umfang möglich.

Als Unternehmer/in oder Investor/in hat man die Wahl wie man seinen Tagesablauf gestaltet. Natürlich gibt es, vor allem in Familienbetrieben, Unternehmer die rund um die Uhr arbeiten. Aber der Unterschied ist, sie müssen es nicht tun. Sie könnten ihr System (ihr Unternehmen) auch so organisieren, dass sie sich selbst aus dem Tagesgeschäft heraushalten und einen angestellten Geschäftsführer diese Arbeit tun lassen. Dann entscheiden sie selbst, ob und wann sie sich in die Firmenangelegenheiten einklinken und wann sie ihren sonstigen Interessen nachgehen. Allerdings haben sich viele Unternehmer mit der Zeit so mit Ihrem Unternehmen identifiziert, ziehen ihre ganze Bedeutung daraus, dass es oft ihr Leben als Ganzes für sie ausmacht. Die Arbeit an ihrem Unternehmen ist für diese Menschen nicht nur Belastung, sondern auch Traumerfüllung, Traumleben, Bedeutung, Zugehörigkeit und Erfüllung.

Die einzelnen Zellen des Einkommensquadranten lassen sich ansonsten durchaus verbinden. Zum Beispiel kann ein Angestellter seiner Tätigkeit weiter nachgehen und nebenher einen Teil seines Gehalts systematisch sparen, die angesparte Summe immer wieder investieren und so sein Vermögen als Investor aufbauen. Oder wie im vorigen Beispiel nebenher ein Unternehmen aufbauen. Oder der Selbständige kann seine Firma Zug um Zug zum Unternehmen ausbauen. Wichtig ist die gedankliche Ausrichtung. Alles was Sie tun sollte der Arbeit an Ihrem Unternehmen dienen, nicht der Arbeit in Ihrem Unternehmen. Dieser Satz stammt aus dem Buch "The e-Myth[1]" und er trifft den Nagel auf den Kopf. Arbeiten Sie an dem System und nicht in dem System oder für das System. Dann kommen Sie Ihrer finanziellen Unabhängigkeit und später auch der finanziellen Freiheit systematisch näher.

Und last but not least sorgen Sie dafür, dass Ihnen schon die Arbeit an Ihrem System Freude bereitet und mit dem Sinn Ihres Lebens, Ihrer Bestimmung zu tun hat. Beschäftigen Sie sich mit Dingen die Sie gerne tun, die Ihnen Freude bereiten und womit Sie sich notfalls auch ohne Bezahlung beschäftigen würden, rein interessehalber. Dann schlagen Sie zwei Fliegen mit

---

[1] The E-Myth revisited von Michael E. Gerber

einer Klappe. Sie arbeiten an Ihrer Freiheit und können bereits auf dem Weg dorthin ein erfülltes Leben führen.

Machen Sie bis dahin schon mal eine Bestandsaufnahme Ihrer finanziellen Situation. Wie hoch ist Ihr Nettovermögen im Moment? – Listen Sie einfach alles Guthaben auf Ihren Bankkonten, Ihre Aktien, den Wert Ihres Eigentums (notfalls geschätzten Verkaufswert nehmen) und Ihrer Geldanlagen (Rückkaufswert Versicherungen usw.) auf. Dann ziehen Sie davon alle Verbindlichkeiten ab. Kredite, beliehene Versicherungen oder Bausparverträge, Leasingverträge, Ratenverträge und sonstige Verpflichtungen. Voila - Ihr Nettovermögen. Weist es ein Minus auf? Wenn ja, was können Sie sofort unternehmen um das zu ändern? Wenn nein, wie hoch ist es und wie können Sie es möglichst gewinnbringend und wertsteigernd einsetzen? Was können Sie tun um Ihr Einkommen zu erhöhen? Was können Sie sofort unternehmen, um Ihr Nettovermögen zu erhöhen? Zum Beispiel sofort nach jedem Einkommenseingang einen gewissen Prozentsatz zur Seite legen. Sich selbst zuerst bezahlen, nennt das Bodo Schäfer, der bekannte Money-Coach.

Auf welcher Seite des Einkommensquadranten wollen Sie tätig werden und wann? Was sind Sie bereit dafür zu tun? Was können Sie sofort tun? Sammeln Sie Ideen, seien Sie kreativ und machen Sie sich nicht gleich alle Optionen mit Vorbehalten zunichte. Für die kritische Prüfung ist später noch genug Zeit. Vorerst geht es um das Schaffen von Möglichkeiten. Viel Spaß und viel Erfolg dabei.

> Die Arbeit muss unregelmäßig, organisch
> wachsen können, nach Gutdünken, Augenmaß
> und eigenem Gefühl und Gewissen des
> "Arbeiters", der dann gar kein "Arbeiter"
> mehr ist, sondern ein freier Mensch.
> *Friedensreich Hundertwasser*

Gesundheit und Fitness

Gesundheit ist etwas, das von uns relativ unbeachtet bleibt und nur wenig Wertschätzung erfährt, solange sie da ist. Wenn sie hingegen ganz oder teilweise verschwindet, wird sie von jetzt auf nachher zur wichtigsten Sache der Welt. Vielleicht haben Sie sich schon einmal etwas gebrochen und dadurch die Selbstverständlichkeit der Bewegungsfreiheit neu schätzen gelernt. Oder Sie mussten sich einer schwierigen Operation unterziehen, deren Folgen Ihr Wohlbefinden stark eingeschränkt hat. Dann wissen Sie wie viel Bedeutung die anderen, vorher ach so wichtig erscheinenden, Ziele dann noch haben. Sie treten im Normalfall komplett in den Hintergrund, solange die Gesundheit oder gar das Leben auf dem Spiel steht.

Ein gesunder Mensch hat Tausend Wünsche, ein Kranker nur einen, sagt man. Nämlich den, wieder gesund zu werden. Zu einem selbstbestimmten Leben gehört es also auf jeden Fall, rechtzeitig auf die Gesundheit und die eigene Fitness zu achten, denn sie ist die Grundlage aller Erfolge.

Unser Interviewpartner Dr. Rüdiger Dahlke sagt, Krankheit ist ein Symbol und oft ein Spiegel der Seele. Er hat diese These ausführlich in seinen Büchern erläutert. Es geht, verkürzt dargestellt, zum Beispiel darum, dass Krankheit mehr sein kann als die Abwesenheit von Gesundheit und dass die Ursache für viele Krankheiten in unseren sonstigen Problemen verborgen liegt. Vor allem in denen, die wir verdrängen. Wenn wir also buchstäblich etwas in uns hinein fressen und es in den Schatten verbannen, wie Dr. Dahlke das nennt, dann wird dieses Etwas keinesfalls einfach verschwinden, sondern unter der Oberfläche weiter vor sich hin gären und sich irgendwann als Krankheit wieder in Erinnerung bringen.

Der studierte Schulmediziner, der sich heute ebenfalls der spirituellen Welt geöffnet hat und nun beides verbindet, ordnet dabei auch verschiedenen Organen die erkrankt sind bestimmte Probleme zu. Nachzulesen in seinen Büchern und teilweise ebenso angesprochen beim Interview, welches Sie auf Wissen-ist-Macht-TV verfolgen können. Es würde den Rahmen dieses Buches sprengen, wenn wir hier komplett ins Detail gehen würden. Ich kann nur empfehlen, sich mit diesen Ansätzen zu beschäftigen, da unser körperliches Wohlbefinden und unsere psychisch-mentale Verfassung sich zumindest gegenseitig beeinflussen, wenn nicht sogar zusammengehören.

Ich möchte mich in diesem Kapitel aber auf die vorbeugenden Maßnahmen beschränken, die Gesundheit und körperliche Fitness beeinflussen. Grundsätzlich sind es drei Hauptsäulen auf denen unsere Gesundheit ruht. Ernährung, Bewegung und Entspannung. Im weitesten Sinne fällt der oben beschriebene, seelische Reinigungsprozess in den Bereich Entspannung, genau wie alle geistigen Einflussgrößen die uns entlasten. Auch wenn das natürlich ein bisschen weit gefasst ist soll uns das hier der Einfachheit halber genügen.

Ernährung

Meine Großmutter, und teilweise auch noch meine Eltern, sind in einer Zeit aufgewachsen in der Essen noch nicht unbegrenzt und auch nicht in solcher Vielfalt verfügbar war wie heute. Wenn überhaupt, dann gab es den berühmten Sonntagsbraten und den Rest der Woche einfach das, was verfügbar war. Notfalls fiel auch mal die eine oder andere Mahlzeit aus. Wer in diese Zeit reisen könnte und nach einer Herzinfarktstatistik suchen würde oder nach Bluthochdruck, sowie sonstige Herz-Kreislauf-Erkrankungen ausfindig machen wollte, der würde höchstens verwunderte Blicke ernten. Denn diese waren nicht, oder zumindest nicht in wesentlichem Umfang, bekannt.

Heute haben uns die Marketingabteilungen der Fleisch- und Milchindustrie eingeredet, wir müssten drei Mal am Tag Fleisch und Wurst essen und die tägliche Portion Milch dürfe natürlich, laut Werbung, auch nicht fehlen. Fleisch ist schließlich ein Stück Lebenskraft und Milch macht müde Männer ... Sie wissen schon. Wer wissen will ob an diesen Werbeaussagen auch nur ein Härchen Wahrheit dran ist der schaue sich den körperlichen Zustand der Menschen in Deutschland an.

Und ich spreche hier nicht in der Theorie, sondern als Teil dieser Fehlentwicklung. Wir ernähren uns mehrheitlich falsch und wir essen generell zu viel. Von zusätzlichen Einflussgrößen, wie dem Rauchen und übermäßigem Alkoholgenuss gar nicht erst zu sprechen. Ein Gläschen in Ehren ... Sie kennen das ja bereits mit den Sprüchen.

Keine Angst, ich will Sie hier nicht zum Veganer umerziehen oder Ihnen das Rauchen oder andere Drogen verbieten. Erstens könnte ich es nicht und zweitens wäre der Erfolg, sollte es doch gelingen, nicht von langer Dauer. Es sind schließlich Ihre Verhaltensmuster und die können langfristig auch nur von Ihnen verändert werden.

Ich möchte an dieser Stelle nur darauf hinweisen, dass es zu einem selbstbestimmten Leben dazu gehört, gut für sich und seinen Körper zu sorgen und den Werbemärchen nicht allzu leichtfertig auf den Leim zu gehen. Vor allem wenn es um Ihre Kinder geht. Morgens halb zehn in Deutschland wird sonst nicht nur eine völlig ungesunde Mixtur aus Zucker und Fett verspeist, sondern auch die Grundlage für spätere gesundheitliche Probleme gelegt. Nicht umsonst steigt der Anteil übergewichtiger Kinder, die kaum noch die einfachsten körperlichen Übungen hinkriegen, kontinuierlich an.

Viel Zucker und viel Fett in Verbindung mit diversen Geschmacksverstärkern ruinieren unsere natürliche Geschmacksintelligenz von Kindesbeinen an. Wer ausnahmsweise mal sein Essen in allen Details selbst hergestellt hat und bewusst auf jegliche Fertigprodukte verzichtet hat, der weiß wovon ich spreche. Der natürliche Geschmack der Zutaten reicht uns, und vor allem unseren Kindern, nicht mehr aus und wird manchmal nicht einmal mehr wahrgenommen. Das Essen wirkt fade und geschmacklos.

Zum Thema pflanzliche versus tierische Nahrung gibt es zahlreiche Studien. Die meisten davon wurden von der Industrie in Auftrag gegeben, was sie wenig zuverlässig macht. Alle unabhängigen Studien zeigen den negativen Einfluss tierischer Produkte auf den menschlichen Organismus auf, bis hin zum Zusammenhang tierischer Nahrung mit Krebs und Herz- Kreislauferkrankungen. Von den Auswirkungen des Fleisch- und Milchkonsums auf die Umwelt und die Hungerländer ganz zu schweigen. Bitte glauben Sie mir das nicht einfach. Recherchieren Sie einfach selbst.

Egal wie lange Sie diskutieren oder nachforschen – am Ende des Ganzen bleibt immer nur ein einziges Argument übrig das für den Fleisch- und Milchkonsum spricht: Es schmeckt gut oder anders ausgedrückt, wir sind von klein auf darauf konditioniert. Ansonsten ist Laktoseintoleranz der Normalzustand eines Menschen. Dass einige Menschen mittlerweile Milch vertragen, die nicht von der eigenen Spezies kommt, ist das Ergebnis jahrtausendelanger Gewöhnung. Diesen Effekt haben Asiaten zum Beispiel mehrheitlich nicht. Sie vertragen keine Milch, was ja wenig verwunderlich ist. Aber natürlich ist die Milchindustrie längst auf Eroberungskurs. Schließlich soll ja auch Asien in den Genuss ihrer Produkte kommen und gegen die Nebenwirkungen gibt es ja mittlerweile Pillen die man einnehmen kann.

Machen Sie sich einfach Ihr eigenes Bild über die ethischen Auswirkungen unserer Ess- und Trinkgewohnheiten und natürlich über die gesundheitlichen. Danach ziehen Sie bitte Ihre eigenen Schlüsse und Konsequenzen. Aber achten Sie darauf ehrlich zu sein. Wer es toleriert, dass überlebenswichtige Nahrung aus Hungerländern nach Europa importiert wird um dort an Schweine und Rinder verfüttert zu werden, der braucht an Weihnachten auch kein Geld mehr an Brot für die Welt spenden. Ein bisschen Achtsamkeit für die Zusammenhänge in dieser Welt wird Ihnen bei Ihren künftigen Entscheidungen helfen.

Bewussteres Handeln und eine ausgewogene, zumindest überwiegend pflanzliche Ernährung der Mehrheit der Bevölkerung hätte multiple positive Auswirkungen auf unsere Gesundheit, auf die Zustände in der Massentierhaltung, auf die Anzahl verhungernder Kinder, auf die Umwelt und somit auf unser gesamtes Leben. Ist Ihnen das den Verzicht auf den einen oder anderen Burger wert? Entscheiden Sie selbst.

Bewegung

Wenn unsere Urahnen essen wollten mussten sie vorher jagen oder Getreide anbauen und ernten. Und der Rettung des eigenen Lebens war es auch äußerst zuträglich fit zu sein, sonst war man buchstäblich ein gefundenes Fressen für den Säbelzahntiger. An speziellen Sport- und Fitnessprogrammen bestand damals also noch kein Bedarf. Bewegung war die normale Art seine Tage zu verbringen.

Heute liegt die durchschnittliche Entfernung, die wir pro Tag per Fuß zurücklegen bei unter einem Kilometer. Und da dies ein Durchschnittswert ist, gibt es also auch Menschen die weit weniger laufen. Wir arbeiten mehrheitlich im Sitzen an Bildschirmen und das einzige, was sich dabei bewegt sind die Finger. Danach geht's mit dem Auto nach Hause auf die Couch – der nächste Bildschirm wartet. Die Fernbedienung hilft uns bewegungsfrei durch die Programme zu zappen und mittlerweile kann man sogar zwischen Fernsehprogramm und Internet hin und her switchen ohne aufzustehen. Wo Kinder früher Fußball, Fangen oder Verstecken spielten, sitzen sie heute vor iPhone, iPad, Gameboy oder sonstigen anstrengungslosen Freizeitbeschäftigungen.

Darüber kann man sich aufregen oder die modernen Zeiten beklagen, aber ändern wird das genau gar nichts. Es ist so wie es ist. Wollen Sie Ihren Kindern diese Geräte wegnehmen? Viel Spaß dabei. Mal abgesehen davon, dass es dann immer noch Spielkameraden bräuchte, die auch keine elektronischen Spielgeräte mehr zur Verfügung haben.

Es kann also nur darum gehen die Sportangebote an diese neuen Zeiten und Gewohnheiten anzupassen. Bewegung muss heute als fester Bestandteil der Tages- oder zumindest der Wochenplanung einkalkuliert werden. Suchen Sie sich etwas aus, das Ihnen Spaß macht und zu dem Sie sich nicht jedes Mal zwingen müssen. Sonst wird die Freude an der Bewegung nicht lange währen. Entschließen Sie sich, falls Sie mittlerweile aus der Übung sind, anfängliche Widerstände zu überwinden. Wenn der erste Muskelkater überwunden ist und Fortschritte erkennbar sind, dann treten auch der Spaßfaktor und die positiven Auswirkungen mehr in den Vordergrund. Das gilt natürlich ebenso für Ihren Nachwuchs. Der natürliche Spieltrieb kann hier genutzt und gefördert werden. Sorgen Sie für Bewegung in Ihrer Familie. Warum nicht als gemeinsamer Event?

Entspannung

Stress und Burnout sind keineswegs nur Modekrankheiten oder eingebildete Erschöpfungszustände. In einer Arbeitswelt, in der die Karotte bei jedem Erfolg ein wenig höher gehängt wird, in der sich das Hamsterrad immer schneller dreht, ist Stress zum Normalzustand geworden. Dabei gibt es diverse Stressfaktoren. Vor allem entsteht Stress aber, wenn die Realität von dem abweicht, was unserer Vorstellung nach sein sollte. Wenn Sie gerne bei Ihrer Familie zuhause wären und mit Ihren Kindern spielen würden, aber aufgrund des Arbeitsaufkommens im Büro bleiben müssen, entsteht Stress. Wenn Sie laut Zeitplanung mit Ihrer Arbeit bereits fertig sein sollten, in der

Realität aber noch nicht mal die Hälfte geschafft haben, entsteht Stress. Wenn Sie verzweifelt einen Lebenspartner suchen, aber sich partout kein passender finden lässt, entsteht Stress. Kurz gesagt, immer dann, wenn Vorstellung und Realität voneinander abweichen.

Bei kleineren Angelegenheiten oder einmaligem Vorkommen wirkt sich das, wenn überhaupt, nur unmerklich auf Ihren Gesundheitszustand aus. Wenn es aber zur Regel wird, dann hat es oft dramatische Konsequenzen.

Ein völlig tiefenentspannter Berufsalltag ist dabei natürlich Utopie. Stress, im Sinne von zeitweiliger Überlastung, ist im heutigen Business unvermeidlich. Die Grenze der positiven Auslastung zur Überlastung ist dabei fließend. Wichtig sind deshalb regelmäßige Wohlfühlprogramme. Für den einen sind das Meditationen, für den anderen, sportliche Aktivitäten und für Dritte das Schmökern in einem guten Buch oder der Besuch einer Oper. Was immer für Sie zu Entspannung und Ausgleich beiträgt, sorgen Sie dafür, dass Sie genug davon bekommen.

Denken Sie auch daran aus alltäglichen Aufgaben solche Wohlfühlprogramme zu machen. Wenn Sie zum Beispiel sowieso jeden Tag mit dem Hund raus müssen können Sie daraus genauso gut einen kleinen Wellness-Lauf machen oder ganz bewusst die Schönheit der Natur wahrnehmen und sie genießen. Entspannung ist oft eine Sache der Achtsamkeit. Lassen Sie sich außerdem nicht immer und unreflektiert auf die Automatismen Ihres Hamsterrades ein. Vor allem, erkennen Sie, wo Sie ein solches Rad für sich aufgebaut haben. Was machen Sie nur weil Sie denken Sie müssten es tun?

Oft haben wir uns selbst die Falle aufgebaut in der wir nun sitzen. Aus dieser zu entkommen ist der sicherste Weg um Stress und Überspannung in Zukunft zu vermeiden.

Planen Sie für alle drei Säulen Ihrer Gesundheit Zeit und Ressourcen ein und achten Sie darauf, dass aus dem vermeintlichen Gegengift nicht ein erneuter Stressfaktor wird. Eine ausgewogene Ernährung, ein guter Anteil Bewegung jeden Tag und zwei bis drei längere Bewegungsphasen in der Woche, sowie genügend entspannende Aktivitäten und schon ist der Bereich Gesundheit so eingestellt, dass er Sie bei der Umsetzung Ihres Traumlebens unterstützt, statt Sie zu behindern.

Familie, Ehe und andere Beziehungen

Die eigene Familie ist das Wichtigste überhaupt, zumindest wenn man den zahlreichen Aussagen unterschiedlichster Menschen Glauben schenken darf. Der Rückhalt einer funktionierenden Familienstruktur ist die Basis von jedem nachhaltigen Erfolg. So wird es jedenfalls allgemein dargestellt und Politiker müssen meist eine solche, wenigstens halbwegs intakte Familienstruktur vorweisen oder vorspielen, um für ein höheres Amt gewählt zu werden. Was hinter den Kulissen los ist, geht ja keinen etwas an.

In der Realität sieht das sowieso etwas anders aus. Die Scheidungsquote steigt kontinuierlich an und von den Ehen, die zusammen bleiben, sind einige alles andere als unterstützend. Aus vielen, ursprünglich schwer verliebten Paaren, sind mittlerweile zwei Einzelpersonen geworden, die ihr Leben im Idealfall nebeneinander leben, manchmal nur noch verbunden durch gemeinsame Kinder oder einen Mangel an Alternative. Andere zelebrieren den Rosenkrieg. Ein glückliches, selbstbestimmtes Leben sieht für gewöhnlich anders aus.

Damit will ich nicht sagen, dass es keine Paare gibt die glücklich miteinander leben, ganz im Gegenteil, die gibt es selbstverständlich auch. Aber meistens sind das keine, vom Schicksal zusammengeführte Seelenverwandte, sondern zwei Menschen die nach der ersten Verliebtheit erkannt haben, dass man sich das weitere, gemeinsame Glück erarbeiten muss. Ein schreckliches Wort in diesem Zusammenhang, ich weiß, aber kaum eines trifft den Sachverhalt besser. Bei jeder noch so großen Liebe bleiben die einzelnen Partner Individuen. Weder kann man den anderen wirklich verändern, das kann er oder sie nur selbst, noch kann eine Partnerschaft auf Dauer glücklich sein, in der sich eine Persönlichkeit komplett unterordnen muss.

Es kann sein, dass der Partner das eine Zeit lang tut, aber irgendwann wird der Drang das eigene Selbst anzuerkennen dadurch umso stärker hervorbrechen. Das ist dann der Zeitpunkt, wo alle behaupten irgendjemand habe diese Person „umgedreht" oder sie wäre durchgedreht. Dabei kam nur durch, was so lange unterdrückt wurde. Eine beidseitig erfüllende Partnerschaft ist eine schwierige Sache. Jeder Mensch hat Wünsche, Träume, Ängste und Bedürfnisse, die bei keinem genau gleich sind. Sobald sich ein Mensch also mit anderen oder einem anderen zusammentut, gehen die Schwierigkeiten los. Wenn Sie in einer Partnerschaft immer noch genauso leben können, als wären Sie alleine, dann lebt Ihr Partner / Ihre Partnerin Ihr Leben, anstatt das eigene.

Das gilt genauso für Geschäftsbeziehungen, die Zusammenarbeit im Beruf, in Vereinen oder sonstigen Gruppierungen. Sobald mehrere Einzelpersonen zu einer Gruppe verschmelzen, müssen die eigenen Interessen, zumindest ein Stück weit, denen der Gruppe untergeordnet werden. Es gibt zwar keine totale Gleichberechtigung, das liegt schon in der Natur der Sache, aber es kann auf Dauer nur funktionieren wenn alle Beteiligten zumindest das einbringen können, was ihnen wichtig ist. Es gibt Menschen, für die ist Harmonie wichtiger als Selbstverwirklichung. Und es gibt andere, bei denen ist es umgekehrt. Wenn sich zwei treffen, die sich auf diese Weise ergänzen, kann das eine Weile gut gehen, aber selbst der Harmoniesüchtigste braucht irgendwann mal Gelegenheit die eigenen Belange umzusetzen.

Die Beziehungen zu anderen Menschen, sei es zur eigenen Familie oder zu Kollegen, Geschäftspartnern oder Freunden, ist ein zentrales Thema in unserem Leben. Wir sind nicht als Einzelgänger geboren worden, sondern als Herdentiere. Einige von uns fühlen sich zwar auch mal alleine ganz wohl, aber in totaler, dauerhafter Einsamkeit würden wir verkümmern. Wir brauchen den Austausch mit anderen, deren Anerkennung, deren Liebe und auch deren Konkurrenz um daran zu wachsen. Viele Selbständige die alleine arbeiten kennen das Problem, plötzlich ohne Kollegen lange, einsame Arbeitstage zu verleben.

Somit gibt es also genug Gründe diesem Lebensbereich etwas mehr Aufmerksamkeit zu schenken und den Umgang mit Anderen zu verbessern. Vor allem den mit der eigenen Familie. Hat hier jeder genügend Freiraum um seine Vorstellungen umzusetzen und sich zu entwickeln? Empfinden Sie selbst Ihre Familie als Belastung auf Ihrem Weg zum Traumleben oder ist sie ein fester Bestandteil Ihrer Pläne? Arbeiten Sie aktiv an der Verbesserung oder zumindest Pflege Ihrer Beziehung? Sprechen Sie noch offen über Ihre Wünsche und Träume oder darüber was Ihnen fehlt?

Dasselbe gilt, wenngleich natürlich in anderer Form, für Ihre anderen Beziehungen zu Freunden, Geschäftspartnern, Kunden, Lieferanten, Vereinskollegen oder ähnlichem. Wo können Sie Mehrwert für andere in eine Beziehung bringen? Und ich meine nicht die Art Unterstützung, die eine Gegenleistung erwartet. Versuchen Sie es einfach mal. Suchen Sie die nächste Gelegenheit, bei der Sie ein kleines bisschen mehr für Ihr Gegenüber tun können. Einfach so. Bieten Sie Ihrem Kunden einen kleinen Extra-Service. Tun Sie Ihrem Ehepartner etwas Gutes, bringen ein kleines Geschenk mit, verbringen einen Abend mit etwas, das er oder sie gerne tut etc.

Achtung – ich spreche nicht davon, dass Sie die gute Fee für alle spielen sollen. Ich möchte nur, dass Sie das einfach mal eine Zeit lang ausprobieren und sich von dem überraschen lassen, was so alles passieren wird. Wie gesagt, Sie sollen keine Gegenleistung erwarten, auch nicht heimlich. Freuen Sie sich daran etwas für Ihr Umfeld getan zu haben, unabhängig von der direkten Reaktion. Über kurz oder lang wird sich der Großteil Ihrer Beziehungen verbessern. Und selbst wenn Menschen dabei sind die Ihre neue Freigiebigkeit ausnutzen, hilft Ihnen das diese Menschen besser einzuschätzen und entsprechend einzuordnen.

In der Realität gibt es nämlich nur einen Weg eine Beziehung zu anderen Menschen zu verbessern und das ist Ihr aktiver Beitrag dazu. Von anderen zu erwarten, dass diese sich ändern ist unter Umständen mehr als verständlich, aber dies unterliegt nicht Ihrer Entscheidungsgewalt. Sie können es nur hoffen, darum bitten oder Druck ausüben, aber ändern kann sich nur der- oder diejenige selbst. Und die Chancen, dass dies passiert sind ungleich größer, wenn Sie ebenfalls bereit sind einen Schritt vorwärts zu machen. Und zwar einen den der andere sich wünscht, nicht einen den Sie jetzt grade für akzeptabel oder passend halten.

Es gibt nur zwei Möglichkeiten. Entweder alle Beteiligten haben Ihren Teil zu einer bestimmten Situation beigetragen – das ist der Regelfall – dann können auch alle Beteiligten etwas zu Verbesserung dieser Situation beitragen. Oder jemand torpediert eine Beziehung ganz gezielt und hat überhaupt kein Interesse an Verbesserungen, bzw. sind sie ihm aus den verschiedensten Gründen nicht möglich. Dann muss man diese Beziehung notfalls beenden. Das sind die Grundregeln im Umgang mit anderen Menschen. Alles andere können Sie lernen. Rhetorik um sich besser auszudrücken und mitzuteilen, Charisma um mehr zur Geltung zu kommen, die Kunst andere zu überzeugen oder Gespräche zu führen und zu leiten. Das alles kommt danach. Wenn als Basis, der grundsätzliche Wille fehlt ausschließlich Gewinner in einer Beziehung zu kreieren, dann wird alles Training nichts helfen. Sie werden mit irgendwelchen Sprachmustern oder künstlichen Verhaltensnormen vielleicht zwischenzeitlich erfolgreich, aber ganz bestimmt nicht glücklich und innerlich zufrieden werden.

Die Tatsache, dass ich als Verfasser dieser Zeilen das Wissen über diese Zusammenhänge besitze heißt übrigens noch lange nicht, dass ich in diesem Bereich kein Verbesserungspotential mehr hätte. Und das gilt für alle anderen Menschen ebenso. Zu wissen, heißt noch lange nicht entsprechend zu handeln. Das ist meist ein lebenslanger Prozess mit manchmal größeren, oft jedoch eher kleineren Fortschritten. Verzweifeln Sie also nicht gleich, wenn sich nicht alles sofort verändert, nur weil Sie jetzt die Quelle Ihrer Probleme kennen.

Keiner ist perfekt und ich vermute wir werden es auch niemals werden. Wichtig ist die aktive, positive Veränderung Schritt für Schritt, bis Sie ein Stadium erreichen in dem Sie und Ihr Umfeld sich wohlfühlen. Mehr brauchen Sie nicht, aber geben Sie sich auch nicht mit weniger zufrieden.

Spiritualität und Sinn

Wenn man gemeinhin von den Big Five, den fünf großen Bereichen des menschlichen Lebens spricht, dann wird um die Spiritualität nicht selten ein großer Bogen gemacht. Die Menschen sprechen über Familie, eventuell noch über Beziehungen und über Geld, solange es allgemein bleibt und nicht um den genauen Kontostand geht. Aber über das Thema Spiritualität lassen sich die Leute eher selten aus. Das mag daran liegen, dass es bei diesem Thema kein großes Mittelmaß gibt. Entweder jemand ist komplett überzeugt, dass es eine höhere Macht gibt, wie immer er diese benennt oder er besteht darauf, dass etwas das wissenschaftlich nicht fassbar ist, faktisch auch nicht existiert. Ich denke die Mehrheit der Menschen will an eine höhere Macht glauben. Das bietet Trost und Hoffnung und es nimmt diesem Leben den Anschein kompletter Sinnlosigkeit.

Allerdings gibt es in keinem Lebensbereich größere Verunsicherung als bei der Spiritualität. Das hat seinen guten Grund. Fast alle Religionen, auch die religionsartigen Vereinigungen, wurden und werden missbraucht um Menschen zu manipulieren, ruhig zu halten oder ihnen das Geld aus der Tasche zu ziehen. Dabei hat die Kirche hier ihr Monopol schon lange verloren. Eine bunte Mischung an Glaubensrichtungen und Heilsbringern nutzt die Sehnsucht der Menschen um ihr Vermögen darauf aufzubauen. Außerdem ist eine gewisse Tendenz erkennbar, dass sich viele Menschen mittlerweile ihren ganz persönlichen Gott basteln, so wie sie ihn gerne hätten. Ein bisschen Buddhismus, ein wenig christliche Nächstenliebe, ein paar Auszüge aus dem Islam oder der Thora, gewürzt mit den Lehren des Universums und der Sterne.

> *Der Mensch schuf Gott*
> *nach seinem Bilde.*
> Ludwig Feuerbach

Kein Wunder, dass hier große Verunsicherung herrscht und die meisten Menschen sich erst mal zurückhalten mit Äußerungen über ihre spirituellen Überzeugungen. Man will sich ja schließlich nicht blamieren und als Idiot dastehen, der an Kinderkram glaubt, oder? Dabei ist Spiritualität ein tiefes Bedürfnis, das in uns angelegt und verankert ist. Der Wunsch bzw. die Vorstellung, dass alles einem höheren Sinn diene, wohlwollend gesteuert ist und behütet wird. Wie das genau aussieht kann natürlich keiner wissen, weil es sich um etwas handelt, das mit dem Verstand nicht greifbar und somit auch nicht erklärbar im herkömmlichen Sinne ist. Man kann es nur spüren. Das ist rational nicht zu vermitteln und kann natürlich genauso gut eine Selbsttäuschung sein.

Erwarten Sie bitte von mir keine endgültige Aufklärung. Damit wäre ich genauso überfordert wie jeder andere lebende Mensch auch. Und bei den nicht mehr lebenden können wir nicht nachfragen - jedenfalls wiederum nicht auf glaubhaft nachweisbare Art. Das ist das Dilemma aller Religionen und spirituellen Ansätze, aber auch ihre Basis. Schließlich lassen sich dort, wo keine exakten Beweise geführt werden können, jede Menge Auslegungen platzieren. Und davon wird reichlich Gebrauch gemacht.

Ich bin der Überzeugung, dass dieses Bedürfnis nach Spiritualität bei allen Menschen vorhanden ist. Im Zweifelsfall erheben einige davon den rationalen Verstand zu ihrer Gottheit und behaupten das Denken sei die einzig relevante Daseinsform. Einige davon können dabei genauso zum heiligen Krieger des Verstandes werden wie die Fanatiker der Religionen. Jeder ist überzeugt, dass er oder sie Recht hat und auf dem richtigen Weg zur Erleuchtung ist. Solange diese Extremheiligen nicht im Auftrag Gottes alle anderen bekämpfen, umbringen oder missionieren wollen sei das ja auch jedem selbst belassen was er glauben oder für richtig halten will.

Ich persönlich bin in einem evangelischen Elternhaus aufgewachsen und eines der ersten Bücher in denen ich schmökerte war die Bibel. Ich kenne durch meine Eltern also auch die Basisarbeit in der Kirche. Ich kenne die Menschen, die in bester Absicht ihren Glauben so gut wie möglich leben. Ich habe aber ebenso schon als Kind, spätestens jedoch als Jugendlicher nicht einfach geglaubt, sondern nachgefragt, wenn mir etwas unlogisch oder unverständlich erschien. Nicht um irgendjemand zu ärgern - obwohl das natürlich passiert ist, sondern weil ich es wirklich wissen wollte. Erstaunlicherweise habe ich dabei festgestellt, dass viele bibelfeste Christen die Inhalte dieser Bibel nicht wirklich erklären konnten und auch das Bodenpersonal des Herrn doch oft besser zitieren, als erklären konnte.

Wie wir heute wissen ist das Buch der Bücher eine Auswahl an Geschichten, die von Menschen vorgenommen wurde. Der Ursprung des Judentums, des Christentums und somit auch des Islam war gar nicht monotheistisch, sprich vorher gab es eine weibliche und eine männliche Gottheit. Und das ist nur eine wesentliche Tatsache, die man mal so eben unter den Tisch fallen ließ. Zusammen mit weiteren, doch sehr menschlichen, politischen Manövern der Religionsgeschichte bis hin zum Postengeschacher im Mittelalter, wo der älteste Sohn Nachfolger des Fürsten, Grafen oder Königs wurde und der zweite eben Bischof. So wurden die weltlichen und die kirchlichen Besitztümer, inklusive der dazugehörigen Macht innerhalb der Familie aufgeteilt. Und die Kirche wusste ihre Besitzstände zu wahren indem sie Bildung nicht etwa weitergab, sondern ihren Vertretern vorbehielt.

Ergänzend sei die Frage erlaubt warum es so viele verschiedene Religionen und Götter gibt, an welche die Menschen glauben, wenn doch nur einer uns erschaffen hat? Alles in allem dürfen also, ohne dass ich das natürlich endgültig wissen kann, berechtigte Zweifel an der Story der Religionsführer angemeldet werden.

Heißt das, dass es keinen Gott gibt? Bedeutet der Missbrauch des Glaubens, dass es nichts Göttliches in dieser Welt gibt? Wenn Sie mich persönlich fragen, dann würde ich diese Frage mit Nein beantworten. Zumindest schließt menschlicher Missbrauch nicht gleich die Existenz einer übergeordneten Macht aus.

Wir können mittlerweile viele Zusammenhänge unseres Lebens und unserer Umwelt erforschen. Wir wissen wie sich unsere DNA zusammensetzt. Wir können erklären warum unser Körper auf bestimmte Reize reagiert. Wir haben aufgehört Heilkundige als Hexen zu verbrennen, auch wenn sie immer noch diskreditiert werden. Wir können punktgenau berechnen was gegeben sein muss um auf dem Mars zu landen und wie lange es dauern wird dorthin zu kommen. Wir können Lebewesen klonen, sprich Leben erschaffen und wir können, auf chemischer, physikalischer oder weiterer Ebenen erklären, warum etwas so funktioniert wie es eben funktioniert. Die Magie des Unerklärlichen ist immer weiter zurückgedrängt worden vom Verständnis für die Zusammenhänge.

Eines jedoch konnte bisher noch nicht erforscht werden. Wir kennen zwar die Naturgesetze und können sie wissenschaftlich erklären. Wir kennen aber weder den Grund dafür, noch wissen wir wer oder was diese Gesetze und Regeln aufgestellt hat. Wir wissen noch nicht mal ob unser Universum wirklich eine einmalige Sache ist.

Dank Einstein hat man es zwar geschafft zu berechnen, dass sich dieses Universum ausdehnt, aber man weiß nicht worin. Auch hat man erforscht, dass alles aus dem gleichen Grundstoff besteht und im Großen und Ganzen Energie in verschiedener Dichte ist (die Experten mögen mir diese laienhafte Darstellung verzeihen), aber wir haben keine Ahnung was den größten Bereich allen Seins, nämlich die Zwischenräume oder auch Leerräume innerhalb jedes einzelnen Atoms ausmacht.

Einige Bereiche des Buddhismus beschäftigen sich mit dieser Leere die eventuell keine ist. Mit der Stille, welche die Töne trägt, mit dem freien Platz eines Papiers das Schrift erst sichtbar macht, mit der Leere eines Raums die den Raum erst ausmacht. Nimmt man die Leere aus dem Raum ist der Raum auch weg.

Ich glaube nicht, dass sich das Göttliche und die Wissenschaft widersprechen müssen. Vielmehr glaube ich, dass sich die Welt in Ihrer Ganzheit zeigen wird, wenn die gegenseitigen Berührungsängste abgebaut sind. Unser logischer Verstand ist hervorragend geeignet um alles zu erklären, aber er kann nichts Wesentliches erfassen, auch wenn es immer wieder versucht wird. Schönheit kann man zum Beispiel nicht erklären, sie wird empfunden.

Da können Wissenschaftler noch so oft geometrische Berechnungen anstellen und uns erzählen, diese oder jene symmetrische Form würden wir als schön empfinden. Die tatsächliche Wahrnehmung folgt ganz anderen Regeln. Wäre das anders, könnte man keine verschrumpelten Babys schön finden oder alte Menschen mit Ausstrahlung. Und auch die Liebe ist mehr als ein Tanz der chemischen Elemente in unserem Körper, ungeachtet irgendwelcher Messungen.

Wir könnten dieses Thema sicher noch weiter ausbauen, aber ich denke das Wesentliche ist gesagt. Ich kann und will Ihnen nicht Ihren Glauben nehmen oder Ihnen die Kirche aus- oder einreden. Das ist Ihre ganz private Sache. Ich möchte nur darauf aufmerksam machen, dass zu einem selbstbestimmten Leben ein offener Geist UND ein kritischer Verstand gehören. Beides sollte zum Einsatz kommen, denn es wird Ihnen zusammen eine bessere Entscheidungsgrundlage bieten. Glauben Sie nicht einfach alles was man Ihnen erzählen will.

Prüfen Sie nach und schauen Sie hinter die Fassade. Aber verlieren Sie auch nicht Ihren Glauben an das Gute und an das Bessere, an die Entwicklung und daran, dass es einen Sinn hat sich zu entwickeln. Auch wenn die reinen Verstandesmenschen anmerken die Existenz einer höheren Macht sei nicht bewiesen. Für die Nichtexistenz gibt es ebenfalls keine Beweise. Beschäftigen Sie sich auf jeden Fall im Rahmen Ihrer Zielsetzung mit dem Thema Spiritualität und finden Sie konkret heraus was Sie darüber denken, was Sie glauben und wie Sie mit diesem Thema während Ihres Lebens umgehen wollen. Vor allem wenn Sie sich eigentlich nicht damit beschäftigen wollen sollten Sie genauer hinschauen.

Sinngebung versus Sinnfindung

Folgen wir einem vorgegebenen Schicksal oder ergibt sich unser Schicksal aus unseren Handlungen? Die Antwort auf diese Frage beeinflusst Ihr Weltbild nachhaltig. Sie macht den ganzen Unterschied zwischen Macht und Ohnmacht. Da Sie dieses Buch lesen gehe ich davon aus, dass Sie glauben, zumindest teilweise Einfluss nehmen zu können. Ansonsten würde jegliche Bemühung, sein Schicksal in die eigenen Hände zu nehmen, völlig unsinnig sein. Was sollte es bringen, sich abzumühen, wenn sowieso alles kommt, so wie es halt kommen soll?

Tatsächlich kommt nicht alles, was wir in unserem Leben mitschleppen von uns selbst. Wir tragen das Erbgut unserer Vorfahren in uns. Von denen und von unserem Umfeld haben wir zahlreiche Werte, Glaubenssätze und Überzeugungen mitbekommen die wir nicht hätten, wenn wir von jemand anderem woanders geboren worden wären. Das ist der Anteil an unserem Schicksal der meiner Meinung nach vorgegeben ist. Darauf haben wir keinen bewussten Einfluss und wir können diesen Teil nicht ändern. Wir bekommen also vom Schicksal, vom lieben Gott, vom Universum oder wie auch immer Sie es nennen wollen, bestimmte Karten zugeteilt. Und wir sind am Anfang unseres Lebens zusätzlich davon abhängig wer uns zeigt wie man dieses Spiel spielt und ob derjenige es wirklich beherrscht. Selbstverständlich denken wir im Kindesalter, dass unsere Eltern und unser Umfeld wissen was sie tun und dass dies immer richtig ist.

Aber irgendwann kommt der Zeitpunkt, da muss jeder für sich alleine spielen. Ab da können Sie sich zwar noch darauf berufen, was für Karten Ihnen das Leben zugeteilt hat, aber entscheidend ist, wie sie diese ausspielen. Sie können Ihr ganzes Leben jammern, was für ein bescheidenes Blatt Ihnen ausgeteilt wurde, ändern wird es nichts. Es sind Ihre Karten. Sie müssen mit diesem Blatt spielen. Es wird nicht neu gegeben. So sind die Regeln. Sie können sich darüber beklagen oder Sie können es als die Basis für die Gestaltung Ihres Lebens betrachten. Es ist Ihre Wahl.

Viele Menschen glauben Sie würden vom Leben geprügelt, weil sie ein Schicksalsschlag nach dem anderen trifft. Manche werden schon mit einem

Handicap geboren, wie der mittlerweile berühmte Nick Vujicic, der ohne Arme und Beine auf die Welt kam. Es gibt niemanden der darüber in Jubel ausbricht und sagt was soll's, machen wir das Beste daraus. Auch Nick Vujicic durchlief spätestens in der Schulzeit Phasen der Depression und hatte Selbstmordgedanken. Aber irgendwann hat er erkannt, dass er eine Wahl hat. Er konnte sich entscheiden ob er bis ans Lebensende betrauern wollte was er alles nicht kann oder ob er das genießen wollte was er trotz seiner schlechten Karten tun konnte. Und er hat durch seine Entscheidung für ein glückliches Leben erst herausgefunden, was er alles kann und wie er den Menschen damit helfen kann.

Ob das alles Vorsehung war und wir unser vorgefertigtes Schicksal erfüllen oder es kreieren bleibt natürlich weiterhin eine Glaubensfrage. Ich kann Ihnen auch nicht endgültig beantworten ob Schicksalsschläge uns treffen, damit wir etwas lernen. Ich weiß nur, dass wir es in der Hand haben, wie wir auf alle Ereignisse in unserem Leben reagieren und was wir daraus machen. Vielleicht reicht dieses Wissen aus für die Gestaltung Ihres Traumlebens. Es ist müßig darüber nachzudenken, ob alles vorbestimmt oder von uns beeinflusst ist. Wenn alles vorbestimmt ist können wir dem Schicksal sowieso nicht entgehen, egal was wir tun. Und wenn wir es aktiv gestalten können, dann werden sich unsere Bemühungen lohnen. Was haben Sie also zu verlieren? Richtig. Es ist in jedem Fall von Vorteil sich auf das zu konzentrieren, was Sie haben, sein oder werden wollen und wie Sie mit den Karten die Ihnen zugeteilt wurden am besten dorthin kommen. Spielen Sie Ihre Karten clever und reizen Sie Ihr Blatt voll aus indem Sie ihrem Tun einen Sinn geben oder eine sinnvolle Verwendung für Ihre Karten finden.

Sein und Haben – die Regentschaft des Habens

Einen besonderen Blick bei der Sinnfrage möchte ich auf die philosophische Betrachtung von Sein und Haben werfen. Denn ich denke, dass dieser elementar wichtig für das Verständnis eines glücklichen bzw. unglücklichen Lebens ist. Der Unterschied zwischen Sein und Haben spielt dabei eine große Rolle. Unsere westliche Welt ist mittlerweile total unter die Regentschaft des Habens geraten. Besitz entscheidet ob wir jemand sind oder jemandem dienen. Und bei Besitz in diesem Sinne handelt es sich keineswegs nur um

Waren, Immobilien oder Geld, sondern um alles, was unser Leben ausmacht. Wer dieses Thema vertiefen möchte, dem empfehle ich die Bücher von Erich Fromm.

An dieser Stelle möchte ich mich auf die Grundlagen beschränken und die Fallstricke, die uns durch die Regentschaft des Habens umgeben. Nehmen wir unsere Beziehungen. Wir haben eine Beziehung zu anderen Menschen. Wir haben eine/n Ehepartner/in oder Lebenspartner/in. Wir haben Freunde und Kollegen. Und wir reagieren entsprechend eifersüchtig oder wütend, wenn uns jemand diese Beziehungen wegnehmen will. Sie gehören ja schließlich uns, oder? Wir reden von "meiner Frau" oder "meinem Mann" und das besitzanzeigende Fürwort sagt eigentlich schon alles, was man wissen muss.

Das Problem bei der ganzen Geschichte ist nur, dass Sie Menschen nicht besitzen können. Jedenfalls nicht wirklich. Ihr Partner / Ihre Partnerin bleibt ein eigenständiger Mensch mit eigenen Wünschen, Träumen, Bedürfnissen, Werten und Überzeugungen. Wenn wir diese Tatsache nicht erkennen und denken, der andere müsste doch so sein, wie wir ihn oder sie gerne hätten, dann wird das nicht gut gehen. Sie sind so, wie Sie sind und Ihr Partner ist so, wie er oder sie ist. Wenn das wirklich passt oder sich ergänzt, dann ist das hervorragend. Aber wenn nicht, und das ist der Regelfall, dann muss man sein und sein lassen, wenn man eine lange und für beide Seiten glückliche Partnerschaft anstrebt. Heißt das, niemand muss sich ändern und Sie müssen alles akzeptieren was der andere tut?

Nein, aber es heißt, dass Sie nicht erwarten können, dass sich der andere für Sie ändert. Sie müssen sich nicht verbiegen, weil Ihre Bedürfnisse, Wünsche und Träume gar nicht berücksichtigt werden, aber Sie dürfen das dann auch nicht vom anderen erwarten. Wenn Sie sich wirklich lieben im Sinne des Seins, ohne Besitzansprüche, dann werden Sie einen Weg finden das alles zu regeln und gemeinsam zu sein. Beziehungen die auf der Basis von Haben aufgebaut sind produzieren fast immer Gewinner und Verlierer. Und spätestens wenn der Verlierer davon genug hat, gewinnt gar keiner mehr.

Das Haben und das haben wollen ist ein Teil von uns und als solcher hat es eine Daseinsberechtigung. Die Welt des Habens ist allerdings übermächtig geworden und hat viele Formen des Seins verdrängt, was zu einem Ungleichgewicht der Kräfte geführt hat. Ich denke, ein Großteil unserer heutigen Probleme rührt von dieser Tatsache her. Wir sprechen von unserem Planeten, unserer Umwelt und unseren Ressourcen und wir meinen damit den Teil der Menschen, dem wir uns zugehörig fühlen. Nicht etwa alle Menschen oder gar alle Lebewesen, sondern unsere Herde, wenn Sie so wollen oder wenn es hart auf hart kommt, nur unsere Familie und uns selbst. Aber in der Realität der Natur funktioniert dieses Spiel nicht wirklich, dass wir irgendwo ein frei zugängliches Stück Land abstecken, es zu unserem erklären und fortan darauf und damit tun was wir wollen.

In der Lebensweise des Habens mag es Besitzer geben, die mit ihrem scheinbaren Eigentum anstellen, was sie wollen, egal welche Auswirkungen dies auf alle anderen hat. In dieser Lebensweise muss das Eroberte geschützt und verteidigt werden, denn die anderen wollen ja berechtigterweise ebenfalls etwas haben. Und wenn die mehr haben oder etwas Besseres haben, dann müssen wir nachrüsten. Wir wollen ja nicht zurückfallen in diesem Spiel. Insgesamt führen wir uns durch diese Verhaltensmuster auf, wie die Axt im Walde. Und da wir mittlerweile nicht mehr eine Spezies unter vielen, sondern die dominierende Lebensart dieser Welt sind, wirkt sich das nicht gerade positiv auf unseren Lebensraum aus. Und auf unser persönliches Glück ebenfalls nicht.

Im Gegensatz dazu enthält ein erfülltes Leben immer auch genügend Elemente des Seins, dem das Mangeldenken und der Kampf gegen die Widrigkeiten des Lebens völlig fremd sind.

Wann haben Sie sich das letzte Mal dem Sein hingegeben, einfach so? Ohne etwas zu tun, ohne nachzudenken, ohne sich Sorgen zu machen, ohne etwas haben zu wollen – einfach nur Ihr DA SEIN genossen?

Keine Angst, wir driften jetzt nicht ins Esoterische ab und zünden Räucherstäbchen an. Es geht nur darum, sich dieser grundsätzlichen Unterschiede in der Weltanschauung bewusst zu werden und deren Auswirkungen auf Ihr Leben zu erkennen. Wir leben in einem Paradies, dessen Schönheit wir viel zu oft übersehen und es dadurch nicht richtig genießen können. Gehen Sie doch mal wieder mit den Augen durch die Welt, die Ihnen als Kind noch zu eigen waren. Staunen Sie über die Vielfalt und die Wunder, die Sie umgeben. Nehmen Sie mindestens für ein paar Minuten eine Blume in ihrer Ganzheit wahr. Ihr Aussehen, die Farbnuancen, den Geruch, den Stängel, die Blüte, den Kelch. Dann die ganze Wiese und was dort alles unterwegs ist. Die Menschen in Ihrer Umgebung und was diese bewegt. Wann haben Sie Ihrem Partner zum letzten Mal uneingeschränkte Aufmerksamkeit geschenkt? Ist er oder sie glücklich? In Ihrer Beziehung und überhaupt mit seinem oder ihrem Leben? Das wissen sie nicht so genau oder sie sind sich zumindest nicht sicher? Kennen Sie die Sehnsüchte und Träume und kennt Ihr Partner / Ihre Partnerin die Ihren? Die meisten Menschen sind hauptsächlich mit sich und den eigenen Problemen und Ansprüchen beschäftigt. Wir kriegen oft erst mit, dass etwas nicht mehr passt, wenn es zu spät ist. Dann sind wir völlig überrascht, weil wir doch dachten es sei alles in Ordnung. Es hat uns ja niemand informiert.

Zu einem Leben nach den eigenen Vorstellungen gehört eine gute Portion Selbstreflektion und die Akzeptanz der Freiheit des einzelnen Menschen. In der Form des Seins tun Sie sich damit wesentlich leichter als im Modus des Habens. Das Haben und haben wollen ist dabei nicht per se etwas Schlechtes. Es sollte nur nicht unser Leben beherrschen, sonst werden wir zum Sklaven unserer eigenen Weltanschauung, anstatt frei und selbstbestimmt zu leben.

Das Schweigen der Seele – Wer besitzt wen?

> *Wenn die Seele schweigt entsteht Trägheit.*
> *Wenn die eigene Bestimmung nicht erkannt*
> *wird, wird der ganzen Welt geschadet.*
> *Korai Peter Stemmann*

„Was wäre, wenn Beethoven, Hildegard von Bingen, Mozart, Gandhi, Nelson Mandela, Martin Luther King oder andere Weltveränderer ihre Bestimmung verfehlt hätten? Welcher unerkannte Verlust wäre dadurch entstanden?", sagt der ZEN-Lehrer Korai Peter Stemmann. Wir kennen die

Auswirkungen unserer Taten und Äußerungen nicht, bevor sie sich zeigen. Nicht selten ist das dann, wenn wir selbst gar nicht mehr hier sind. Keiner der oben genannten Personen ist mit dem Vorhaben gestartet, die ganze Welt zu revolutionieren. Vielmehr sind sie ihrem inneren Ruf gefolgt, haben ihr Leben gestaltet und sich mit dem beschäftigt, was sie gut konnten. Der Rest hat sich ergeben. Sie haben ihr Schicksal nicht einfach so hingenommen, sondern sie haben es geändert. Vielleicht haben sie auch ihr Schicksal erfüllt. Auf jeden Fall hatten Sie den Mut, ihren eigenen Weg zu gehen. Und Sie sollten das ebenfalls tun. Wenn Sie es nicht tun, aus Angst etwas zu verlieren, dann befinden Sie sich im Besitz Ihres Eigentums.

Unsere tiefste Angst ist nicht,
dass wir der Sache nicht gewachsen sind.
Unsere tiefste Angst ist, dass wir unermesslich
mächtig sind. Es ist unser Licht, das wir fürchten,
nicht unsere Dunkelheit. Wir fragen uns:
Wer bin ich denn, dass ich leuchtend, hinreißend,
begnadet und fantastisch sein darf?

Wer bist Du denn, dass Du das nicht sein darfst?
Du bist ein Kind Gottes. Wenn Du Dich klein machst,
dient das nicht der Welt. Es hat nichts mit
Erleuchtung zu tun, wenn Du Dich einkringelst, damit
andere um dich herum sich nicht verunsichert fühlen
brauchen. Du wurdest geboren, um die
Ehre Gottes zu verwirklichen, die in uns ist.

Sie ist nicht nur in einigen von uns - sie ist in
jedem Menschen. Und wenn wir unser Licht
erstrahlen lassen, geben wir unbewusst den
anderen Menschen die Erlaubnis, dasselbe zu tun.
Wenn wir uns von unserer Angst befreit haben,
wird unsere Gegenwart ohne unser Zutun andere befreien.

Nelson Mandela

Wenn wir uns unserer Angst hingeben sind wir nicht frei. Wenn wir den Dingen, die wir haben wollen hinterher jagen, anstatt sie zu genießen, dann sind wir nicht frei. Es gibt nur zwei Möglichkeiten. Sie besitzen die Dinge oder die Dinge besitzen sie. Und sobald Sie sich von den Dingen abhängig machen werden diese automatisch Besitz von Ihnen ergreifen. Wer aber zum Sklaven seiner Besitztümer wird und aus Angst alles wieder zu verlieren, seine Bestimmung verpasst, der schadet der ganzen Welt, wie Sie den beiden Zitaten oben entnehmen können.

Sie dürfen jederzeit materielle Wünsche haben und sich diese auch erfüllen. Von einem Leben in Askese und Enthaltsamkeit ist hier keinesfalls die Rede. Sie müssen nur höllisch aufpassen, dass Sie sich nicht von diesem Besitz abhängig machen. Weder beim Versuch ihn zu erlangen, noch bei der Wahrung Ihrer Besitzstände. Es ist durchaus angenehm schöne Dinge zu besitzen oder über genügend Geld zu verfügen um sich seine Träume zu erfüllen. Das Problem entsteht erst, wenn das alles von Ihnen Besitz ergreift. Sie denken dann noch, Sie würden etwas haben, dabei hat dieses Etwas schon lange Sie. Die Angst es zu verlieren oder gar nicht erst zu bekommen, ist ein guter Indikator wer wen besitzt.

Es geht darum Ihre Träume zu verwirklichen und Ihr Leben selbst zu bestimmen. Wenn Sie das wirklich erreichen wollen, müssen Sie sich von Abhängigkeiten befreien. Wenn Sie nicht tun, was Sie gerne tun würden, weil Sie Angst haben etwas zu verlieren, gehören Sie und Ihr Leben diesem Etwas.

Viele Menschen sagen, es ginge ihnen gar nicht um die Besitztümer, aber sie hätten Familie und für die würden sie die Verantwortung tragen. Also können sie nicht so agieren, wie sie das gerne tun würden. Das klingt gefährlich vernünftig und konsequent, wenn es nicht fast immer eine Ausrede wäre. Manchmal ist es sogar eine glatte Lüge. Diese Menschen verstecken ihre eigene Angst hinter dem Schutz für ihre Familie. Wenn man nachfragt haben sie sich noch nicht einmal ernsthafte Gedanken gemacht wie es denn trotzdem gehen könnte. Als Vater oder Mutter kann man das nicht. Wer das für sich so festlegt, für den ist es tatsächlich so. Er oder sie hat ja nicht mal geprüft, ob es eine Möglichkeit gäbe. Auf diese Art verstreichen alle Chancen unerkannt und ungenutzt, während das Zweite-Wahl-Leben ebenfalls verstreicht. Nicht selten geht die Familie dann trotzdem in die Brüche, weil diese unterschwellige Unzufriedenheit an der Beziehung zum Partner und den Kindern nagt, weil man ihnen unbewusst die Schuld dafür gibt, etwas verpasst zu haben. Diese Menschen haben es ja von Anfang an so formuliert. Als Vater oder Mutter kann man nicht so wie man will. Die ehrliche Formulierung wäre:

„Ich habe Träume und ich fühle, dass ich mehr aus mir machen könnte, aber meine Angst zu versagen, zu scheitern und alles zu verlieren ist größer als der Wunsch mich zu verwirklichen."

Bitte verstehen Sie das nicht falsch. Das soll kein Angriff auf Ihre Person oder Ihr Verhalten sein. Es ist nur als Hinweis gedacht, dass wir Menschen nicht immer ehrlich zu uns sind und manches grundvernünftige Argument eher unseren Ängsten entspringt als unserem Verantwortungsgefühl. Letzteres verkauft sich nur besser.

Für ein selbstbestimmtes Leben müssen Sie sich Klarheit darüber verschaffen, wie das bei Ihnen ist. Sie müssen Ihre Seele wieder vom Schweigen befreien, wenn Sie so wollen. Besitzen Sie die Dinge oder besitzen die Dinge Sie? Danach können Sie sich, frei von diesen Zwängen, auf die Suche nach Ihrer Bestimmung, nach dem Sinn und Zweck Ihres Lebens machen.

50 Fragen zum Sinn Ihres Lebens

Es gibt viele Wege um über den Sinn des eigenen Lebens nachzudenken oder besser gesagt, um diesem näher zu kommen. Wer suchet der findet, wer fragt erhält Antworten. *Klarheit ist Macht*. Auch bei so einem großen Thema wie dem Sinn des Lebens ist das so. Ich habe diese Übung ausgesucht, weil hier die wichtigsten Fragen komprimiert aufgeführt sind, die Sie auf die Spur Ihres Lebenszwecks bringen sollen. Sie ist übrigens abgeleitet von der Übung eines amerikanischen Trainers namens Lance Beggs, der ähnliche Fragen vor ein paar Jahren in seinem Newsletter veröffentlichte. Ich habe die Fragen und die Übung lediglich für unseren Bedarf angepasst. Gehen Sie die Fragen zunächst durch und beantworten Sie diejenigen, die Sie gerade am meisten ansprechen. Antworten Sie **unbedingt** schriftlich und stellen Sie sich die jeweilige Frage solange, bis keine Antworten mehr kommen. Zunächst wird Ihr Verstand antworten. Mit der Zeit wird aber immer mehr Ihr Herz, Ihr Unterbewusstsein, die Antworten diktieren. Hören Sie erst auf zu schreiben wenn wirklich nichts mehr kommt. Urteilen und zensieren Sie nicht. Niemand außer Ihnen selbst wird diese Aufzeichnungen lesen. Schreiben Sie also alles auf was Ihnen in den Sinn kommt, egal wie unsinnig oder unrealistisch Ihnen das gerade vorkommen mag.

Nehmen Sie sich nach den Fragen, die Sie zunächst ansprechend finden, auch unbedingt die Fragen vor, die Sie am meisten abstoßen. Diejenigen, die bei Ihnen geradezu einen Widerwillen erzeugen. Diejenigen, die Sie gar nicht gerne beantworten wollen, die Ihnen fast schon körperliche Schmerzen bereiten. Bei denen liegen oft die größten Schätze und die erlösenden Antworten verborgen.

Und nun, legen Sie los. Gehen Sie spielerisch leicht und entspannt an die folgenden 50 Fragen heran. Gerne können Sie diese Übung zu einem späteren Zeitpunkt noch einmal wiederholen und sehen ob sich etwas verändert hat. Viel Spaß beim schriftlichen Gedankenspaziergang:

1. Was ist der Sinn meines Lebens?

2. Wenn ich es als Ratespiel betrachte, was wäre meine beste Schätzung? Was könnte der Sinn meines Lebens sein?

3. Wer bin ich?

4. Was ist mir das Wichtigste in meinem Leben?

5. Was tue ich am liebsten? Mehr als alles andere auf der Welt?

6. Wenn ich nur noch sechs Monate zu leben hätte, was würde ich unbedingt noch erreichen / erledigen wollen?

7. Woran soll sich die Welt erinnern, wenn es um mich geht?

8. Was würde ich tun wenn ich wüsste, dass ich nicht scheitern kann?

9. Wenn Geld, Zeit oder derzeitige Verpflichtungen keine Rolle spielen würden, was würde ich dann mehr als alles andere mit meinem Leben anfangen wollen?

10. Was für Aktivitäten machen mir am meisten Spaß?

11. Was möchte ich noch lernen?

12. Wovon träumte ich als Kind? Was wollte ich da mit meinem Leben anfangen?

13. Was war die größte Herausforderung, der ich mich bisher in meinem Leben stellen musste? Kann ich anderen Menschen helfen, dieselben Herausforderungen zu überstehen?

14. Welche Herausforderung würde ich gerne meistern und dann anderen helfen, diese auch zu meistern?

15. Wer sind die Menschen, die ich am meisten bewundere?

16. Warum bewundere ich diese Menschen?

17. Wie würde ich deren Lebenssinn definieren?

18. Welche Qualitäten / Fähigkeiten besitzen diese Leute, die ich auch gerne hätte?

19. Was ist der größte Traum, den ich für mein Leben hatte und habe?

20. Welche Themen interessierten mich am meisten in der Schule?

21. Welche Sportart hat mir am meisten Spaß gemacht?

22. Welche handwerkliche Tätigkeit hat mich am meisten begeistert?

23. Welche sozialen Aktivitäten hatten es mir angetan?

24. Welche Hobbies habe ich verfolgt und verfolge ich noch?

25. Welche Hobbies hätte ich gerne gehabt?

26. Was würde ich gerne tun, wenn andere Menschen es nicht für dumm oder unpassend halten würden?

27. Wo in der Welt würde ich am liebsten leben?

28. Mit wem würde ich dort gerne leben?

29. Wo in der Welt würde ich gerne arbeiten?

30. Mit wem würde ich dort gerne arbeiten?

31. Wie würde ein perfekter Tag für mich aussehen?

32. Habe ich eine spirituelle Seite in mir, die darauf wartet befreit zu werden?

33. Was würde ich gerade jetzt gerne tun, das mir die meiste Freude bereiten würde?

34. Welches besondere Geschenk, welche Gabe habe ich, die ich der Welt weitergeben kann?

35. Was bringt mich zum Weinen vor lauter Glück?

36. Was würde ich dieses Wochenende gerne tun, nur so zum Spaß?

37. Wenn mir die Macht verliehen würde, die Welt zu verändern, was würde ich tun?

38. Wenn ich drei Wünsche frei hätte, wie würden diese lauten?

39. Was macht mir zwar ein bisschen Angst, wäre aber superspannend wenn ich es tun würde?

40. Was sagt mir mein Herz, was ich mit meinem Leben anfangen soll?

41. Auf welche meiner Qualitäten/Fähigkeiten bin ich besonders stolz?

42. Was habe ich bereits erreicht / vollbracht in meinem Leben, auf das ich besonders stolz bin?

43. Wenn ich genügend Zeit übrig hätte um mich für wohltätige Zwecke zu engagieren, welche würden das sein?

44. Was tue ich üblicherweise, wenn die Zeit plötzlich verschwindet und ich alles um mich herum vergesse?

45. Was würde ich gerne in meinem nächsten Urlaub tun?

46. Wenn ich mir eine oder mehrere Figur/en der Geschichte aussuchen könnte, die ich gerne wäre, wer oder welche wären das?

47. Was bereue ich am meisten, bisher in meinem Leben nicht getan zu haben?

48. Was würde ich am Ende meines Lebens am meisten bereuen,

versäumt zu haben?

49. Was ist der Sinn meines Lebens, der Grund meiner Existenz hier auf Erden?

50. Wenn ich einfach raten sollte, was der Sinn meines Lebens ist und einfach mit etwas anfangen müsste das mich besonders reizt, was würde es sein?

Grübeln Sie ein bisschen über diesen Fragen. Suchen Sie sich eine aus, zu der Sie sich hingezogen fühlen und stellen Sie sich diese Frage immer wieder bis keine Antworten mehr kommen.

Die Antworten sind in Ihnen verborgen. Es ist wichtig die Antworten aufzuschreiben und sich die Fragen immer wieder zu stellen und immer weiter zu schreiben. Je länger Sie schreiben, ohne lange zu überlegen, desto mehr wird Ihr Herz die Antworten diktieren und Sie dringen zu Ihrer ganz persönlichen Wahrheit vor. Wenn Sie ernsthaft fragen werden Sie auf diese Weise auch Antworten erhalten.

In den folgenden Kapiteln werden wir uns damit beschäftigen, wie Sie Ihren Sinn auch leben können.

Die Sache mit der Bestimmung

Er wurde gepflanzt in einer Zeit, in der die Menschen begannen Birnen zu lieben. Alle Welt mochte die unförmigen Früchte. Pur, als Kompott, als Marmelade oder verarbeitet zu Eis oder Torte. Der kleine Baum freute sich. Wenn ich groß bin werde ich auch Birnen liefern und der beliebteste Baum in der Stadt werden, dachte er. Und voller Vorfreude wuchs er und gedieh prächtig, bis er eines Tages die ersten Früchte hervorbrachte. Doch die Birnen sahen gar nicht aus, wie die der anderen Birnbäume. Sie waren eher klein und rund und sie schmeckten auch ganz anders. Ich muss mich nur mehr anstrengen, dachte der junge Baum, dann wird das schon.

Aber egal wie sehr er sich bemühte, alles was er jemals hervorbrachte waren Kirschen. Und so wurde er immer trauriger und begann schon vor seiner

Zeit zu verblühen. Er fühlte sich nutzlos, weil er seinen großen Traum nicht verwirklichen konnte. Wahrscheinlich wäre das auch sein Ende gewesen und er wäre unerfüllt den Weg alles Irdischen gegangen, hätten da nicht zufällig eines Tages zwei Mädchen in seinem Schatten gespielt. Sie probierten seine Früchte und sie schmeckten ihnen so gut, dass sie anderen davon erzählten und bald fanden sich jede Menge Kirschliebhaber unter dem Baum ein.

Nicht wenige Leben werden verschwendet, weil die Menschen einen Traum verfolgen, der gar nicht ihren Anlagen entspricht. Viele Menschen wollen gerne etwas werden, nur um anderen zu gefallen oder von anderen bewundert und anerkannt oder geliebt zu werden, so wie der Baum aus der kleinen Geschichte. Auch er hätte beinahe seine Bestimmung verfehlt, weil er blind war für die eigenen Stärken.

Wir alle wollen von Zeit zu Zeit mal jemand anderes sein oder wir stellen es uns zumindest vor, wie es wäre wenn wir reich statt arm, schlank statt dick, gesund statt krank oder sonst wie "herausragend" wären. Der Erfolg der anderen scheint verlockender zu sein. Sie scheinen es besser zu haben, mit besseren Voraussetzungen auf die Welt gekommen zu sein. Wir haben dagegen fast nichts zu bieten. Von solchen und ähnlichen Gedanken ist keiner frei.

> *Jeder ist ein Genie. Aber wenn du einen*
> *Fisch nach seiner Fähigkeit beurteilst*
> *einen Baum hochzusteigen wird er sein*
>
> *ganzes Leben lang glauben, er sei dumm.*
> Albert Einstein

Wenn Sie einen Kirschkern in den Boden stecken und alles soweit glatt läuft, dann wird daraus ein Kirschbaum wachsen. Wenn Sie Blumensamen aussäen, werden an der Stelle Blumen wachsen, zumindest wenn die äußeren Umstände passen. Es kann sein, dass der ein oder andere Same nicht aufgeht oder nicht fertig zur Reife gelangt, irgendwo während des Wachstums abstirbt oder ähnliches. Was aber nicht sein kann ist, dass aus dem Blumensamen plötzlich ein Baum erwächst oder aus dem Kirschkern ein Birnbaum.

Das ist ein Naturgesetz. Ursache und Wirkung. Wer als Ursache einen Kirschkern einpflanzt, wird sich im Lauf der Zeit an den Kirschen als Wirkung erfreuen können. Trotzdem denken viele Menschen sie könnten bei sich selbst von diesem Naturgesetz abweichen. Manche pflanzen Kirschkerne und beschweren sich ihr ganzes Leben lang, dass sie keine Birnen oder Äpfel erhalten. Andere sind ein Kirschbaum und müssen ihr ganzes Leben so tun, als könnten sie Birnen oder Äpfel hervorbringen, und sie fühlen sich dabei als komplette Versager.

Viele Gurus heutiger Prägung erzählen uns alles sei Energie und die wäre unbegrenzt beeinflussbar. Dieser Theorie folgend könnte man alles verändern und somit auch aus einem Kirschkern einen Apfelbaum wachsen lassen. Tatsächlich bewiesen hat das noch keiner. Und solange das keiner bewiesen hat bleibe ich dabei: Wenn Sie als Kirschkern gepflanzt wurden sollten Sie ein Leben als Kirschbaum führen. Sonst werden Sie vermutlich nicht glücklich werden.

Die Welt folgt Naturgesetzen, und das gilt natürlich ebenso für den Menschen. Wenn jemand einen Weltrekord im 100m-Sprint aufstellt, dann weil er die Anlagen dazu mitgebracht hat und diese ausgiebig trainiert hat. Umgekehrt wird sich ein 1,60m großer Mann mit dem Traum vom Basketball-Star sehr schwer tun.

Ich weiß nicht, ob wir unsere Talente und Veranlagungen von irgendwem mit einer bestimmten Absicht mitbekommen oder ob sich das rein zufällig, durch Vererbung und äußere Umstände so ergeben hat. Tatsache ist, dass wir unterschiedliche Talente und Veranlagungen haben. Und Fakt ist ebenso, dass das gut so ist.

Vielleicht haben Sie eine große Stimme mit auf den Weg bekommen, die Sie mit der entsprechenden Übung zum Superstar machen kann. Aber wenn nicht, werden neben den Sängern, Schauspielern, Rockstars, Hochleistungssportlern, berühmten Malern und Rennfahrern auch gute Bäcker, Friseure, Köche, Reinigungskräfte, Verkäufer, Buchhalter, Steuerberater oder Gärtner gebraucht.

"Wenn ich Blumen kaufe, dann am liebsten bei jemand, dessen Bestimmung es ist, Gärtner zu sein. Wenn ich essen gehe, dann bei jemand, dessen Bestimmung es ist zu kochen. Wenn ich mein Auto in die Werkstatt bringe, dann am liebsten zu jemand, dessen Bestimmung es ist Autos zu reparieren und wenn ich einen Arzt brauche, dann ist hoffentlich einer da, dessen Bestimmung es ist Menschen zu heilen."
Korai Peter Stemmann

Unsere Bestimmung ergibt sich nicht aus dem was wir gerne sein möchten, sondern aus dem was wir sind. Egal ob Sie an den Zufall, an den lieben Gott oder an die Kraft des Universums glauben, Sie haben bestimmte Talente und Fähigkeiten mit auf diese Welt gebracht. Manche Experten behaupten sogar es gäbe etwas, das Sie besser können als jeder andere Mensch auf dieser Welt. Ein erfülltes Leben erfordert die Suche nach dieser Bestimmung und die Wahl dessen, wie Sie diese Bestimmung am besten leben können.

Wer zum Beispiel eine soziale Veranlagung in sich hat und gerne anderen Menschen hilft, der kann dies in diversen Berufen ausleben. Zum Beispiel als Arzt / Ärztin, Pfleger/in, Kindergärtner/in, Sozialarbeiter/in und vieles mehr. Er oder sie kann aber auch Berater werden oder Coach. Ihre Talente und Veranlagungen bestimmen die Auswahl. Als Arzt kann man zwar helfen, muss aber häufig feststellen, dass man nur lindern kann oder den Kampf um ein Leben gegen die Krankheit verliert. Genauso als Krankenpfleger/in. Das erfordert psychische Stabilität und die Fähigkeit sich von den Einzelschicksalen zu distanzieren, ohne die Menschlichkeit dabei zu verlieren. Mitgefühl ja, Mitleid wäre aber in so einem Fall tödlich für einen selbst.

Dies sind nur wenige Beispiele wie man sich seiner Bestimmung und seinem Weg annähern kann. Von der grundsätzlichen Neigung, der Feststellung der eigenen Wertehierarchie über die Talente und Fähigkeiten hin zur passenden Tätigkeit. Ob man dann von dieser leben kann, ob es noch weitere Wünsche gibt, die nicht dazu passen und wie man das Ganze sonst noch organisieren kann, das sind dann weitere Fragen, die es in den folgenden Kapiteln noch zu klären gilt.

Dieser Weg ist nicht einfach und nicht bequem, aber er lohnt sich. Die Belohnung ist ein Leben nach den eigenen Vorstellungen. Menschen auf diesem Weg, bei diesem Prozess zu unterstützen, das ist die Bestimmung dieses Buches und der Menschen die daran gearbeitet haben. Denn jeder Mensch der seine Bestimmung lebt, macht seine Sache um ein vielfaches besser als jemand, der nur seinen Job macht. Und er oder sie lebt glücklicher und zufriedener, was in der Summe einen dramatischen Rückgang der Gier, des Neids und der kleinen und großen Kriege untereinander bewirken könnte. Glückliche Menschen schießen nicht auf andere und sie gönnen auch anderen Lebewesen eher ihr individuelles Glück.

Lassen Sie uns also gemeinsam auf den nächsten Seiten die Reise antreten und uns Ihrer Bestimmung annähern. Freuen Sie sich auf eine durchaus arbeitsreiche, aber auch extrem spannende Tour, bei der es um nichts Geringeres geht als Ihr Leben.

Finden Sie heraus wer Sie wirklich sind und was Sie wirklich wollen. Nehmen Sie die Übungen in diesem Buch dazu bitte ernst und führen Sie diese gewissenhaft durch. Gerade wenn Sie sich bisher nicht mit Ihren Wurzeln und den wirklichen Wünschen in sich beschäftigt haben, tun Sie sich erfahrungsgemäß oft schwer damit, Zugang zu den Antworten zu finden. Aber letztlich sind diese Antworten Teil von Ihnen selbst. Das heißt, sie sind auf jeden Fall in Ihnen angelegt. Sie müssen nur lernen zu sehen, zu hören und zu fühlen, dann werden sich diese Antworten offenbaren.

Vom Traum zum Ziel

Nach der Vorbereitung, und den entsprechenden Gedanken zum Thema, wird es in den folgenden Kapiteln nun ans Eingemachte gehen. Schließlich sollen sich Ihre Träume ja verwirklichen und nicht irgendwo im Nirwana des Alltags versickern. Zumindest die Träume, die sich für Sie in ernsthafte Ziele umwandeln lassen, sollten Sie nicht lange aufschieben. Je früher Sie mit der Realisierung beginnen, desto länger können Sie das Ergebnis genießen. Legen Sie also los.

Ein Traum alleine macht noch kein Ziel

Wir haben alle unsere Träume. Von einem besseren Leben, von mehr Reichtum, von einem schöneren und schnelleren Auto, von einem Pferd, von Ruhm, Ehre und Erfolg, von guten Freunden, einer erfüllenden Beziehung, von gutem Sex und vielem mehr. Der Traum alleine bringt uns aber nicht ins tatsächliche Handeln. Meist ist ein Traum nur eine kurze Flucht aus der Realität. Eine ernsthafte Verwirklichung kommt manchmal gar nicht in Betracht. Es genügt die Gewissheit, ab und zu kleine geistige Ausflüge in diese Traumwelt unternehmen zu können. Die Realisierung wäre uns dann doch zu stressig.

Kennen Sie solche Träume? Zum Beispiel den Traum einfach mal auszusteigen, alles hinter sich zu lassen und an einen Ort zu flüchten, den man schon immer mal besuchen wollte. Der ultimative Praxistest kommt dann, wenn sich plötzlich eine Möglichkeit zur Umsetzung ergibt. Oft ist es dann der letzte Schritt in die Realität und die damit verbundenen Begleiterscheinungen, die das Ganze gar nicht mehr so traumhaft erscheinen lassen. Und so bleiben wir lieber beim Gewohnten. Wenn wirklich ein brennendes Verlangen aus dem Traum entstanden wäre, hätten wir jede Chance genutzt ihn zu verwirklichen. Wir hätten dann ein konkretes Ziel daraus gemacht und wären es angegangen.

Ein Ziel ist ein Traum mit einem Umsetzungsdatum, sagt der Volksmund. Und ich möchte ergänzen – mit einem Plan und konkreten Handlungsschritten. Über die wahre Bedeutung von Zielen werden wir uns im nächsten Kapitel noch unterhalten, aber grundsätzlich müssen wir herausfinden, was wir wollen und bis wann wir es erreicht haben wollen. Eine solche Zielbestimmung erleichtert die weiteren Schritte und es gibt uns eine Richtung auf die wir unsere Aktivitäten ausrichten können. Träume im Allgemeinen, und die Vorstellung vom eigenen Traumleben im Speziellen, sind wichtig um unserer Bestimmung, sowie unseren Talenten und Veranlagungen auf die Spur zu kommen. Sie sind die Vorstufe zur Zielsetzung und Umsetzung in die Realität. Vorab wollen wir aber erst mal der Frage auf den Grund gehen, welche Bedeutung so ein Ziel überhaupt hat.

Sinn, Zweck und Bedeutung von Zielen

Wenn man die Menschen fragt, welche Bedeutung, welchen Sinn und Zweck es hat, sich ein Ziel zu setzen, dann antworten die meisten, dass es die Erreichung dieses Ziels ist, was dessen Sinn bestimmt. Tatsächlich bringt dieser Irrglaube viele Menschen dazu, ihr Leben lang verbissen einem Ziel hinterher zu jagen, um dann festzustellen, dass sie bei diesem Versuch ihr eigenes Leben, und das ihres direkten Umfelds, zerstört haben. Sie haben sich und andere damit unglücklich gemacht.

Ich vermute mal, es dürfte den meisten Lesern klar sein, dass der Sinn eines Ziels nicht darin liegen kann, unglücklich zu werden, oder? Warum verbeißen sich dann so viele Menschen immer wieder in ihre Ziele? Warum erkennen sie nicht, dass die dadurch entstehenden Scheuklappen verhindern, dass sie die Schönheiten rechts und links des Weges wahrnehmen? Was bringt Menschen dazu, alles zu opfern um eine ganz bestimmte Sache zu erreichen?

Ziele, Zielsetzung und das Erreichen von Zielen hat in den letzten Jahrzehnten zahllose Bücher, Hörbücher und DVDs gefüllt und die Inhalte manch eines Seminars bereichert. Fokussierung auf unsere Ziele wurde da gepredigt. Der feste Entschluss etwas zu erreichen, gefolgt von der Weigerung davon abzuweichen oder gar aufzugeben. Alles was dem Ziel dient, was uns zum Ziel hinführt, verdient unsere Aufmerksamkeit, alles andere ist unwichtig.

Leider wurden hier ein paar wichtige Punkte übersehen. Erstens ist der Mensch nicht darauf ausgerichtet, sich auf einzelne Bereiche seines Lebens zu beschränken. Er hat vielschichtige Wünsche und Bedürfnisse. Werden einzelne davon ignoriert oder gar unterdrückt, werden diese im Verborgenen wachsen und uns irgendwann auf die Füße fallen.

Dr. Rüdiger Dahlke beschreibt dieses Phänomen in seinem Buch "Das Schattenprinzip". Alles was wir unterdrücken, verschieben wir in den Schatten. Dort kann es wachsen und es wird sich, in der einen oder anderen Form, gegen uns wenden.

Ziele dienen also einem Zweck. Sie sind nicht der Zweck unserer Handlungen. Das ist ein wichtiger Unterschied. Ziele sind nichts Heiliges und oft verändern sie sich im Lauf der Zeit sogar. Das alleine beweist schon, dass sie Mittel zum Zweck und nicht der Zweck selbst sind.

Nichtsdestotrotz sind Ziele hilfreich, wenn man sie richtig verwendet. Sie sind ein wichtiges Werkzeug auf dem Weg zu unserem Traumleben, weil sie uns Orientierung geben und weil sie uns helfen, im Zweifelsfall die richtigen Entscheidungen, an den Abzweigungen und Kreuzungen unseres Lebenswegs, zu treffen.

Ziele dienen dazu unseren Weg zu finden, weil wir keinen Weg finden können, ohne das Wissen wo wir hin wollen. Das ist der offensichtliche Sinn und Zweck eines Ziels. Darüber hinaus hat ein Ziel aber auch immer einen inneren Sinn. Es sorgt dafür, dass wir unserem Grundbedürfnis nach persönlichem Wachstum und Entwicklung nachkommen können, während wir daran arbeiten es zu erreichen.

Ein Ziel muss uns also herausfordern, uns einiges abverlangen, sonst wird es uns nicht glücklich machen und keine Erfüllung bringen. Mehr zu diesem Thema finden Sie später ebenfalls im Kapitel "Exkurs: Die Grundbedürfnisse und das persönliche Glück."

Eines kann ich schon mal verraten: Wenn Sie sich bei einem Ziel schon von Anfang an klar darüber sind, wie sie es erreichen können, dann ist es zu klein. Sie müssen nicht wachsen und nichts Neues lernen um es zu erreichen. Das nimmt dem Ziel seinen Hauptzweck.

Wohin des Wegs? - Zielübung 1

Bevor wir uns nun der Zielsetzung und der Filterung Ihrer Ziele widmen ist es zunächst einmal wichtig Träume, Wünsche und tatsächliches, brennendes Verlangen voneinander zu trennen. Oder anders ausgedrückt: Wir müssen noch herausfinden, was Sie eigentlich genau wollen.

Sofern Sie das schon ganz genau wissen können Sie dieses Kapitel auch überspringen. Allerdings würde ich Ihnen empfehlen die Übungen trotzdem noch einmal zu durchlaufen. Vielleicht entdecken Sie ja noch ein paar Bereiche die bisher noch im Dunklen lagen.

Es gibt zahllose Übungen die zur Zielfindung führen. Ich habe hier einige davon für Sie aufgeführt. Falls Sie wider Erwarten keine davon weiterbringt, finden Sie im Internet weitere davon. Aber im Prinzip geht es bei allen darum sein eigenes Leben aus verschiedenen Perspektiven zu betrachten und so Hinweise darauf zu erhalten, was man damit anfangen will. Manche Menschen scheinen schon seit Jahren darauf zu warten, dass ein Stern am Himmel erscheint und Ihnen ein Engel oder ein sonstiger Bote einen Auftrag überbringt. Jedenfalls verharren sie in einer Art Wartehaltung auf ein imaginäres Ereignis, welches ihnen den richtigen Weg weist. Aber ganz im Vertrauen – das wird nie passieren.

Sie haben schon jede Menge Hinweise bekommen, auch wenn das wesentlich unspektakulärer ablief. Es gibt Dinge, die gehen Ihnen leichter von der Hand als andere. Es gibt Bereiche da fühlen Sie sich wohler als in anderen. Es gibt Tätigkeiten in denen können Sie sich völlig verlieren. Wenn Sie diese Tätigkeiten ausführen, dann scheinen sich Raum und Zeit aufzulösen. Und im Normalfall sind Sie bei diesen Tätigkeiten auch besser als andere, oder zumindest gut in dem was sie tun.

Des Weiteren haben Sie vielleicht den einen oder anderen Job verloren, weil es der falsche war. Es hat irgendwie nicht gepasst. Oder Sie haben ihn erst gar nicht bekommen. Sie haben sich entschieden das zu tun was vernünftig ist, aber irgendwie scheint sich alles gegen Sie verschworen zu haben. Sie geben sich größte Mühe, strampeln sich ab, kämpfen und geben nicht auf, aber nichts klappt. Wenn Ihnen einige dieser Szenen bekannt vorkommen, dann haben Sie den richtigen Weg wahrscheinlich noch nicht gefunden.

Wer dauernd kämpfen muss hat eventuell
Ziele und Wünsche die nicht zu ihm passen

Kathrin Emely Springer

Wenn Sie Ihren Weg gefunden haben tritt eine gewisse Leichtigkeit in Ihr Leben. Das heißt nicht, dass es automatisch leicht für Sie wird Ihr Ziel zu erreichen. Es heißt nur, dass sich der Weg dorthin leichter anfühlt. Sie können mit größerer Gelassenheit und Zuversicht arbeiten. Sie wissen, dass Sie sich ein Stück weit unabhängig von der Zielerreichung gemacht haben, weil Sie tun, was Sie lieben bzw. lieben was sie tun.

Die meisten Hindernisse, die dann noch zwischen Ihnen und Ihrem Traumleben auftauchen, sind meistens Ihren eigenen Zweifeln und Ihrem mangelnden Glauben an sich selbst entsprungen. Der Rest ist fehlende Information in Verbindung mit falschen Ansätzen, wie Sie Ihren Weg gehen, und das kann man lernen. Es stellt also kein dauerhaftes Problem dar.

Klarheit ist deshalb die erste und eine der wichtigsten Stufen zum Erfolg. Was wollen Sie wirklich? Wenn Sie die 50 Fragen zum Sinn Ihres Lebens bereits für sich beantwortet haben, und das Kapitel über die Bestimmung gelesen haben, dann sind Sie Ihren wichtigen Träumen bereits auf der Spur. Zumindest haben Sie einen groben Überblick für was Sie stehen wollen, was Sie gerne tun und gut können, warum Sie hier sind und was der Sinn Ihres Daseins sein könnte. In den folgenden Übungen geht es nun darum dies in konkretere Bahnen zu lenken und Ergebnisse festzulegen, die Sie später erzielen werden.

Ja ich weiß. Das klingt ein bisschen wirr, aber Sie werden feststellen, es ist weder schwer noch hat es etwas mit Zauberei zu tun. Arbeiten Sie bitte auch hier unbedingt schriftlich. Wir werden später noch einen Ausflug ins Reich der Bedürfnisse und Werte unternehmen, dann werden Sie Ihre Aufschriebe noch einmal brauchen. Und der eine oder andere Punkt wird sich für Sie wahrscheinlich erst dann richtig erschließen. Beginnen wir aber nun mit den einzelnen Übungen. Suchen Sie sich einfach diejenige aus die für Sie am besten passt. Oder wenn Sie wollen, verdienen Sie sich ein paar Fleißpunkte und arbeiten Sie alle durch.

Das Traumarchiv

Diese Übung sollten Sie unabhängig von den anderen auf jeden Fall machen. Die eigenen Träume, Wünsche und Träumereien mal schwarz auf weiß vor sich zu haben gibt Ihnen einen Überblick und zeigt möglicherweise die eine oder andere, bisher verborgene, Sehnsucht auf.

Nehmen Sie sich also genügend Papier und einen Stift. Oder wenn Sie lieber am Computer arbeiten, dann geht das natürlich genauso gut. Wobei der handschriftlichen Aufzeichnung ein noch direkterer Draht zu Ihrem Inneren zugesprochen wird.

Konzentrieren Sie sich ein paar Sekunden. Schreiben Sie die Fragen zuerst auf Ihr Blatt:

Was will ich haben?
Was will ich sein?
Was möchte ich werden?
Was würde ich anstreben, wenn scheitern unmöglich wäre?
Wenn ich eine Erfolgsgarantie bekommen würde, was würde ich angehen?

Nehmen Sie sich zunächst wieder ein paar Sekunden. Schließen Sie wenn Sie wollen kurz die Augen. Atmen Sie tief durch. Konzentrieren Sie sich auf die Fragen und erwarten Sie die Antworten. So als würden Sie einen Experten fragen und nun ganz selbstverständlich auf dessen Antworten warten.

Schreiben Sie dann ohne Unterbrechung mindestens zwei DIN A4 Seiten voll, besser drei, vier oder mehr wenn Sie können. Falls Ihnen zwischendurch nichts mehr einfällt, schreiben Sie etwas auf, das Sie schon hatten. Hauptsache Sie bleiben im Schreibfluss. Wie bei den 50 Fragen zum Sinn Ihres Lebens, geht es hier ebenfalls darum, außer den Antworten die uns der Verstand diktiert, jene Wünsche zu erfassen die einer tieferen Schicht entspringen.

Schreiben Sie alles auf. Was Sie gerne hätten, wie Sie gerne leben würden, wie Ihr Haus aussieht, Ihr Traumurlaub, Ihr Traumalltag, Ihr Traumpartner/in, Ihr Traumauto, welche Beziehung hätten Sie gerne zu welchen Menschen, was würden Sie gerne können, was würden Sie gerne sein, wer würden Sie gerne sein, welche Charaktereigenschaften hätten Sie gerne, was würden Sie gerne noch lernen und was immer Sie sonst noch haben, sein oder werden wollen? Schreiben Sie einfach alles auf und haben Sie Spaß dabei. Bewerten Sie nicht. In diesem Stadium ist **alles möglich**.

Der 80. Geburtstag

Bei dieser Übung steigen Sie in eine Zeitkapsel und katapultieren sich ein paar Jahre in die Zukunft. Sie landen in einer Zeit, in der Ihnen einiges etwas fremd und merkwürdig vorkommen wird. Aber das hat die Zukunft ja nun mal so an sich. Sie finden sich inmitten eines festlich geschmückten Saales wieder, umgeben von zahlreichen Menschen die Ihnen vage bekannt vorkommen.

Es ist Ihr 80. Geburtstag und man richtet Ihnen zu Ehren ein großes Fest aus. Alle sind gekommen um mit Ihnen zu feiern. Kinder, Enkel, Ihr/e Ehepartner/in, der Bürgermeister, Ihr Ex-Chef, Ihre Geschäftspartner und Kollegen, Ihre Freunde. Folgende Menschen blicken gemeinsam mit Ihnen auf Ihr Leben zurück und fassen dies in einer Rede zusammen: Ihr Lebensgefährte / Ihre Lebensgefährtin

Der Bürgermeister

Ihr/e Ex-Chef/in oder Geschäftspartner/in (je nachdem)

Ihre Freunde und Freundinnen

Ihre Kinder und Enkel

Ein Überraschungsgast

Holen Sie sich einen Notizblock und schreiben Sie alles mit. Was hat Ihr Lebensgefährte über Ihr gemeinsames Leben zu sagen? Was haben Sie gemeinsam erlebt? Wofür werden Sie geliebt? Was lieben Sie an ihr oder ihm? Was sollte Ihr Partner rückblickend von Ihnen und über Sie sagen?

Was hätte der Bürgermeister zu berichten? Haben Sie sich in der Gemeinde, der Stadt oder gar für das ganze Land eingebracht? Was sind Ihre Verdienste für die Allgemeinheit? Wo haben Sie Gutes getan, sich für Andere eingesetzt und geholfen? Für wen haben Sie einen Unterschied gemacht?

Was hat Ihr/e Ex-Chef/in oder Ihr/e Geschäftspartner/in zu berichten? Was haben Sie gemeinsam erreicht? Was haben Sie auf die Beine gestellt? Waren Sie ein guter, zuverlässiger Partner? Was hat Sie als Geschäftsmann oder Mitarbeiter ausgemacht? Was hat Ihr Chef oder Geschäftspartner besonders an Ihnen geschätzt?

Was haben Ihre Freunde zu berichten? Waren Sie immer für sie da? Was haben Sie gemeinsam unternommen? Was haben Sie erlebt?

Was sagen Ihre Kinder über Sie? Waren Sie ein guter Vater, eine gute Mutter? Wenn ja, wie hat sich das geäußert? Für was bleiben Sie Ihren Kindern und Enkeln in Erinnerung? Für was stehen Sie in den Augen der nächsten Generationen? Was haben Sie Ihnen mit auf deren Lebensweg gegeben? Wo haben Sie als Vorbild für sie fungiert?

Zum Schluss kommt der Überraschungsgast. Es ist jemand mit dem Sie einiges verbunden hat in Ihrem Leben. Er oder sie hat eine ganz besondere Bedeutung für Sie. Es ist jemand, der Sie besonders gut kennt, der Ihnen besonders nahe ist oder vielleicht jemand, der Ihr Leben nachhaltig beeinflusst hat, vielleicht ohne dies überhaupt bemerkt zu haben. Möglicherweise kennen Sie sich gar nicht persönlich und vielleicht ist es eine Figur aus der Geschichte, Politik, ein Sportler - Sie haben die freie Wahl. Wer erscheint da bei Ihrem 80. Geburtstag als Schlussredner und was hat er oder sie zu sagen? Schreiben Sie alles auf ...

Die Grabrede

Wer es etwas härter mag geht in der Zukunft ein Stück weiter zu einem hoffentlich fernen Tag. Es ist diesmal Ihre eigene Beerdigung oder besser gesagt die Trauerfeier dazu. Ansonsten läuft es so ziemlich genauso ab wie oben bei der Geburtstagsreise. Die Worte dürften hier ein bisschen dramatischer ausfallen, aber im Prinzip funktioniert es genauso. Der Bürgermeister, der Ex-Chef, Geschäftspartner, Ehepartner, Kinder usw. halten eine Abschiedsrede und blicken dabei auf Ihr Leben zurück. Sie als Gast aus der Vergangenheit haben die Chance alles mitzuschreiben.

Die Medien berichten

In dieser Übung schreiben Sie bitte einen Zeitungsartikel über sich und Ihr Leben. Auf dem Höhepunkt Ihrer Schaffenskraft ehrt Sie Ihre Stadt und die Zeitung berichtet in einem ganzseitigen Bericht über Ihre Verdienste und Ihr Leben im Großen und Ganzen. Was würden Sie gerne in einem solchen Bericht über sich lesen? Schreiben Sie alles auf. Alternativ können Sie hier auch einen Fernsehbericht daraus machen wenn Ihnen dies lieber ist.

Die gute Fee mit der Wunderlampe

Wo es um Wünsche und Träume geht darf natürlich das Reich der Märchen nicht fehlen. Im Prinzip ist diese Übung aber dieselbe wie die am Anfang des Kapitels. Stellen Sie sich vor, es erscheint Ihnen eine gute Fee oder der Typ mit der Wunderlampe – Sie wissen schon – Aladin. Suchen Sie sich aus wer Ihnen besser gefällt. Beide haben heute ihren großzügigen Tag. Anstatt drei Wünsche haben Sie heute unbegrenzt viele Wünsche frei, vorausgesetzt Sie bringen diese ohne Unterbrechung zu Papier. Sobald Ihr Schreibfluss abreißt endet auch das Wunschkonzert. Alles was Sie an Wünschen aufschreiben wird erfüllt werden. Legen Sie los.

Egal welche Übung Ihnen zusagt oder was für Sie am besten passt, machen Sie bitte zumindest eine davon. Wenn Sie wollen gerne auch mehrere. Oder suchen Sie sich ähnliche Übungen wenn Sie damit besser klar kommen. Hauptsache Sie bringen Ihre Vorstellung davon zu Papier, wie Ihr Leben aussehen und verlaufen soll. Später werden wir dann Teile dieser Wünsche und Träume auswählen und analysieren warum Sie diese erreichen wollen.

WICHTIG: Noch einmal zur Wiederholung. Nicht weil ich Sie nerven will, sondern weil es wichtig ist. Bitte bei den Übungen einfach weiterschreiben, egal wie seltsam oder unrealistisch Ihnen etwas vorkommt, von dem was da alles aufs Papier will. Jetzt ist nicht die Zeit für Bewertungen. Lassen Sie Ihren Gedanken freien Lauf. In Ihrem Geist ist jetzt für ein paar Minuten alles möglich. Es gibt keine Beschränkungen. Die Zeit für kritische Prüfungen kommt später noch. Jetzt sind Sie erst mal von allen irdischen

Fesseln befreit und können Ihrer Phantasie freien Lauf lassen. Kontinuierlich weiter zu schreiben ist wichtig, weil am Anfang noch Ihr Verstand antwortet und Dinge auflisten will, die Sie schon länger bewusst mit sich herumschleppen und die vernünftig sind oder der Sicherheit dienen. Aber je länger Sie schreiben, desto schwerer wird es für Sie, bewusst weitere Wünsche zu präsentieren und dann wird immer mehr Ihr Unterbewusstsein das Ruder übernehmen. Achten Sie deshalb vor allem auch auf Punkte auf Ihrem Zettel, die Ihnen zunächst absurd, fremd oder unrealistisch vorkommen. Genau hier finden Sie vielleicht Hinweise auf tief verschüttete Träume und Wünsche.

Wenn Sie fertig sind legen Sie Ihre Aufschriebe bitte vorerst zur Seite. Wir brauchen sie später wieder. Vorher möchte ich Sie einladen zu einer kurzen Reise in die Welt menschlicher Verhaltensgrundlagen. Das wird Ihnen dabei helfen manche Träume und Wünsche, und vielleicht auch Ihr bisheriges Leben, besser zu verstehen.

Exkurs: Eine kurze Reise in die menschliche Schaltzentrale

Bevor wir uns daran machen aus Ihren vielen Träumen und Wünschen konkrete Ziele zu machen und gemeinsam herausfinden was Sie wirklich in Ihrem Leben erreichen, haben und sein wollen, helfen Ihnen die folgenden Informationen dabei, die Gründe für Ihre Wahl besser zu verstehen.

Sehr gerne wollen wir Menschen glauben, wir würden selbstbestimmt leben und alle Entscheidungen nach reiflicher Überlegung treffen. Oder dass wir alle Wünsche und Träume hätten, weil wir diese aus freien Stücken so ausgewählt haben. Aber ganz so ist es in Wirklichkeit nicht. Deshalb möchte ich mit Ihnen diesen kleinen Ausflug in die Welt unserer Neuronen, Synapsen und anderer Verdrahtungen in unserem Gehirn machen. Keine Angst, wir werden nicht hinabsteigen in die Irrgänge psychologischer Unverständlichkeit und es geht auch nicht darum, sich die Hirnwindungen zu verbiegen vor lauter Eventualitäten und Einflussgrößen. Vielmehr wollen wir uns mit den Grundlagen menschlicher Antriebskräfte beschäftigen und ein besseres Verständnis dafür erzeugen, warum Sie so sind, wie Sie nun mal sind und ich so, wie ich bin.

Eine der Grundannahmen des NLP (Neuro-linguistische Programmierung) besteht darin, dass die Welt nicht so ist wie wir sie wahrnehmen. Wir filtern, verzerren und interpretieren das, was wir mit unseren fünf Sinnen aufnehmen und verändern es auf diese Weise. Wir bewerten Dinge und Ereignisse anhand diverser Faktoren, wie zum Beispiel unseren bisherigen Erfahrungen, unseren Überzeugungen, unseren Werten und anhand der Gewichtung unserer Grundbedürfnisse. Überspitzt beschrieben kann man deshalb sagen: Jeder schafft sich seine eigene Welt.

In der folgenden Grafik finden Sie eine verkürzte Darstellung unserer inneren Abläufe. Vieles von unserer Grundausrüstung, die wir alle mit auf den Weg bekommen haben, besteht nämlich aus den gleichen Komponenten, auch wenn sie bei jedem unterschiedlich gewichtet sind. Zusammen mit den Erlebnissen, Erfahrungen, den Werten die uns vermittelt wurden, den Glaubenssätzen die wir uns angeeignet haben und dem Umfeld das uns umgibt, entsteht daraus eine unglaubliche Vielzahl an Persönlichkeiten. Myriaden von Schattierungen machen jeden von uns zu einem einzigartigen Wesen. Und dennoch haben wir eine Basis, die bei allen Menschen gleich ist.

Grundbedürfnisse

Sicherheit | Unsicherheit / Spannung | Liebe / Zugehörigkeit |
Bedeutung / Anerkennung | wachsen / entwickeln | Beitrag leisten

Werte

(= Gefühle, die man haben oder vermeiden will)

+	-
z. B. Liebe, Erfolg, Familie, Geborgenheit, Fitness, Glück, Gesundheit, Karriere, Harmonie, Geld/Wohlstand, Treue, Ehrlichkeit etc.	z. B. Frustration, Angst, Ablehnung, Trauer, Hass, Gewalt, Strafe, Zurückweisung, Verachtung, Spott, ausgeschlossen werden etc.

Glaubenssätze / Überzeugungen

Was muss passieren bzw. sein, damit sich das gewünschte
Gefühl einstellt oder das unerwünschte ausbleibt?

Zum Beispiel:

Was muss passieren / sein, damit ich mich geliebt fühle?
Darf mich da niemand ablehnen? Muss mein Partner da immer bei
mir sein? Darf er oder sie mich da möglichst nicht alleine lassen?
Muss immer auf meiner Seite stehen? Darf nicht mit anderen flirten?

Bewertungssystem / Erfahrungen / Referenzwerte

Die Grundbedürfnisse und das persönliche Glück

Wir werfen zunächst einen Blick auf den übersichtlichsten Bereich, auf unsere wichtigsten Grundbedürfnisse die erfüllt sein müssen damit wir ein glückliches und zufriedenes Leben führen können.

Genauere und ausführlichere Informationen zu diesen Grundbedürfnissen und was sie für unser Leben bedeuten finden Sie unter anderem auch in den Büchern von Tony Robbins oder anderen Autoren aus dem NLP-Umfeld. Hier in diesem Buch wollen wir uns auf die wichtigsten Funktionen dieser Bedürfnisse für die Gestaltung des eigenen Lebens beschränken.

Es geht um vier Basisbedürfnisse, nämlich:

- *Das Bedürfnis nach Sicherheit*
- *Das Bedürfnis nach Unsicherheit, Spannung oder Abwechslung*
- *Das Bedürfnis sich bedeutend zu fühlen und*
- *Das Bedürfnis nach Liebe, Zuneigung und Zugehörigkeit*

Außerdem kommen noch folgende zwei Primärbedürfnisse hinzu:

- *Das Bedürfnis zu wachsen und sich zu entwickeln und*
- *Das Bedürfnis einen Beitrag zu leisten*

Wir alle haben uns eine Strategie erarbeitet, wie wir diese Bedürfnisse befriedigen können. Und letztlich müssen wir jedes einzelne davon befriedigen, auch wenn die Zusammensetzung und Gewichtung der einzelnen Bereiche bei jedem Menschen mehr oder weniger stark variiert.

Während bei den einen die Sicherheit im Vordergrund steht, verkümmern die anderen, wenn sie zu viel davon abbekommen. Glauben Sie, dass sich das Leben dieser beiden Gruppen gewaltig unterscheiden wird? Sie können sich darauf verlassen.

Wir schwanken auch zwischen diesen Bedürfnissen hin und her und suchen einen Ausgleich wenn eines davon übererfüllt wird, bewusst oder unbewusst. Das erklärt zum Beispiel auch bungee-jumpende Finanzbeamte oder Abenteurer die sich im Lauf der Zeit nach einem ruhigeren Leben sehnen.

Auch die Tatsache, dass wir oft versuchen fehlende Bereiche durch eine Überbetonung der anderen Bereiche auszugleichen ist wichtig als Erklärungsbasis für das eine oder andere Verhalten, das wir an den Tag legen.

Viele unserer Mitmenschen versuchen zum Beispiel das fehlende Gefühl zu lieben und geliebt zu werden mit einem überdimensionalen Streben nach Bedeutung auszugleichen. Das kann, wie oben beschrieben, mit positiven Auswirkungen für die Umgebung dieser Menschen einhergehen oder mit negativen. Dies kann durch Aufopferung für andere geschehen oder durch Dominanz und Macht über andere.

Die Widersprüche in den einzelnen Bereichen können ebenfalls zu Problemen führen, wenn wir unsere Ziele nicht in Einklang mit unserer Bedürfnishierarchie und unseren Werten bringen. Wer zum Beispiel wachsen und etwas Außergewöhnliches erreichen will, muss im Normalfall auch etwas riskieren. Wer dann Sicherheit als dominierendes Bedürfnis hat, bei dem sind Konflikte vorprogrammiert.

Wer dagegen kopflos immer alles auf eine Karte setzt wird höchstwahrscheinlich irgendwann zu Schaden kommen und erst dann das erforderliche Sicherheitsbedürfnis ausleben, das für eine nachhaltige Erfolgsstory erforderlich ist. Wer dagegen nur auf Sicherheit bedacht ist baut sich sein eigenes Gefängnis, dessen Mauern ihm jedes Streben nach einem aufregenden und bedeutenden Leben erschwert, wenn nicht gar unmöglich macht.

Wichtig ist weiterhin zu erkennen, dass alle vier dieser Basisbedürfnisse unser Überleben sichern. Sie führen aber nicht zu nachhaltigem, persönlichem Glück, wenn die beiden anderen nicht zusätzlich berücksichtigt werden. Ich gebe Ihnen nachher noch ein paar Beispiele dazu. Aber lassen Sie uns zunächst einen Blick auf die einzelnen Bedürfnisse und deren unterschiedliche Ausdrucksformen werfen.

Sicherheit

Ohne das Gefühl der Sicherheit wird unser Leben von Angst bestimmt und wir sind meist wie gelähmt. Solange Sie sich unsicher fühlen oder gar bedroht, wird alles andere unwichtig und rückt vollkommen aus Ihrem Fokus. Wenn eine lebensbedrohliche Krankheit bei Ihnen festgestellt wird oder Ihr Lebenspartner dabei ist Sie zu verlassen oder Sie konkret der Gewalt anderer Menschen ausgesetzt sind, dann bleibt wenig bis gar kein Raum für andere Ziele oder Träume. Es geht dann nur noch ums Überleben, bzw. den Versuch wieder ein Gefühl der Sicherheit zu erlangen.

Wann genau sich ein Gefühl der Sicherheit bei einem Menschen einstellt ist höchst individuell. Während sich in unseren Breitengraden eine immer größere Vollkasko-Mentalität breit macht, in der wir gegen alles und jeden abgesichert sein wollen, fühlen sich andere Menschen schon sicher weil sie gesund und voller Selbstvertrauen sind. Wie bei allen anderen Bedürfnissen kommt es auch bei dem Wunsch nach Sicherheit darauf an, wie wir uns dieses Gefühl verschaffen.

Dadurch, dass wir uns verkriechen und jedes Risiko vermeiden oder dadurch, dass wir vernünftig planen, uns vorbereiten und für den Rest auf unser Können und Wissen vertrauen. Reicht uns die Sicherheit in einer Beziehung, dass wir bedingungslos lieben können und anziehend für unseren Partner oder unsere Partnerin sind? Oder brauchen wir ständig Liebesbeweise und dass man uns sagt wie toll man uns findet? Können wir uns trotz Risiken sicher fühlen oder bringt uns jede Unsicherheit um den Schlaf? Das alles hat auch Einfluss auf unsere Werte, die sich daraus ableiten.

Unsicherheit / Abwechslung / Spannung

Auch bei dem Gegenstück der Sicherheit, dem Bedürfnis nach Abwechslung und Unsicherheit gibt es unterschiedliche Formen und Intensitäten wie diese ausgelebt werden können. Wir brauchen dieses Gefühl um zu wachsen und uns zu entwickeln. Ohne das Gefühl der Unsicherheit, ob wir etwas schaffen oder scheitern, ob wir ein Ziel erreichen oder nicht, ob wir mit unserem Plan richtig oder falsch liegen - ohne diese Unsicherheit lernen wir nichts dazu und können nicht wachsen.

Wenn Sie bei einem Ziel schon ganz genau wissen was Sie tun müssen um es zu erreichen und somit keinen Zweifel daran haben, dass sie es auch erreichen werden - was wollen Sie dann dabei lernen? Woran wollen Sie wachsen? Es ist ja alles schon klar. Wenn Sie sich also vor lauter Sicherheitsbedürfnis nur kleine Ziele setzen, für deren Erreichung Sie Ihre Komfortzone nicht verlassen müssen, dann wird Sie das nicht glücklich machen, denn Sie können weder etwas Nennenswertes dazu lernen, noch an der Aufgabe wachsen.

Nicht umsonst sprechen wir bei Menschen die ihre Grenzen immer wieder austesten und verschieben, von Leuten die ihr Leben voll und ganz auskosten. Die Extremfälle darunter tun dies ohne jede Rücksicht auf Sicherheit und Gesundheit. Was das richtige Maß dabei ist entscheidet letztlich jeder für sich. Letztlich werden Ihre persönlichen Grenzen nicht zuletzt davon bestimmt, mit wie viel Unsicherheit Sie bequem leben können.

Bedeutung / Anerkennung

Wollen wir uns wirklich alle bedeutend fühlen? Es gibt schließlich genügend Menschen die darauf scheinbar keinen Wert legen. Aber heißt das, dass dieses Grundbedürfnis bei diesen Menschen nicht angelegt wäre? Nein, das heißt es definitiv nicht. Denn der Wunsch sich bedeutend zu fühlen ist in uns allen angelegt, wenngleich auch hier wieder, in unterschiedlicher Intensität und Form. Die einen fühlen sich bedeutend wenn sie eine Ausbildung nach der anderen machen und mehr oder weniger wichtiges Wissen und Fähigkeiten ansammeln.

Die anderen fühlen sich bedeutend wenn sie Angst und Schrecken verbreiten können. Wieder andere sammeln Titel oder materielle Werte, müssen reicher, schneller oder sonst wie besser sein als ihre Geschwister, Freunde oder Nachbarn. Eine andere Gruppe von Menschen lebt diesen Wunsch nach Bedeutung durch Krankheit aus. Bei älteren Generationen brechen da manchmal richtige Wettbewerbe aus, wer aktuell schlimmer dran ist. Krankheit verschafft einem Aufmerksamkeit, Bedeutung und Zuneigung. Daraus kann eine gefährliche Versuchung entstehen, unsere Bedürfnisse auf diese Art zu befriedigen. Und nicht wenige geben dieser Versuchung nach. Auch viele Gewalttaten entspringen diesem Bedürfnis nach Bedeutung. Wer weder mit Bildung, Reichtum oder Macht Bedeutung erlangen kann, der schafft dies in kürzester Zeit indem er andere verprügelt, misshandelt, quält oder ihnen eine Pistole an den Kopf hält. Auf einmal wird auch dieser Mensch bedeutend für andere, wenngleich aus sehr fragwürdigen Gründen.

Liebe / Zuneigung / Zugehörigkeit

Wir wollen alle geliebt werden. Ich denke darüber brauchen wir am wenigsten diskutieren. Bei unserer Geburt haben wir diese Liebe im Normalfall bedingungslos erfahren. Im Lauf der Zeit wurden aber immer mehr Bedingungen an diese Liebe geknüpft oder sie wurde uns aus unterschiedlichen Gründen ganz entzogen. Die wichtigste Person, von der wir geliebt werden sollten, wird außerdem von den meisten Menschen gleich ganz vergessen. Wir wollen alle das Gefühl haben geliebt zu werden, angenommen zu sein und zu jemandem zu gehören. Das Gefühl, zu einer anderen Person oder zu einer Gruppe zu gehören ist eine ausgeprägte Form dieses Bedürfnisses nach Liebe.

Manche versuchen dieses Bedürfnis zu befriedigen indem sie andere mit ihrer Liebe überschütten und manchmal fast erdrücken. Andere versuchen es über Mitleid und lernen, dass sie geliebt werden oder zumindest Aufmerksamkeit bekommen, wenn sie krank oder sonst wie gehandicapt sind. Ein Teil der Menschen widmet sich der Wohltätigkeit. Andere knüpfen jede Menge Freundschaften, entwickeln eine große Fürsorge für andere, gehen eine Liebesbeziehung zu einem anderen Menschen ein, stürzen sich in Sex-Abenteuer oder opfern sich für ihre Kinder oder andere Menschen und Tiere auf. Es gibt zahllose Strategien die wir uns einfallen lassen um uns geliebt zu fühlen.

Dabei wird bei vielen Personen der wichtigste Mensch vergessen, der einen lieben sollte - man selbst. Wer ein Problem damit hat sich selbst liebenswert zu finden, weil ihm oder ihr es irgendwann eingeredet wurde man dürfe das nicht, der wird auch immer wieder Probleme damit haben sich von anderen geliebt zu fühlen bzw. andere bedingungslos zu lieben. Warum sollten einen die anderen auch lieben wenn man es selbst nicht tut? So nimmt es diese Person jedenfalls wahr. Wer sich selbst nicht bedingungslos, mit allen Macken, Ecken und Kanten annehmen kann wie er oder sie ist, der wird auch bei anderen immer wieder Fehler finden, die er ihnen nicht verzeihen kann. Uns stört normalerweise nichts an anderen was nicht auch in uns selbst vorhanden ist. Es würde uns gar nicht wirklich auffallen.

Während diese ersten vier Bedürfnisse die Basis unseres Daseins steuern, sind die beiden folgenden der Kern unseres persönlichen Glücksempfindens.

Das Bedürfnis zu wachsen und sich weiter zu entwickeln

Wer eine gesunde Mischung aus Sicherheit und Unsicherheit für sich gefunden und umgesetzt hat, wer sich darüber hinaus bedeutend und geliebt fühlt der führt ein gutes Leben, fühlt sich aber trotzdem oft irgendwie unzufrieden und nicht erfüllt. Der Grund sind die beiden Primärbedürfnisse die uns als Menschen ebenfalls in die Wiege gelegt wurden. Wie alles in der Natur wollen und müssen wir wachsen und uns weiterentwickeln.

Es gibt keinen Stillstand. Nur Wachstum oder Vergehen. Entweder etwas wird genutzt und weiterentwickelt oder es entwickelt sich zurück und verschwindet mit der Zeit wieder. Das gilt für Wissen, für Muskeln, für unsere Zähne, für unsere grauen Zellen und für unser gesamtes Dasein - körperlich und geistig. Vielleicht haben Sie das zumindest bei Ihren Mitmenschen oder auch bei sich selbst schon mal festgestellt. Wer es sich in seiner Komfortzone zu bequem gemacht hat, fängt an sich zurück zu entwickeln.

Die Fitness verschwindet nach kurzer Zeit, in der wir uns nicht mehr bewegen. Unsere Lernfähigkeit lässt nach sobald wir aufhören unser Gehirn zu belasten und ebenso verlieren wir Energie wenn wir uns keinen wirklichen Herausforderungen im Leben stellen müssen. Myriaden von Couch-Potatoes die sich tagein-tagaus durch die Mischung aus Schlafen, Essen, Pflichterfüllung und Fernsehen schleppen seien Beweis genug für diese Theorie. Menschen wollen wachsen und sich entfalten, sich verwirklichen. Wer dieses tiefe Bedürfnis ignoriert oder verleugnet und verdrängt, der wird seinen Antrieb verlieren. Vielleicht hält dieser Mensch das, was er dann lebt für "normal", weil es so viele andere auch so handhaben. Aber ein mehr oder weniger starkes Gefühl der Unzufriedenheit erinnert ihn immer wieder daran, dass etwas fehlt. Irgendetwas müsste noch kommen, denkt er dann oft. Aber ohne eigenes Zutun wird zumindest nicht das kommen, was er tief im Inneren gerne hätte.

Seinen Beitrag leisten

Last but not least hegen wir alle den Wunsch einen Beitrag zu leisten. Irgendetwas zu tun oder zu erschaffen das zu einer besseren Welt beiträgt, das zur Schaffung einer bedeutenden Sache beiträgt an die wir glauben können oder etwas zu schaffen das von uns bleibt. Es ist letztlich auch ein Stück weit der Traum von Unsterblichkeit und der Wunsch, Teil von etwas zu sein das größer ist als wir selbst. Spätestens wenn der eigene Tod näher rückt erlebt man bei manchen Zeitgenossen, die vorher vor allem an der eigenen Bedeutung gearbeitet haben, einen gewissen Nachholbedarf.

Und so kommt es, dass bedeutende Unternehmer und andere die vorher hauptsächlich an Gewinnoptimierung gedacht haben, mit der Zeit den Wunsch verspüren zu teilen und/oder mit ihrem vorher Erwirtschafteten etwas Bleibendes für andere und sich selbst zu schaffen. Erst die Befriedigung des Bedürfnisses seinen Beitrag zu leisten und etwas "Wichtiges" zu tun, ermöglicht ihnen die lang ersehnte Erfüllung die sich trotz aller Zielerreichung im Bereich Erfolg und materieller Wünsche oft nicht einstellen wollte.

Gestatten - Ich! Lernen Sie sich besser kennen.

Wie ist das bei Ihnen? Was brauchen Sie um sich sicher zu fühlen? In der Partnerschaft? In Geschäftsbeziehungen? Im Sport und anderen Aktivitäten? In der Liebe? Beim Sex? Welcher Betrag muss auf Ihrem Bankkonto liegen, damit sich das Gefühl von finanzieller Sicherheit bei Ihnen einstellt? Brauchen Sie ein Haus oder anderen Besitz um sich sicher zu fühlen? Wie sorgen Sie für Abwechslung, für Spannung in den verschiedenen Bereichen Ihres Lebens? Was würden Sie gerne tun? Brauchen Sie richtigen Nervenkitzel bei dem Ihr leibliches Wohl bedroht ist oder reichen geistige Herausforderungen? Brauchen Sie immer neue Steigerungen in allen Bereichen oder genügt es Ihnen, in einigen oder einem Bereich wirklich gut zu werden?

Und was tun Sie um sich bedeutend zu fühlen? Brauchen Sie dazu materielle Beweise? Ein schickes Auto, ein großes Haus, einen Swimmingpool oder eine eigene Yacht? Oder sind es einflussreiche Freunde? Müssen Sie dazu berühmt sein und bewundert werden? Müssen Sie Macht über andere ausüben? Brauchen Sie die neuesten Klamotten? Oder müssen Sie in irgendeiner Form extremer sein als andere? Müssen Sie die meisten Piercings oder die ausgefallensten Tattoos haben?

Oder brauchen Sie das Gefühl mehr für andere zu tun als umgekehrt? Was verschafft Ihnen das Gefühl sich bedeutend zu fühlen? Es gibt hier kein richtig oder falsch. Nur Klarheit oder Unklarheit. Es geht darum sich selbst und andere besser zu verstehen, nicht darum darüber zu urteilen was gut oder schlecht ist.

Was ist nötig damit Sie sich geliebt fühlen? Was müssen andere Menschen tun, wie müssen sie sein damit Sie sich in deren Gegenwart sicher und geliebt fühlen? Was verschafft Ihnen das Gefühl von Sicherheit und Liebe in Ihrer Partnerschaft? Oder gibt es gerade zu viel davon in dieser Partnerschaft? Sehnen Sie sich vielleicht nach ein wenig mehr Abwechslung? Ein bisschen Spannung und Unsicherheit? Auch im sexuellen Bereich? Erlauben Sie sich solche Wünsche? Und wenn ja, sprechen Sie diese aus und Ihrem Partner gegenüber an? Oder ist Ihnen das zu unsicher und Sie sagen lieber nichts, weil man Ihnen beigebracht hat, dass man über solche Dinge nicht redet?

Gibt es noch genügend Gelegenheit in Ihrem Leben zu wachsen? Haben Sie für genügend Herausforderungen und Unsicherheit gesorgt, damit Sie weiter wachsen müssen um alles zu schaffen? Wenn nein, dann liegt hier eine der ersten Baustellen bei denen Sie nachschauen sollten, wenn Sie sich irgendwie unglücklich und unzufrieden fühlen.

Haben Sie das Gefühl einen Beitrag zu leisten? Denken Sie, dass das was Sie tun einen Sinn für Sie und andere hat? Hilft das was Sie den lieben langen Tag tun anderen Menschen in irgendeiner Form? Haben Sie das Gefühl etwas Sinnvolles durch Ihr Leben und Ihr Schaffen beizutragen? Wenn nicht, dann haben Sie eines Ihrer Primärbedürfnisse bisher vernachlässigt und auch hier eine Quelle steter Unzufriedenheit vor sich.

Wie gesagt, es geht hier nicht darum gute oder schlechte Bedürfnisstrategien zu bewerten, sondern darum Ihnen Klarheit zu verschaffen und auf diese Weise ein glückliches Leben nach den eigenen Vorstellungen zu kreieren. Mit einigen Ihrer Ziele aus der ersten Übung versuchen Sie vielleicht mehrere Ihrer Bedürfnisse zu befriedigen, mit anderen nur eines. Manches Ziel dient aber auch als Ersatz für etwas das fehlt. Es ist wichtig das herauszufinden, egal wie schmerzhaft das vorübergehend sein mag. Ein Ziel, das aus den falschen Gründen verfolgt wird, kann Sie nicht nur nicht glücklich machen, es kann Ihnen auch unter Umständen nachhaltig schaden.

Nicht wenige Menschen versuchen beispielsweise ein fehlendes Gefühl der Liebe und des geliebt werdens durch ein übergroßes Streben nach Bedeutung auszugleichen. Sie müssen fast schon zwanghaft die Reichsten, Besten, Schnellsten oder die am meisten Gefürchteten ihres Umfelds werden. Sie stellen diesen Wunsch, ohne Rücksicht auf Verluste, über alle anderen Wünsche und Belange ihres Lebens und schaden damit sich selbst und anderen.

Manchmal greift diese Form des Wahnsinns auf ganze Gruppen, Unternehmen oder Gesellschaften über und führt dadurch früher oder später zur Selbstzerstörung. Achtung und Respekt vor der Schönheit und Vollkommenheit allen Seins geht verloren. Mensch, Natur und Mitgeschöpfe werden zu Produkten und werden als Mittel zum Zweck benutzt. Und das alles, weil es an ein bisschen Liebe für den Einzelnen fehlt.

Zugegeben, ganz so einfach ist es nicht immer, aber in den genannten Basisbereichen unserer Bedürfnisse liegt der Schlüssel zur Lösung vielseitiger Probleme. Beim einzelnen Menschen und im großen Ganzen. Lohnt sich dafür ein genauerer Blick für Sie? Na dann los - beantworten Sie die Fragen für sich selbst - und ... keine Angst, außer Ihnen selbst wird niemand sehen was Sie geschrieben haben, wenn Sie das nicht wollen. Seien Sie also ehrlich zu sich selbst und schreiben Sie gerade dann weiter, wenn Sie Widerstand spüren, nicht mehr weiterbohren wollen, wenn sich ein unangenehmes Gefühl einstellt. Wenn Sie anfangen zu denken: "Was soll der ganze Blödsinn denn?" oder "Das bringt doch sowieso alles nichts" oder ähnliches. Widerstand ist ein sicheres Zeichen, dass sie tief sitzenden und manchmal unangenehmen Wahrheiten auf der Spur sind. Stellen Sie sich diesen Dingen. Es lohnt sich.

Werte sind der Chef im Ring

Unsere Werte steuern unser Leben. Sie sind genau betrachtet Gefühle die wir anstreben oder vermeiden wollen. Sie steuern uns und sind Basis der berühmten Entscheidungen aus dem Bauch heraus. Wenn wir spontan, aus dem Bauch heraus entscheiden müssen, entscheiden wir meist aufgrund unserer wichtigsten Werte und Überzeugungen.

> *Wir können niemals frei sein,*
> *wir können uns immer nur frei fühlen.*
> Jürgen Höller

Werte sind Gefühle die wir anstreben und immer wieder fühlen wollen oder welche, die wir vermeiden wollen. Positive Werte die wir anstreben und immer wieder fühlen wollen sind Erfolg, Freiheit, Liebe, Familie, Gemeinschaft, Anerkennung, Respekt, Bewunderung, Spiritualität, sexuelle Erfüllung, Abenteuer und vieles mehr. Je nach der Hierarchie dieser Werte unterscheiden sich unser Leben und unsere Träume. Viele geben bei der Frage nach den eigenen Werten die Familie als höchsten Wert an. Aber ein

Blick auf den Terminkalender zeigt schnell, dass dieser scheinbar wichtigste Wert nur in einem Bruchteil der zur Verfügung stehenden Zeit gelebt wird. Wer Erfolg ganz oben stehen hat wird bereit sein viele andere Dinge zu opfern, zum Beispiel Bequemlichkeit und Harmonie. Wer dagegen Erfolg anstrebt und Harmonie und geliebt werden ganz oben auf der Werteskala hat, erlebt häufig große Konflikte. Er oder sie blockiert und boykottiert sich selbst.

Aber das ist noch nicht alles. Es gibt ja auch noch die negativen Werte/Gefühle die wir vermeiden wollen. Diese sind zum Beispiel:

Zurückweisung, Einsamkeit, unfrei sein, sich einem Zwang ausgeliefert fühlen, Ablehnung, Frustration, ungeliebt und alleine zu sein, Angst, Trauer, ausgeliefert sein, ein Gefühl der Ohnmacht, das Gefühl hintergangen oder betrogen worden zu sein etc.

Wir Menschen tun manchmal die unmöglichsten Dinge um diese Gefühle zu vermeiden. Wer auf dieser Werteliste die Einsamkeit ganz oben stehen hat, der wird sich mehr an einen Partner oder eine Partnerin hängen als jemand der Abhängigkeit ganz oben stehen hat. Wer Ablehnung vermeiden will wird anders auf Menschen zugehen, als jemand der vor allem Misserfolg vermeiden will. Jemand der als wichtigsten angestrebten Wert Freiheit hat, wird anders leben als jemand, dessen wichtigster Wert Zugehörigkeit und Liebe ist.

Ganz spannend wird es, wenn unser wichtigster positiver Wert nicht mit unserem wichtigsten negativen Wert harmoniert und/oder mit unseren Zielen kollidiert.

Nehmen wir an, Ihr wichtigster angestrebter Wert ist materieller Erfolg und Ihr wichtigster Wert den Sie vermeiden wollen ist Zurückweisung und Ablehnung. Können Sie sich vorstellen, wie sich das auf Ihr Leben auswirken würde? Oder wenn die Werte Freiheit und die Angst vor Einsamkeit zusammenkommen? Und glauben Sie bitte nicht, dass diese Konstellationen selten sind. Ganz im Gegenteil. Verschaffen Sie sich Klarheit darüber, ob das bei Ihnen auch so ist.

Diese und ähnliche innere Blockaden können sich auch ergeben, wenn Ihre Ziele nicht zu Ihren Werten passen oder wenn Ihre Wertehierarchie nicht förderlich für die Realisierung Ihrer Träume ist. Darauf gehen wir in den späteren Fragen noch etwas genauer ein. Zunächst wollen wir aber einen Blick auf Ihr Wertesystem werfen.

Moralische Werte

Wir Menschen neigen dazu andere zu verurteilen sobald sie sich in irgendeiner Form falsch verhalten haben. Dabei machen wir große Unterschiede zwischen der Verletzung eines juristischen Gesetzes und der Verfehlung in einem moralischen Bereich. So werden Delikte wie Diebstahl, Steuerhinterziehung, Tempoüberschreitungen oder Betrug oft noch als verzeihlich angesehen, sofern der Täter sich reumütig zeigt. Schließlich halten wir uns alle nicht zu hundert Prozent an den Buchstaben des Gesetzes, wenngleich natürlich in unterschiedlicher Ausprägung. Schließlich hat schon Jesus gesagt: „Wer von Euch ohne Sünde ist, der werfe den ersten Stein ...“

Sobald es sich aber um moralisch verwerfliche Verfehlungen handelt, dann ist dieser Spruch sehr schnell vergessen und auch der sonst so gläubig auftretende Christ vergisst dann oft seine religionsinterne Vorgabe, Vergebung zu üben. Wenn die Steuerhinterziehung nicht von einem einfachen Handwerker, sondern von einem Milliardär begangen wird, es sich also offensichtlich um einen Gierschlund handelt, der den Hals nicht voll genug bekommen kann, dann ist das absolut verwerflich und wir sind schon eher bereit ihn zu steinigen – jedenfalls bildlich gesprochen. Wobei ich mir nicht sicher bin, ob es der eine oder andere nicht auch physisch tun würde, wenn man ihn denn lassen würde.

Aber das soll hier nicht weiter vertieft werden. Es geht lediglich darum zu erkennen, dass uns Moral und Ethik in den meisten Fällen wichtiger ist als eine Gesetzesvorgabe. Tief in uns drin brauchen wir eigentlich kein Gesetzbuch das uns sagt, was richtig oder falsch ist. Wir wissen es. Und das kann durchaus mal von einem Gesetz abweichen. Gesetze sind ausgehandelte oder aufdiktierte Regeln, die pauschal für alle gelten. Finden Sie, dass man sich daran halten muss, auch wenn es Ihnen moralisch falsch erscheinen würde? Die Antwort auf diese Frage gibt Ihnen schon einen ersten Hinweis wie die Prioritäten bei Ihnen verteilt sind.

Selbstverständlich kann in einer Gemeinschaft nicht jeder uneinge-schränkt tun was er will. Und ohne Regeln wäre ein vernünftig organisiertes Leben in dieser Gemeinschaft nicht möglich. Die Frage ist, ob diese Regeln immer eingehalten werden müssen oder ob es für Sie eine höhere Instanz gibt, die darüber entscheidet ob Sie sich an eine bestimmte Regel halten oder nicht. Zu allen Zeiten gab es Menschen die sich blind an solche Regeln ge-halten haben, weil sie ihnen Ordnung und Sicherheit vermittelt haben. Sie wollten nichts falsch machen und auf Nummer Sicher gehen.

Solche gesetzestreuen Bürger haben ihre Nachbarn und Freunde denun-ziert, weil diese den falschen Radiosender hörten oder sich negativ über Volk und Führer geäußert hatten. Sie handelten zu dieser Zeit vollkommen gesetzeskonform und vorbildlich nach den Vorgaben und Regeln des dama-ligen Staates. Selbst nach dieser Zeit hörte man diese Menschen noch davon sprechen, dass sie nur ihre Pflicht getan und ihre Befehle ausgeführt hätten. Ihnen wäre somit nichts vorzuwerfen.

Was sind Ihre moralischen Werte? Wie würden Sie handeln, wenn Sie entscheiden müssten? Wäre Ihnen das Hemd näher als die Jacke – sprich wäre die eigene Sicherheit und die Ihrer Familie zunächst wichtiger als die anderer Menschen? Beantworten Sie sich diese Fragen bitte unbedingt **ehr-lich**. Es geht auch hier nicht darum zu verurteilen, sondern sich besser ken-nenzulernen. Die meisten Menschen haben ein bestimmtes Bild von sich, dem sie leider nur sehr selten entsprechen. Wenn wir einen Film sehen, dann identifizieren wir uns im Normalfall mit dem starken Helden, der allen Widerständen trotzt. Im wahren Leben halten wir diesem Vergleich nur sehr selten stand.

Lassen Sie uns ein paar Gedankenexperimente machen. Ich möchte Sie gedanklich in ein paar Situationen führen, die Ihre Werte etwas sichtbarer für Sie machen werden. Bitte lesen Sie das nicht einfach, sondern versetzen Sie sich in die konkrete Situation. So als müssten Sie wirklich entscheiden. Stellen Sie sich das so lebhaft vor, wie es Ihnen möglich ist.

Die Flügel des Schmetterlings

Fangen wir mit einer einfachen Vorstellung an. Sie laufen auf einer Wiese, genießen das schöne Wetter und die wunderbare Natur. Sie setzen sich kurz und atmen tief durch. Ein wunderbar gemusterter Schmetterling setzt sich neben Ihnen auf eine Blume. Jemand bietet Ihnen 100 € wenn Sie diesem Schmetterling die Flügel ausreißen. Würden Sie es tun?

Wenn nicht, wie sieht es mit 1.000 € aus? 10.000 €? Für wie viel Geld würden Sie es tun? Oder würden Sie das auf keinen Fall tun, egal wie viel Geld man Ihnen anbieten würde?

Was immer Sie getan hätten – bewerten Sie es bitte nicht, sondern nehmen Sie es einfach zur Kenntnis.

Das Bahngleis

Begeben Sie sich nun gedanklich wieder auf diese Wiese. Sie laufen ein paar hundert Meter weiter. An einem Bahngleis machen Sie eine kurze Pause. Sie stehen an einer alten Weiche. So eine, die man noch von Hand umstellen kann. Da hier auf dem Land nur selten Züge fahren, spielen ungefähr 200 m weiter Kinder auf den Gleisen. Sie haben laute Musik laufen und sind voll und ganz in ihr Spiel vertieft.

Plötzlich sehen Sie, dass sich ein Zug schnell nähert und Sie erkennen, dass er die Kinder erfassen wird. Sie versuchen die Kinder zu warnen, aber die hören Sie nicht und um hin zu laufen ist es zu spät. Sie wollen die Weiche umstellen um den Zug auf das andere Gleis zu leiten, da entdecken Sie einen alten Mann der dort mit dem Rücken zu Ihnen auf dem Gleis läuft. Er scheint schlecht zu hören, denn er reagiert nicht auf Ihre Rufe. Der Zug ist nun fast da. Was machen Sie? Stellen Sie die Weiche um und opfern den alten Mann um die Kinder zu retten? Oder überlassen Sie die Kinder ihrem Schicksal?

Würden Sie anders handeln wenn der alte Mann Ihr Vater oder Großvater wäre? Wie würden Sie handeln, wenn auf dem Abstellgleis kein alter Mann, sondern eine Kuh steht oder ein anderes Tier? Was würden Sie machen, wenn dort Ihr Haustier stehen würde?

Bitte bewerten Sie Ihre Antworten nicht. Es gibt hier sowieso keine saubere Lösung. Ihre Antwort gestattet Ihnen aber einen Blick in die Art wie Sie denken und kategorisieren. Seien Sie deshalb bitte unbedingt ehrlich zu sich.

Die große Chance

Nehmen wir im dritten und letzten Gedankenspiel an Sie hätten große Geldprobleme. Ihr Haus steht kurz vor der Pfändung. Sie haben nicht einmal mehr Geld um genug Lebensmittel und etwas Süßes für die Kinder zu kaufen und Sie können sich nirgends mehr blicken lassen, weil Sie schon sämtliche Freunde und Verwandten angepumpt haben, ohne eine Chance auf Rückzahlung. Sie sind am Ende.

Nur ein Wunder kann Sie jetzt noch retten. Und da kommt es auch schon. Ein Angebot eines Fremden. Er bietet Ihnen an, alle Ihre Schulden zu tilgen und Ihnen darüber hinaus noch ein paar Tausend Euro auf Ihr Bankkonto zu überweisen. Alles was Sie dafür tun müssen ist, an den Computer zu gehen, eine bestimmte Seite im Internet aufzurufen und einen Link anzuklicken. Ein Ihnen völlig fremder Mensch in einem fernen Land wird danach durch die Hand eines Auftragskillers sterben.

Wie würden Sie handeln? Wie würden Sie handeln wenn es nicht um Ihre finanzielle Existenz, sondern um Ihr Leben oder das Ihrer Kinder ginge? Wie würden Sie handeln wenn es kein Fremder wäre der sterben muss, sondern jemand den Sie kennen und mögen?

***

Das alles sind Extrembeispiele und egal wie Sie sich entschieden haben, es geht nicht darum sich oder jemand anders dafür zu verurteilen, sondern zu erkennen wie Ihre Werterangfolge aussieht. Haben Sie am Bahngleis Schicksal gespielt? Den alten Mann geopfert um die Kinder zu retten? Oder Ihr Haustier geopfert? Oder das fremde Tier? Oder wollten Sie sich gar nicht erst schuldig machen durch aktives Eingreifen?

Haben Sie sich aus Ihrer finanziellen Not, durch den Tod eines fremden Menschen befreit? Haben Sie zumindest gezögert bei der Entscheidung? Haben Sie Ihr Leben oder das Ihrer Kinder gerettet indem Sie jemand anderen dafür geopfert haben?

Gott sei Dank musste ich noch nie in einer solchen Situation eine Entscheidung treffen. Und ich wünsche Ihnen, dass Sie das ebenfalls nie tun müssen. Aber ich vermute doch, dass wir alle mehr oder weniger stark ausgeprägt, einen natürlichen Drang zur Selbsterhaltung und zum Eigennutz haben. Entsprechend verhalten wir uns in Notsituationen oder in Situationen die uns einen großen Vorteil verschaffen können. Ich nehme an, darum bereichern sich Menschen hemmungslos und ohne Rücksicht auf Verluste oder opfern bedenkenlos Menschen und andere Lebewesen um selbst ein paar Wochen, Monate oder Jahre Leben zu gewinnen oder um dieses Leben angenehmer zu gestalten.

Ich meine, was soll's oder? Wenn Tiere unter großen Schmerzen und unwürdigen Bedingungen gequält werden, wenn dadurch Krankheiten erforscht und besiegt werden können, oder? Oder wenn wir dadurch schöner werden und bleiben können, ist es dann auch noch okay? Oder wenn unsere Arbeitsplätze, unsere Existenzen davon abhängen, dann ist es doch okay, dass wir Waffen in Kriegsgebiete liefern, oder? Wenn wir dadurch wettbewerbsfähig bleiben, dann muss man doch ein wenig Zerstörung der Umwelt hinnehmen, oder? Können Sie dem zustimmen? Oder haben Sie hier an verschiedenen Stellen widersprochen?

Wie ist Ihre Wertehierarchie aufgebaut? Was steht für Sie an erster Stelle? Was kommt danach? Wenn Sie den alten Mann geopfert haben erscheint Ihnen das Leben der Kinder wertvoller als das eines alten Mannes. Oder die Menge macht es – ein Leben gegen mehrere? Oder haben Sie beschlossen nicht den Herren über Leben und Tod zu spielen und dem Schicksal seinen Lauf gelassen? Dann wäre für Sie wahrscheinlich die Vorstellung zu töten schlimmer als der Wunsch zu retten. Auch wenn manche Antwort schmerzlich ist, seien Sie bitte ehrlich zu sich selbst.

Es geht darum den Nebel etwas zu lichten und Ihr Weltbild ein bisschen stärker aus diesem Nebel der Wunsch-Selbstwahrnehmung heraus zu schälen. Dabei betone ich noch einmal, dass es nicht darum geht aufzuzeigen was für ein schlechter Mensch Sie sind, sondern darum Ihren Ausgangspunkt möglichst akkurat zu erfassen. Denn nur von dort aus sind Veränderungen möglich. Erst von einem klaren Selbstbild aus können die richtigen

Maßnahmen eingeleitet werden und die für Sie wichtigen Entscheidungen getroffen werden. Und fehlbar sind wir schließlich alle. Also keine Sorge. Sie sind nicht als Einzige/r nicht perfekt.

Die Werteliste

Erstellen Sie nun bitte, auch unter Berücksichtigung Ihrer Erkenntnisse aus den Gedankenspielen, Ihre Werteliste. Nehmen Sie sich ein Blatt Papier und erstellen Sie eine Tabelle mit zwei Spalten. Über die linke schreiben Sie bitte „Werte, die ich anstrebe" und über die rechte Spalte „Werte, die ich vermeiden will".

Schreiben Sie zunächst alle Werte auf die Ihnen spontan einfallen. Was ist Ihnen wichtig? Von was wollen Sie mehr in Ihrem Leben haben? Welche Gefühle wollen Sie immer wieder spüren? Und was wollen Sie unbedingt vermeiden? Was möchten Sie auf keinen Fall mehr spüren? Was ist Ihnen unangenehm?

Gehen Sie Ihre Liste dann, nach einer ausreichenden Pause in der sich alles setzen kann, noch einmal durch. Schauen Sie sich alles genau an das Sie da aufgeschrieben haben. Vergleichen Sie es mit Ihren Antworten aus den Gedankenspielen. Dann bringen Sie eine Reihenfolge in diese Werte. Wenn Sie möchten, zunächst eine Einteilung in drei Gruppen: Sehr wichtig, wichtig und nicht ganz so wichtig. Ordnen Sie die Werte danach innerhalb dieser Gruppen, sodass Sie jetzt Ihren wichtigsten angestrebten Wert ganz oben stehen haben und ebenso Ihren wichtigsten Wert den Sie vermeiden wollen. Jeweils gefolgt von den abgestuft weniger wichtigen Werten.

Erkennen Sie Zusammenhänge zwischen diesen Werten und der ein oder anderen Entscheidung die Sie in der Vergangenheit getroffen haben? Harmonieren Ihre Werte miteinander oder sorgen sie für Konflikte? Auch Ihre Ziele sollten mit Ihren Werten übereinstimmen, aber auf das gehen wir in einem der nächsten Kapitel noch genauer ein. Vorerst widmen wir uns der dritten Ebene unseres "Betriebssystems".

Glaubenssätze und Überzeugungen

Als wenn die diversen Kombinationen aus Werten und Grundbedürfnissen nicht schon komplex genug wären, kommt noch erschwerend hinzu, dass jeder von uns diese Werte und Bedürfnisse unterschiedlich auslebt. Von Geburt an bekommen wir von unserem Umfeld, unseren Eltern, Lehrern, Verwandten, Freunden und Kollegen jede Menge Informationen darüber, wie die Welt denn so ist und woran man erkennt wie etwas zu bewerten ist. Hinzu kommen eigene Erfahrungen und Rückschlüsse aus diesen Erfahrungen, die in der Summe unsere Glaubenssätze und Überzeugungen bilden.

Entsprechen diese tatsächlich der Wahrheit? Nein. Jedenfalls keiner allgemein gültigen Wahrheit. Je nach Ausrichtung des Kulturkreises, in dem wir aufgewachsen sind oder der engsten Vertrauten mit denen wir die meiste Zeit verbringen, verfestigen sich unterschiedliche Überzeugungen, die oft nicht mehr hinterfragt werden.

Unsere Werte und Bedürfnisse und deren Gewichtung bestimmen unsere grundsätzliche Ausrichtung im Leben. Unsere Glaubenssätze und Überzeugungen bestimmen, wie wir Situationen und Ereignisse bewerten und damit, wie wir unsere Werte und Bedürfnisse ausleben.

Nehmen wir an geliebt zu werden ist Ihr wichtigster angestrebter Wert. Was muss passieren, wie müssen sich andere verhalten, damit Sie sich geliebt fühlen? Wenn Sie jetzt antworten, die Anderen oder der Andere muss immer für mich da sein damit ich mich geliebt fühle, dann wirkt sich das anders aus als wenn Sie sagen, es reicht schon wenn alle immer nett und freundlich zu mir sind.

Oder wenn Sie sagen ich fühle mich nur geliebt, wenn mein Partner immer treu ist. Wer liebt ist auch treu. Stimmt das denn? Oder gibt es auch Partner, die in einer eigentlich glücklichen Beziehung untreu werden und den Partner trotzdem lieben?

Oder wenn Ihr oberster, angestrebter Wert Erfolg ist. Was muss passieren damit Sie sich erfolgreich fühlen? Wenn Sie dafür mehrere Millionen Euro Vermögen aufbauen müssen und Ferrari fahren, dann macht das einen großen Unterschied zu dem Gefühl des Erfolgs, weil Sie anderen Menschen helfen können, oder? Was glauben Sie macht einen Menschen erfolgreich? Haben Sie da die gleiche Überzeugung wie alle anderen? Sicher nicht. Wer hat dann Recht? Sie oder die Anderen?

Was wenn Sie finanzielle Freiheit anstreben, aber glauben Geld in großen Mengen zu besitzen sei unmoralisch oder nur durch Ausbeutung zu erlangen? Werden Sie dann erfolgreich sein beim Vermögensaufbau? Was glauben Sie? Wovon sind Sie im Zusammenhang mit Ihren Träumen und Zielen überzeugt? Sind diese Glaubenssätze und Überzeugungen förderlich oder werden Sie diese von der Zielerreichung abhalten? Schauen Sie genau und vor allem ehrlich hin und entscheiden Sie sich, was Sie wollen.

Wenn Ihnen die Realisierung Ihres Traums / Ihrer Träume wichtig ist, dann müssen Sie notfalls Ihre Glaubenssätze und Überzeugungen verändern.

Nehmen Sie sich jetzt bitte Ihre Liste mit den Werten und gehen Sie, zumindest die ersten fünf angestrebten und die ersten fünf Werte, die Sie vermeiden wollen, anhand folgender Fragen durch:

Was muss passieren damit ich diesen Wert fühle?

Was müssen andere Menschen tun damit ich diesen Wert als gegeben betrachte?

Was muss ich selbst tun, erreichen oder haben um diesen Wert als erreicht zu betrachten?

Wer muss ich sein? Welche Art Mensch muss ich sein um diesen Wert zu leben oder zu erleben?

Was bedeutet es für mich ... zu sein/zu werden?

Analysieren Sie auf diese Weise bitte beide Seiten Ihrer Liste.

Beispiele:

Was müssen andere tun, wie müssen sie sich verhalten, damit ich mich geliebt fühle? Was dürfen Sie auf keinen Fall tun? Was müssen andere tun, wie müssen sie sich verhalten, damit ich mich abgelehnt oder zurückgewiesen fühle? Was genau müssen sie sagen, in welcher Tonlage, mit welcher Gestik?

Eine weitere wichtige Frage schließen Sie bitte danach an Ihre Notizen an:

Was bedeutet es für mich... zu erleben/erreichen? Und was bedeutet es, wenn ich das nicht erlebe/erreiche?

Genauso bei den zu vermeidenden Werten:

Was genau bedeutet es für mich... zu erleben? Was bedeutet es für mich, wenn ich ... vermeiden kann?

Wenn Sie nun Ihr Bewertungssystem vor sich haben, Ihre Werte, was geschehen muss damit sie diese empfinden und was es für Sie bedeutet diese zu empfinden - **Welche Schlüsse können Sie daraus ziehen?** Wenn Sie zurückblicken auf Ihre bisherigen Ereignisse, Entscheidungen und Ergebnisse? Wenn Sie in die Zukunft schauen, im Hinblick auf Ihre Träume und Ziele? Ist alles gut, so wie es jetzt ist oder gibt es Raum für Verbesserungen?

Bewertungen und Referenzerlebnisse

Ihre Werte, Bedürfnisse und Glaubenssätze steuern Ihre Entscheidungen und somit Ihr Leben. Sie sind aber auch die Grundlage, wenn es darum geht wie Sie bestimmte Situationen, Ereignisse und Erfahrungen bewerten. Wenn Sie zum Beispiel glauben, Männer können nicht treu sein, dann werden Sie einen harmlosen Flirt Ihres Partners anders bewerten als wenn Sie glauben, ein bisschen flirten belebt die Beziehung.

Wenn Sie glauben alles was um Sie herum passiert hätte ausschließlich mit Ihnen selbst zu tun, weil Eigenverantwortung für Sie wichtig ist, dann werden Sie eher dazu neigen sich selbst die Schuld an allem zu geben als jemand, der glaubt alles hätte sich gegen ihn oder sie verschworen.

In einem der folgenden Kapitel über die wahre Bedeutung des Glaubens kommen wir auf den Erfolgskreislauf zu sprechen und welche Rolle die eigenen Überzeugungen dabei spielen. Ich möchte hier nur soweit vorgreifen, dass unsere Überzeugungen von Referenzwerten genährt werden, während diese Überzeugungen wiederum die Referenzwerte / Ergebnisse beeinflussen.

Wenn zum Beispiel Ihr wichtigster angestrebter Wert die Treue ist und Sie glauben, dass Ihr Partner / Ihre Partnerin mit niemand anderem flirten darf, ja vielleicht schon bei einem vertrauten Gespräch Zweifel an dieser Treue entstehen, dann werden Sie beide die Hölle auf Erden erleben. Selbst der treueste Partner braucht ein bisschen Freiraum.

Wenn andererseits Ihr wichtigster angestrebter Wert die Treue ist und Sie glauben, Treue bedeutet sich alles zu erzählen, auch wenn es mal einen kleinen Flirt gab, dann sieht die Welt schon ganz anders aus, finden Sie nicht? In beiden Fällen ist der wichtigste Wert derselbe. Aber durch den damit verbundenen Glaubenssatz ergeben sich komplett unterschiedliche Varianten um diesen Wert auszuleben.

Kleiner Tipp am Rande: Machen Sie diese Übungen mit Ihrem Partner / Ihrer Partnerin gemeinsam und gleichen Sie Ihre Werte und Glaubenssätze ab. Sie werden einige Erklärungen für so manchen Konflikt entdecken.

Wenn zum Beispiel ein Partner Erfolg als wichtigsten Wert hat und glaubt, er muss hart dafür arbeiten und vollen Einsatz dafür bringen um beispielsweise befördert zu werden. Der andere Partner hat geliebt werden und Familie ganz oben stehen und glaubt, mein Partner muss immer für mich da sein. Ich muss an erster Stelle für ihn/sie stehen damit ich mich geliebt fühle. Was denken Sie? Wird das eine harmonische Partnerschaft werden? Oder sind hier Konflikte vorprogrammiert?

Aber was ist die Lösung in so einem Fall? Sowohl bei Konflikten in Partnerschaften oder auch in Geschäftsbeziehungen oder eben bei Konflikten mit den eigenen Vorstellungen hilft nur eines – eine gründliche Überprüfung der eigenen Glaubenssätze und gegebenenfalls der eigenen Werte. Kann es zum Beispiel sein, dass mein Partner mich liebt, auch wenn er vor allem seine Karriereziele verfolgt? Vielleicht tut er das ja, weil er glaubt unserer Familie ein gutes, luxuriöses Leben bieten zu müssen? Vielleicht glaubt er auch als „Ernährer" der Familie wird er oder sie nur dann geliebt, wenn gut für diese gesorgt ist?

Nicht selten kristallisieren sich richtige Leitfragen heraus die unser Leben bestimmen und die, wenn sie sich mit denen unsers Umfelds schneiden, für zahlreiche Konflikte sorgen können. Haben Sie so eine Lebensleitfrage bei sich entdeckt? Diese könnte zum Beispiel sein:

Wie kann ich noch beliebter bei allen werden? Wie kann ich vermeiden abgelehnt zu werden oder ausgeschlossen zu sein? Wie kann ich alles verbessern? Wie kann ich etwas reparieren?

Es gibt tausend Varianten mehr. Versuchen Sie Ihrer Leitfrage auf den Grund zu gehen. Denn was Sie auf diese Weise bewegt bestimmt einen Großteil Ihres Lebens. Wer zum Beispiel alles reparieren, also wieder heil machen will, braucht um sich herum Dinge die kaputt sind. Notfalls zerstört er unbewusst etwas, damit er es wieder reparieren kann, egal ob das Dinge, Beziehungen oder die Symptome des eigenen Erfolgs sind. Oder die Leitfrage wie man bei allen beliebt sein kann. Können Sie sich vorstellen, wie sich der- oder diejenige verbiegen muss und es doch nie schaffen wird? Gehen Sie diesen Dingen auf den Grund. Ein freies, selbstbestimmtes Leben verlangt die Befreiung aus solchen selbst gebauten Gefängnissen.

Können Werte und Glaubenssätze verändert werden?

Lassen Sie mich diese Frage mit einer Gegenfrage beantworten. Sind Sie mit genau den gleichen Werten und Glaubenssätzen, die Sie heute haben, schon auf die Welt gekommen? Wenn Sie kein Wunder der Natur und somit eine absolute Ausnahme sind, dann sind Sie das natürlich nicht. Sie haben sich diese Werte und Glaubenssätze im Lauf Ihres Lebens zugelegt. Manche freiwillig, manche wurden Ihnen förmlich aufgezwungen und andere haben Sie so nebenbei mit erworben. Manche sind Ihnen bewusst, manche bleiben trotz intensiver Beleuchtung im Dunkeln.

Aber da es sich eben um nichts Feststehendes handelt, kann man alles wieder verändern. Manchmal geschieht das von einem Augenblick auf den nächsten, zum Beispiel durch ein Schockerlebnis oder dadurch, dass Sie sich in jemanden verlieben, der andere Werte vorlebt und Sie dadurch beeinflusst. Es kann aber auch mühsame Arbeit an sich selbst erforderlich sein. Der erste Schritt ist auf jeden Fall die Bewusstwerdung was da in Ihnen abläuft. Diese Art der Achtsamkeit bringt Sie einen großen Schritt in die richtige Richtung.

Wenn Ihnen bewusst ist, was da abläuft, wenn Sie in Ihre Muster verfallen, können Sie bewusst gegensteuern. Wenn zum Beispiel erneut dieses

Gefühl auftaucht nicht geliebt zu werden, wenn Ihr Partner / Ihre Partnerin mit anderen flirtet, dann können Sie sich fragen, ob das tatsächlich so ist, ob Sie das tatsächlich wissen können. Und Sie können sich angewöhnen es von einer anderen Perspektive zu betrachten. Zum Beispiel: Man muss loslassen. Nur was freiwillig und ohne Zwang zu Dir zurück kommt, gehört wirklich zu Dir. Glauben Sie, dass diese Art, dieses Ereignis zu interpretieren andere Ergebnisse hervor bringen wird als das erste?

Affirmationen und Visualisierungen können Sie bei der Veränderung unterstützen. Ansonsten entstehen Gewohnheiten durch Wiederholung. Viele Ihrer Glaubenssätze haben sich über Jahre und Jahrzehnte entwickelt und verfestigt. Freuen Sie sich, wenn sie sich sehr schnell wieder ändern lassen, aber wundern Sie sich nicht, wenn es unter Umständen ein bisschen länger dauert. Machen Sie einfach weiter damit, daran zu arbeiten.

Sich dessen bewusst zu sein, dass diese Glaubenssätze gerade im Einsatz sind, ist schon ein erster und entscheidender Schritt. Sagen Sie sich in solch einem Fall: Stopp – jetzt übernehme ich selbst das Kommando. Und dann setzen Sie Ihren neuen, gewünschten Glaubenssatz ein. Das erfordert am Anfang große Disziplin und Achtsamkeit, wird aber bei jeder Wiederholung leichter, bis es sich ganz verselbständigt.

Die Revision - Zielübung 2

Werfen Sie nun einen erneuten Blick auf Ihre Wünsche und Ziele. Auf welches Bedürfnis / welche Bedürfnisse geht jeder einzelne Ihrer Wünsche und Träume zurück? Warum wollen Sie diese verwirklichen? Warum wollen Sie die einzelnen Ziele erreichen? Noch mal zur Klarstellung - es geht nicht darum, Sie von Ihren Träumen abzubringen oder bestimmte Wünsche als etwas Schlechtes darzustellen.

Es ist zum Beispiel absolut in Ordnung, wenn Sie gerne reich wären, einen Ferrari fahren und ein großes Haus besitzen wollen. Machen Sie sich nur klar, warum Sie das wollen. Erstens gibt Ihnen das Warum hinter einem Ziel wesentlich mehr Kraft und Ausdauer um es zu erreichen. Zweitens wird Ihnen der Weg dahin wesentlich mehr Spaß machen. Und drittens werden Sie dadurch erkennen, wenn Sie das ursprüngliche Ziel eigentlich gar nicht brauchen oder es auf anderem Wege besser erreichen können.

Im Prinzip besteht jedes Ziel aus zwei Teilen, dem äußeren Teil, der klar erkennbar und messbar ist und dem inneren Teil, welcher gleichzeitig mit verfolgt wird. Wobei das innere Ziel im Normalfall das Wichtigere für Sie ist. Wenn Sie ein hohes Einkommen anstreben oder finanzielle Freiheit, dann verbinden Sie etwas ganz Bestimmtes mit dieser Vorstellung. Finanzielle Freiheit bedeutet für den einen Unabhängigkeit und Freiraum für Dinge, die man gerne tun möchte. Für den anderen bedeutet es Sicherheit und Sorgenfreiheit. Warum ist das so wichtig?

Eine Journalistin gewann bei Günter Jauch 500.000 € - vielleicht haben Sie die Story ja mitbekommen. Sie erfüllte sich damit Ihren Traum und lebte ein Jahr lang, jeden Monat in einer anderen Stadt und in einem anderen Land und sie arbeitete unterwegs einfach weiter, nur eben mit der Sicherheit vom gewonnenen Geld leben zu können. Falls sich also die Artikel nicht verkauft hätten, das Geld war ja da. Tatsächlich kam sie nach einem Jahr wieder nach Deutschland zurück und vom Gewinn hatte sie so gut wie nichts anrühren müssen. Sie hätte ihren Traum schon lange leben können, auch ohne die finanzielle Reserve. Finden Sie deshalb bei jedem Ziel heraus, was Ihr äußeres Wunschergebnis und was Ihr inneres Wunschergebnis bei der Zielerreichung ist. Vielleicht können Sie es ja direkt oder auf einem anderen Weg erreichen.

Stellen Sie sich deshalb die Frage: Kann ich meinen Traum, mein Ziel eventuell auch anders erreichen? Was will ich wirklich? Was bin ich oder werde ich, wenn ich das Ziel erreicht habe? Was verändert sich? Was verbinde ich mit dem Ziel? Was habe oder bin ich dann nicht mehr? Was kann ich dann tun oder sein? Was muss ich dann nicht mehr tun oder sein? Klarheit ist Macht, heißt ein Vortrag von Brian Tracy, dem berühmten, amerikanischen Trainer, denn Klarheit zeigt Ihnen letztlich den Weg in ein glückliches und erfülltes Leben.

Versteifen Sie sich hier nicht darauf, den großen Lebenstraum sofort zu finden. Es kann auch eine bestimmte Tätigkeit sein, die Sie erfüllt und mit der Sie einen Großteil Ihrer Tage zubringen möchten. Vielleicht ergibt sich das große Lebensziel, der Sinn und Zweck Ihrer Existenz im Lauf der Zeit, wenn Sie Ihrer Lieblingsbeschäftigung nachgehen. Bei den meisten unserer erfolgreichen Interviewpartner hat sich das persönliche Traumleben erst mit der Zeit und nach vielen Umwegen heraus kristallisiert, ohne dass sie frühzeitig wussten, wo das Ganze noch hinführt. Es war nur das Gefühl im Moment das Richtige zu tun, auch wenn sich der Sinn erst später erschließt. Nehmen Sie sich also wieder genügend Papier oder ein neues Dokument in Ihrer Software und schreiben Sie wieder so lange, bis Ihr Unterbewusstsein antwortet und Ihnen danach nichts mehr einfällt.

Wenn Sie möchten, können Sie diese Übung wiederholen, nachdem Sie ein oder zwei Nächte darüber geschlafen haben und das neu Gelernte verdaut ist. Beauftragen Sie Ihr Unterbewusstsein vor dem Einschlafen, Ihnen am nächsten Tag die nötigen Erkenntnisse zu liefern. Auch wenn Ihnen das seltsam vorkommen mag. Probieren Sie es einfach aus. Was haben Sie zu verlieren? Und was können Sie gewinnen wenn es klappt?

Der Weg ist das Ziel oder „Ein Leben gegen 5 Minuten Ruhm"

Es geht weiter in der Fragestunde. Viele Menschen opfern einen Großteil ihres Lebens um irgendwann ein fernes Ziel zu erreichen. Wenn sie es dann endlich erreicht haben bleibt ihnen kaum Zeit um den verdienten Erfolg zu genießen, bis sich ein Gefühl der Leere einstellt. Sie haben ihr Ziel zum Lebensinhalt und zum Zweck ihrer Existenz erhoben und jetzt, da es erreicht ist, hat ihr Leben seinen Sinn verloren. Sie haben einen Großteil ihres Lebens geopfert für fünf Minuten Ruhm und Zielerreichung.

Kennen Sie solche tragischen Fälle? Die Zeitungen und Geschichtsbücher sind voll davon. Abgestürzte Stars, selbstmordgefährdete Politiker und Unternehmer oder sonstige Menschen, die aus der Sicht der Normalbürger, alles erreicht haben, wovon andere nur träumen können. Es liegt fast immer daran, dass deren Bedürfnisse nicht befriedigt wurden.

Sie sind zwar bedeutend, haben oft Großes geschaffen und erreicht, aber beim einen ist die Liebe auf der Strecke geblieben, der andere hat vergessen einen Beitrag zu leisten und wieder andere kamen nicht mehr aus der Schublade in die sie sich selbst manövriert haben. Wenn der Popstar oder der Fußballstar plötzlich merken, dass die jubelnden Massen gar nicht sie, sondern die Rolle lieben, die sie spielen oder den Erfolg, den sie verkörpern, dann kann sich schnell ein Gefühl der Leere und der persönlichen Bedeutungslosigkeit einstellen. Nicht wenige versuchen dieses Defizit dann mit Drogen, Sex und Konsumexzessen auszugleichen, aber das klappt nur für kurze Zeit. Danach kommen derartige Gefühle mit verstärkter Kraft zurück.

Deshalb ist bei der Betrachtung Ihres Traumlebens, und der damit verbundenen Ziele, ein Blick auf den Weg eminent wichtig. Auf den Weg nämlich, den Sie gehen müssen oder dürfen, um an Ihr Ziel zu gelangen. Wer oder was müssen Sie werden, um Ihre Ziele zu erreichen? Was müssen Sie können? Wie müssen Sie sein? Welche Charaktereigenschaften werden Sie benötigen? Wird der Weg Ihnen Freude bereiten oder wird es ein einziger, langer Opfergang?

Wird Ihnen der Mensch gefallen, der Sie werden müssen? Wollen Sie wirklich der oder die werden, die Sie sein müssen um Ihre Ziele zu erreichen? Beispielsweise muss ein erfolgreicher Geschäftsmann nicht zwangsläufig über Leichen gehen, aber er muss definitiv auch mal seine Ellenbogen einsetzen können um sich gegen Konkurrenten und andere Hindernisse durchzusetzen. Wollen und können Sie das?

Oder haben Sie ein großes, sportliches Ziel? Dann werden Sie hart trainieren und auf vieles verzichten müssen? Sind Sie dazu bereit? Alles hat seinen Preis. Finden Sie heraus, wie hoch der ihrer Ziele ist und ob Sie bereit sind, ihn zu bezahlen. Denn der Weg ist das eigentlich Wichtige in Ihrem Leben, nicht das Ziel.

Welchen Sinn hat es 20 Jahre Verzicht zu üben, um einen Tag die Zielerreichung zu feiern und sich gut zu fühlen? Besser 20 Jahre voller Glück und Freude auf dem Weg zum Ziel - unabhängig von dessen Erreichung. Unabhängig von der Vollendung werden Sie ein tolles Leben führen. Wenn Ihnen also das harte Training, wenigstens die meiste Zeit Spaß macht oder Sie zumindest überzeugt sind, dass die Zielerreichung das Opfer wert ist und die Arbeit an Ihrem großen Ziel Sie erfüllt, dann lassen Sie sich um Gottes Willen von niemandem davon abhalten. Gehen Sie es an. Aber checken Sie das vorher ab. Die späte Erkenntnis hinterher hilft Ihnen nichts mehr. Nehmen Sie sich also bitte hier ebenfalls wieder genügend Zeit und gehen Sie Ihre Ziele durch. Wird der Weg zu diesen einzelnen Zielen Sie erfüllen oder ist das Ziel zumindest die notwendigen Opfer wert? Was genau wird sein, wenn Sie das Ziel angehen? Wie wird das aussehen, wenn Sie es erreicht haben? Welche Werte und Glaubenssätze müssen Sie verändern? Und wie wollen Sie das umsetzen?

Sie können dabei nicht alles voraussehen, was auf Sie zukommen wird, aber spätestens bei der Planung werden zumindest einige Aspekte sichtbar werden. Und im Grunde werden Sie wissen, was Sie ändern müssen. Je mehr Klarheit Sie sich im Vorfeld verschaffen, desto weniger Enttäuschungen müssen Sie später hinnehmen. Annäherung ist allerdings auch hier Trumpf. Das heißt, übertreiben Sie es nicht mit der Analyse und den „Was-wäre-wenn-Spielchen", sonst können Sie Ihr Leben damit zubringen. Verschaffen Sie sich einen Überblick und im Zweifelsfall legen Sie los. Viele Erkenntnisse und Kurskorrekturen werden sich sowieso erst auf dem Weg ergeben.

Authentizität – Alle Mann an Bord?
Übereinstimmung der Ziele mit den Werten

Im nächsten Schritt gehen wir noch einmal explizit auf Ihre Werte ein und zwar im Hinblick darauf, ob Ihre Ziele zu diesen Werten passen. Prüfen Sie deshalb Ihre Ziele nun, ob sie Ihren Werten entsprechen oder ob sie diesen sogar entgegen stehen. Sie werden sich immer wieder selbst sabotieren, wenn es Konflikte zwischen Ihren Werten und Ihren Zielen gibt. Und die Werte werden mittel- bis langfristig immer gewinnen. Eine Zielerreichung wird dadurch fast unmöglich und der Weg wird zur Qual statt zur Freude.

Nehmen wir also an, Ablehnung ist Ihr größter Vermeidungswert und Sie haben das Ziel ein erfolgreicher Verkäufer zu werden. Werden Sie Ihr Ziel erreichen? Es wird zumindest sehr schwer für Sie werden. Sie müssen sich also entscheiden. Entweder Sie verändern Ihre Werte, sprich Sie lernen mit Ablehnung umzugehen oder Sie suchen sich ein anderes Ziel.

Hier spielt das Warum natürlich eine große Rolle. Wenn es Ihnen bei dem Ziel ein erfolgreicher Verkäufer zu werden darum geht reich zu werden, dann gibt es sicher Alternativen. Wenn es Ihnen aber darum geht Bedeutung und Selbstsicherheit zu gewinnen, weil Sie eigentlich gerne verkaufen, dann müssen Sie wohl oder übel an dem Wert arbeiten. Gleichen Sie deshalb bitte alle Ziele mit Ihrer Werteliste ab. Wo könnte es Konflikte geben und wie wollen Sie damit umgehen?

Werfen Sie danach noch einen Blick auf die großen fünf Bereiche Ihres Lebens. Sind alle ausreichend berücksichtigt? Ich gehöre nicht zu den Menschen die behaupten alle Bereiche müssten gleich berücksichtigt sein, weil ich weiß, dass das nicht möglich ist. Jedenfalls nicht die ganze Zeit. Es wird immer Phasen geben, in denen die Aufmerksamkeit eher im Beruf gefordert ist. Andere Phasen gehören der Familie und manche Menschen lassen einen oder mehrere Bereiche ganz außen vor. Letzteres führt natürlich irgendwann zu Problemen.

Damit das Lebensrad rund laufen
kann, sollten seine Speichen
ungefähr gleich lang sein.
Nicola Fritze

Obwohl es uns natürlich nicht immer gelingen kann, alles im Lot zu halten und allen Bereichen immer gleich viel Aufmerksamkeit zu schenken, so müssen wir trotzdem für Ausgleich sorgen. Wer einzelne Bereiche dauerhaft zu kurz kommen lässt, wird alles andere auch riskieren. Die Bereiche Gesundheit, Familie/Beziehungen, Beruf/Karriere, Finanzen und Spiritualität/Sinnfindung sind zu stark ineinander verwoben, als dass der Schaden in einem Bereich sich nicht auf alle anderen auswirken würde. Ein Mangel an Finanzen wirkt sich fast immer auch auf die Beziehung zur Familie aus, genau wie die Gesundheit darunter leiden kann.

Wenn Sie zu lange nicht auf Ihre Gesundheit achten, wird sich das auf alle anderen Bereiche irgendwann negativ auswirken, nämlich dann, wenn Sie sich nicht mehr ausreichend um sie kümmern können, weil Sie krank sind. Dasselbe gilt, wenn Sie geistig und seelisch verkümmern. Sorgen Sie also dafür, dass Sie keinen Bereich bei Ihrer Zielsetzung vergessen, um ein halbwegs rundes und lauffähiges Lebensrad zu erstellen.

Gibt es bessere Alternativen für meine Ziele?

Eine wichtige Frage ist noch offen. Wir haben es in einem der vorangegangenen Kapitel zwar schon angerissen, aber hier möchte ich noch einmal explizit darauf eingehen. Nachdem wir nun wissen, dass hinter jedem Ziel ein bestimmtes Bedürfnis und eventuell ein bestimmter Glaubenssatz steckt, wäre es von Vorteil, wenn Sie Ihre Ziele noch einmal einer Überprüfung unterziehen würden. Brauchen Sie genau das, was Sie sich als Ziel aufgeschrieben haben oder können Sie das, was Sie damit erreichen wollen, vielleicht auf anderem Wege sogar besser erreichen?

Gibt es Alternativen zu Ihrem Ziel? Nehmen wir an, Sie wollen ein berühmter Popstar werden, weil es Ihnen Bedeutung verleihen würde und andere Menschen Sie bewundern würden. Wenn aber der Klang Ihrer Stimmbänder eher den Ruf nach Ohrenschützern auslösen, als den nach einer Zugabe, dann wird das kein angenehmer Weg für Sie. Aber es gäbe vielleicht die Möglichkeit ein guter Komponist zu werden oder ein passendes Instrument zu lernen und die Leadsänger-Rolle jemand anderem zu überlassen. Oder Sie finden eine andere Aufgabe, die Ihnen ebenfalls Bedeutung und Bewunderung einbringt.

Grundsätzlich ist die Frage entscheidend, ob der Zweck der Zielerreichung nachher im Außen oder im Innen liegt. Streben Sie etwas an, um andere zu beeindrucken oder zu etwas zu veranlassen oder streben Sie es an, weil es Sie selbst erfüllt und glücklich macht, unabhängig davon was andere davon halten. Bedeutung und Bewunderung anzustreben ist dabei genauso wenig schlecht, wie der Wunsch reich zu werden.

Es geht nur um die Frage, wofür Sie das anstreben. Für sich und Ihr eigenes Glücksempfinden oder um vor anderen Menschen besser da zu stehen, sie zu beeindrucken oder deren Vorstellungen gerecht zu werden. Die Grenze verläuft hier fließend. Schließlich geht es den meisten von uns so, dass wir möchten, dass unsere Eltern, unsere Lebenspartner, unsere Kinder, die restliche Familie oder die Freunde stolz auf uns sind.

Daran ist grundsätzlich nichts auszusetzen, solange wir uns nicht alleine daran ausrichten. Tun Sie das, was Sie vorhaben zunächst einmal für sich und fragen Sie sich: Würde ich dieses Ziel anstreben, wenn es niemand mitbekommen würde? Wenn außer mir niemand davon erfahren würde, dass ich dieses Ziel erreicht habe, würde ich es trotzdem verfolgen, einfach nur für mich selbst?

Bei den Zielen, auf die das nicht zutrifft, fragen Sie sich, wie wichtig es Ihnen ist, es trotzdem für andere anzugehen. Die Zuneigung Ihrer Familie und Freunde ist bei genauer Betrachtung nämlich nur sehr selten von dieser Art von fremdmotiviertem Erfolg abhängig. Und wenn doch, dann sollten Sie vielleicht einen genaueren Blick auf die Art der Beziehung werfen.

Ich weiß, das alles verlangt viele Überlegungen und es mag der Eindruck entstehen, diese vielen Fragen würden eher zur Verwirrung, als zur Zielerreichung beitragen. Tatsächlich sind die herkömmlichen Zielsetzungsprogramme da wesentlich einfacher. Ziel identifizieren – messbar festlegen – Plan machen – an der Umsetzung arbeiten – fertig.

Auf diese Weise würden Ihnen außerdem auch mehr Ziele übrig bleiben. Je mehr Sie Ihre Ziele hinterfragen, desto mehr davon werden erfahrungsgemäß durchs Raster fallen. Aber tatsächlich ist Verwirrung die Vorstufe zur Klarheit. Wenn Sie sich zwischendurch einfach überfordert fühlen, beantworten Sie die Fragen bitte trotzdem. Lassen Sie das Ganze eine Weile ruhen und wiederholen Sie es dann noch einmal. Dadurch werden Ihnen am Ende weniger Ziele übrig bleiben, aber dafür welche, die Sie mit ganzem Herzen verfolgen können und bei denen Ihnen schon der Weg Freude, Erfüllung und persönliches Wachstum bescheren wird. Ein, wie ich meine, lohnender Grund für ein wenig geistigen Muskelkater.

Die Kunst der richtigen Zielsetzung

Wir nähern uns nun der Schlussphase des theoretischen Teils Ihres Wegs vom Traum zum Ziel. Es gibt jede Menge Literatur zum Thema Zielsetzung und ebenso viele Seminare aus diesem Bereich. Fast alle Inhalte stimmen im Kern, in den wichtigsten Punkten überein, die da sind:

- Formulieren Sie Ihr Ziel in der Gegenwartsform, so als hätten Sie es bereits erreicht.
  „Ich, Ihr Name, verdiene jetzt, XY Euro pro Monat.
  Alternativ wird an manchen Stellen, die Formulierung als Absichts-

erklärung bevorzugt.

„Ich, Ihr Name, will ab dem –Datum- XY Euro pro Monat verdienen." Suchen Sie sich aus, womit Sie sich wohler fühlen. Die erste Variante soll dem Unterbewusstsein vortäuschen, etwas sei bereits erreicht, damit dieses für den Ausgleich in der Realität sorgt. Der Nachteil ist, dass unser Verstand die ganze Zeit meckert und die derzeitige Realität als Gegenbeweis anführt.

Bei Variante 2 umgehen wir dieses Problem und teilen dem Unterbewusstsein mit, was wir wollen. Sozusagen ein Auftrag. Das ist etwas schwächer als Variante 1, aber dafür ist die Gegenwehr des Verstandes ebenfalls abgeschwächt.

- Seien Sie präzise in der Zielformulierung, sonst wird Ihnen Ihr Wunsch auf eine Art und Weise erfüllt, die Ihnen nicht gefallen wird. Je genauer Sie formulieren was Sie wollen und wie Sie es erreichen wollen, desto klarer werden Ihre Ergebnisse und Aktionen sein. Es gibt ja genügend Geschichten, bei denen sich jemand ein großes Vermögen gewünscht hat und es dann in Form einer ausgezahlten Lebensversicherung eines geliebten Menschen erhielt. Sie müssen nicht an derlei schicksalhafte Zusammenhänge glauben, aber sorgen Sie trotzdem für eine klare Aussage, was Sie auf welche Weise erreichen wollen, zum Beispiel:
  „Ich wiege jetzt XY kg, weil ich auf gesunde Art und Weise für Bewegung sorge die mir Spaß macht, mich gesund und bewusst ernähre und XY durch Z ersetze."

- Versehen Sie jedes Ziel mit einem exakten Zeitpunkt, wann Sie es erreicht haben wollen. Jede Aufgabe lässt sich sonst fast unendlich ausdehnen. Eine Deadline sorgt für die nötige Dringlichkeit und wirkt dem Drang nach Perfektion in uns entgegen, alles immer noch weiter zu verschlimmbessern. Versehen Sie jedes Ziel mit einem festen Datum, wann es erreicht sein soll. Tun Sie dies im Bewusstsein, dass Sie sich dabei auch mal verschätzen können und dürfen. Das ist keineswegs schlimm. Lieber ein Datum, das sich später als nicht haltbar erweist, als gar keines oder eines das zu weit in der Zukunft liegt. Diese Deadline bietet Ihnen Orientierung und eine Ausrichtung der späteren Teilziele, die daraus abgeleitet werden. Und nicht selten landet man ganz in der Nähe des festgelegten Zeitpunktes.

- Ist Ihr Ziel messbar? Also eine genaue Zahl bei der Gewichtsreduzierung, eine genaue Summe beim Vermögensaufbau oder beim Verdienst, eine genaue Anzahl von Mitarbeitern beim Unternehmensaufbau etc.
  Was nicht messbar ist, ist auch nicht kontrollierbar. Auch wenn es meiner Meinung nach wichtigere Aspekte gibt als den der Messbarkeit, hilft es Ihnen doch den Überblick zu behalten und auf dem Weg zu bleiben.
  Allerdings gibt es auch Ziele, da haut das mit der Messung nicht so richtig hin. Zum Beispiel wenn Sie sich zum Ziel gesetzt haben harmonisch und liebevoll mit Ihrer Familie zu leben und immer weiter achtsam an Ihren Beziehungen zu arbeiten.
  Hier können fest vermerkte Zeitpunkte mit Kontrollfragen diesen Punkt ersetzen. Zum Beispiel: Habe ich mich diese Woche / diesen Monat genug bemüht liebevoll und achtsam mit meiner Familie umzugehen, Zeit mit meinen Kindern zu verbringen, meine Freundschaften zu pflegen usw.? Das ist natürlich eine subjektive Einschätzung, aber das reicht ja in diesem Fall normalerweise aus. Im Zweifelsfall kann man ja die Meinung der anderen Betroffenen mit einbeziehen, oder ein gemeinsames Familienritual daraus machen.

- Ist das Ziel aus eigener Kraft, unabhängig von anderen erreichbar? Hier geht es um die Frage ob die Zielerreichung in Ihrem Einflussbereich liegt. Wenn Sie sich zum Beispiel zum Ziel gesetzt haben eine bestimmte Person zu heiraten, liegt das nicht allein in Ihrem Entscheidungsbereich. Die andere Person hat da ein gewaltiges Wörtchen mitzureden. Wenn Menschen sich in solche Ziele verrennen, die sie nicht alleine beeinflussen können, können die größten, menschlichen Tragödien passieren. Prüfen Sie diesen Punkt deshalb bitte sorgfältig.
  Wenn Sie die Unterstützung anderer Menschen brauchen ist das hingegen eher die Regel als die Ausnahme. Und diese Unterstützung oder Kooperation können Sie im Normalfall finden, wenn Sie sich

nicht auf eine spezielle Person festlegen müssen. Sonst wäre Ihr Erfolg wieder von der Entscheidung dieser Person abhängig, also außerhalb Ihres Entscheidungsbereichs. Das ist zwar bei mehreren Personen die man zur Auswahl hat im Prinzip ebenso, aber die Wahrscheinlichkeit ist einfach höher, dass jemand zusagt.

- Ist Ihr Ziel realistisch erreichbar? Realistisch heißt, mit Ihren Kenntnissen und Fähigkeiten oder den Kenntnissen und Fähigkeiten die Sie erlernen können oder mit den Kenntnissen und Fähigkeiten anderer Personen, die Sie für sich gewinnen können, erreichbar.
Ist es zum Beispiel realistisch eine Million Euro in einem Jahr zu verdienen? Allgemein betrachtet sicher ja. Es gibt genügend Menschen, die verdienen eine Million Euro am Tag. Die wichtigere Frage, die Sie sich also stellen sollten ist: „Ist dieses Ziel für mich und die Kenntnisse und Fähigkeiten auf die ich zugreifen kann realistisch? Und wenn nicht, kann ich diese erlangen?"

Allerdings sollten Sie auch hier nicht zu schnell aufgeben, wenn die erste Einschätzung, ob Ihr Vorhaben realistisch erreichbar ist, „Nein" lautet. Vielmehr könnten Sie zunächst ein bisschen mit dem Gedanken spielen. Ob Sie zum Beispiel eine Million Euro in einem Jahr verdienen können hängt davon ab, ob Sie wissen wie es geht oder zumindest wie es gehen könnte. Wenn Sie im Moment als Angestellter oder als Arbeiter tätig sind oder von Hartz IV leben, werden Sie sehr schnell merken, dass Sie einiges verändern müssen, um in einem Jahr eine Million zu verdienen.

Sie werden ebenfalls sehr schnell merken, dass dies nicht mit einer Erhöhung der Arbeitszeit oder einem Zusatzjob zu machen ist. Im Normalfall brauchen Sie dazu ein System, das Ihnen diese Million verdient. Wie müsste so ein System aussehen, wenn Sie Ihre Werte, Grundbedürfnisse, Stärken und Neigungen mit einbeziehen? Welche Eigenschaften müssten Sie sich zulegen? Welche Fähigkeiten müssten Sie erlernen? Welche Art von Mensch müssten Sie werden? Könnten Sie es dann alleine schaffen oder müssten Sie andere Menschen für Ihre Sache gewinnen? Wenn ja, wie müssten Sie das machen? Was müssten Sie alles in die Wege leiten?

Wenn Sie ein grobes Bild davon vor sich haben, was alles zu tun ist, fragen Sie sich bitte ob das in einem Jahr umzusetzen ist. Und noch wichtiger, ob sie daran glauben können, besser noch davon überzeugt sind, dass es irgendwie klappen wird.

Wenn ja, gehen Sie es einfach mal an, egal wie verrückt es im Moment klingen mag. Was soll schon passieren? Wenn es dann länger dauert, dauert es halt länger. Wenn Sie aber schon beim Planspiel zur Überzeugung gelangen, dass ein Jahr zu wenig ist, dann geben Sie sich eben mehr Zeit. Das Prinzip dahinter ist einfach. Dadurch, dass Sie das scheinbar Unmögliche zumindest theoretisch durchdenken, erweitern Sie Ihr Bewusstsein für die Möglichkeiten und deren Umsetzung. Sie schärfen Ihre Sinne für Ideen. Solange es Ziele sind, die andere bereits erreicht haben, wissen Sie ja bereits, dass es grundsätzlich möglich ist. Und Sie wissen, wenn Sie ein bisschen nachforschen, dass es keine Zauberei ist, sondern Wissen, verbunden mit der notwendigen Anwendung. Ob Sie das alles tun wollen, was notwendig ist, ist ein weiteres Thema um das wir uns gleich noch kümmern.

Zwei eminent wichtige Fragen, die Sie Ihrer Zielformulierung unbedingt sicherheitshalber noch einmal anhängen sollten sind: „Wie kann ich Spaß, Freude und Erfüllung schon auf dem Weg finden?", und "Kann ich an dem Ziel wachsen, während ich es anstrebe?"

Ein Ziel, das von Ihnen keine Veränderung verlangt, ist zu klein um daran zu wachsen und sich zu entwickeln. Das aber ist die Hauptaufgabe eines Ziels.

Analyse - Ein ehrlicher Blick auf das Hier und Jetzt

Folgende Geschichte erzählt der amerikanische Trainer Bob Proctor gerne, wenn es um die Analyse der jetzigen Ausgangslage geht.

Er erzählt von Michelangelo, der den Marmorblock sah, der David enthielt und der bereits von zwei anderen berühmten Bildhauern zerhauen, angemeißelt und geschunden worden war. Es handelte sich um ein riesiges Stück Marmor, fast neun Meter hoch, aber es sah völlig ruiniert aus. 1462 hatte Agostino di Duccio versucht eine Statue daraus zu meißeln, aber er entschied, dass der Stein zu sehr mit Adern durchzogen war, die die Marmorstruktur schwächten. 1476, also 14 Jahre später, machte Antonio Rossellino einen weiteren Versuch etwas aus diesem großen Klotz Marmor zu machen, gab das Projekt aber wenige Tage später aufgrund „technischer Schwierigkeiten" mit dem Stein auf. Als Leonardo da Vinci gebeten wurde den Stein zu bearbeiten hat er nur einen Blick darauf geworfen und gesagt, er bleibe lieber bei Bronze.

Da lag also der Marmor. Es verging ein Vierteljahrhundert bis Michelangelo 1501 Hand daran legte. Michelangelo aber verstand, was die anderen nicht erkannt hatten: Der jetzige Zustand des Marmorblocks hatte nichts mit dem David zu tun, der darin enthalten war. Das Äußere – die vernarbte, zerschlagene und vermeißelte Oberfläche – hatte nichts mit dem Meisterwerk zu tun, welches darin enthalten war.

Die Energie, die Schwingungen von David waren immer da gewesen. David wartete geduldig – in der Tat fast ein Jahrhundert – auf jemanden mit der passenden Energie. Jemand, der das Meisterwerk in Angriff nehmen konnte.

Was Bob Proctor damit auf den Punkt bringt ist, dass alles was Sie heute sind oder haben, ein Resultat vergangener Entscheidungen und Ereignisse ist. Egal wie zerhauen, zermeißelt oder angekratzt Ihr Leben im Moment ist, das Meisterwerk wartet im Inneren geduldig auf seine Freilegung.

Die Vergangenheit hat wenig bis gar nichts mit Ihrer Zukunft zu tun. Dass etwas jetzt so ist, wie es ist, heißt noch lange nicht, dass es in Zukunft auch so sein muss. Dass Sie eventuell mittelmäßige oder schlechte Ergebnisse erzielt haben ist das Resultat Ihrer bisherigen Ansätze und Bemühungen. Das heißt lediglich, dass Sie mittlerweile schon ein paar Wege kennen, die nicht zum Ziel führen. Mit besseren Ansätzen können Sie auch die Resultate positiv verändern.

Die folgende Analyse Ihres Ist-Zustandes dient also nicht dazu aufzuzeigen, was Sie alles falsch gemacht haben oder dazu Sie sonst wie zu verurteilen. Es geht lediglich darum, sachlich und ehrlich Inventur zu machen und die Ausgangspunkte festzulegen, von denen aus Sie Ihr Leben gestalten können. Je nachdem wo Sie gerade stehen, kann von dort aus die passende Routenplanung zu Ihrem Traumleben durchgeführt werden.

Gehen Sie dabei aber bitte ohne Bewertungen vor. Die Verlockung ist groß, schon vor dem ersten Schritt aufzugeben, weil Ihnen das Ganze so aussichtslos erscheint. Wenn Sie zum Beispiel mehrere 100.000 € Schulden haben, Ihre Beziehung dadurch in die Brüche ging und Sie gerade den Job verloren haben, dann ist es für Sie deutlich schwieriger positiv ein Traumleben zu planen, als für jemand, der gerade eine Glückssträhne hat. Aber im Prinzip ist es egal von wo aus Sie starten. Nur die Strategie unterscheidet sich von der anderer Menschen. Es ist extrem wichtig, dass Sie diese Tatsache verstehen und verinnerlichen. Es ist völlig egal von wo aus Sie starten. Sie wissen durch die ehrliche, exakte Ist-Analyse einfach nur, was zu tun ist. Das ist der einzige Sinn und Zweck dieser Bestandsaufnahme.

Wenn Sie schon ein ordentliches Einkommen haben, können Sie daraus Ihre finanzielle Freiheit aufbauen, indem Sie für Überschüsse sorgen und diese intelligent investieren. Wenn Sie Schulden und ein sehr geringes Einkommen haben, dann müssen Sie im ersten Schritt nach Wegen suchen, dieses Einkommen zu erhöhen, während die Ausgaben vorübergehend heruntergefahren werden. Danach sparen und investieren Sie so viel wie möglich der eingesparten Summe. Nicht selten kommen diejenigen, die aus einer verzweifelten Situation gestartet sind am Ende am Weitesten.

Wer mehrere Millionen Euro Schulden hat weiß, dass er es mit einem "normalen" Job erst gar nicht versuchen braucht. Er oder sie muss sich etwas Besonderes einfallen lassen, ein System erschaffen, das nicht gedeckt ist und die Grundlage schafft um die Schulden abzubauen und parallel Vermögen aufzubauen. Ist das möglich? Aber natürlich ist das möglich. Es gibt genügend Menschen, die es schon geschafft haben sich nach einer katastrophalen Bauchlandung, gestärkt und reicher als zuvor aus der Asche zu erheben. Das gleiche gilt für alle Bereiche Ihres Lebens. Alles was Sie brauchen ist Klarheit, einen guten Plan, den Mut loszugehen und das nötige Durchhaltevermögen, wenn Hindernisse und Widerstände auftreten.

Bestandsaufnahme

Fangen wir also mit der Bestandsaufnahme an. Schreiben Sie bitte in allen wichtigen Bereichen Ihres Lebens auf, wo Sie gerade stehen, ehrlich und akkurat.

Das Hauptwort hier heißt Ehrlichkeit. Das positive Denken im Sinne von Schönfärberei ist hier absolut fehl am Platz. Wenn Sie abnehmen wollen, sprechen Sie bitte bei 30 kg Übergewicht nicht von kleinen Speckröllchen und sagen Sie auch nicht, sie seien trotzdem sexy, wenn Sie sich nicht zu 100 % so fühlen - und wenn Sie sich zu 100 % so fühlen, warum wollen Sie dann abnehmen?

„Es läuft grade nicht so rund", ist der falsche Ausdruck, wenn ihre Ausgaben schon seit geraumer Zeit die Einnahmen übersteigen. „Die Auftragslage schwankt", ist ebenfalls ungeeignet, wenn Ihr Unternehmen Sie, Ihre Familie und Ihre Angestellten nicht mehr ernährt. „Es könnte besser sein, aber es ist ja überall etwas", beruhigt Sie und lässt Sie in einer ungeliebten Tätigkeit, in einem Unternehmen, in dem Sie sich nicht mehr wohlfühlen o. ä. verharren, wo Sie längst aufstehen sollten, mit der Faust auf den Tisch schlagen sollten oder zumindest in aller Stille etwas anderes machen und sich verabschieden sollten.

„Unsere Beziehung ist grade nicht so optimal, aber das ist ja mit den Jahren bei allen so ...", wie tröstlich, oder? Alle anderen sind genauso bescheiden dran wie ich, also was soll's? Welchen Selbstwert vermittelt Ihnen das? Und welche Botschaft senden Sie da an Ihr Unterbewusstsein? Sie wollen ein Leben nach den eigenen Vorstellungen führen? Nun, ist die Beziehung so, wie Sie sich das vorstellen? Ja oder Nein? Keine Ausflüchte. Wenn nein, was genau stört Sie? Was soll sich verändern? Wie soll Ihr Partner / Ihre Partnerin denn sein? Was soll er oder sie tun damit es Ihnen in der Beziehung besser gefällt?

Und jetzt fragen Sie sich, ob Sie das alles im umgekehrten Fall auch für Ihre Partnerin / Ihren Partner tun?

Sie wollen Liebe? Geben Sie Liebe. Sie wollen Treue? Sind Sie treu? Sie wollen mehr Spaß und Spannung im Bett und dass Ihr Partner / Ihre Partnerin mehr auf Ihre Wünsche und Bedürfnisse eingeht? Nun, kennt er oder sie diese Wünsche? Kennen Sie umgekehrt die Wünsche und Bedürfnisse Ihres Partners / Ihrer Partnerin? Reden Sie offen mit ihr/ihm darüber? Darüber könnte man ein eigenes Buch schreiben. Lieben Sie Ihren Partner / Ihre Partnerin bedingungslos?

Oder nur wenn er oder sie funktioniert? Wenn Ihre Wünsche erfüllt sind und alles nach Ihren Vorstellungen läuft?

Ich bin kein Beziehungsexperte, aber ein ganz passabler Beobachter - und die meisten Beziehungskrisen basieren auf einem Mangel an Kommunikation. Darunter fällt auch, dass geäußerte Wünsche des Partners als Kritik verstanden und als Angriff gewertet werden. Der zweithäufigste Punkt ist Besitzdenken.

Der Partner / die Partnerin bleibt in der Beziehung ein eigenständiger Mensch, kein Besitz, den es zu verteidigen, überwachen und zu formen gilt. Eifersucht ist menschlich, aber sie basiert fast immer auf einem Anfall von Minderwertigkeitsgefühlen, Unsicherheit und mangelndem Selbstwert. Analysieren Sie diese Dinge bitte ehrlich. Sie bilden die Grundlage Ihres späteren Glücks.

Also, was ist wirklich Ihre Ausgangssituation? Von wo aus starten Sie? Es geht nicht darum sich fertig zu machen und sich daran aufzuhängen was alles nicht passt, sondern um die Festlegung der Ausgangssituation - nicht mehr und nicht weniger.

Schreiben Sie jetzt bitte auf ein leeres Blatt Papier den Bereich **Gesundheit**. Was ist Ihre Ausgangslage hier? Wie ist Ihr Gesamtzustand? Haben Sie Krankheiten? Nehmen Sie regelmäßig Medikamente? Wie ist das Gewicht? Schreiben Sie alles auf, auch und vor allem Bereiche mit denen Sie sich nur ungern beschäftigen.

Nehmen Sie dann ein neues Blatt und schreiben Sie **Beruf/Karriere** darauf und schreiben Sie hier ebenfalls alles auf. Wo stehen Sie gerade? Tun Sie überwiegend das, was Sie gerne tun? Sind Sie in der Position, die Sie wollen? Wie viel verdienen Sie? Empfinden Sie das als genug? Was tun Sie den lieben langen Tag und bereitet Ihnen das Freude? Schreiben Sie alles auf, was Ihnen dazu einfällt.

Das Wort **Finanzen** sollte auf Ihrem nächsten Blatt stehen. Wie hoch ist Ihr derzeitiges Nettovermögen? (Nettovermögen = Spareinlagen, Aktien und sonstige Anlagen abzüglich aller Schulden, inklusive Leasing etc.) Erwirtschaften Sie passives Einkommen aus Ihrem Vermögen? (Miete, Zinsen, Dividenden usw.) Wie verläuft Ihr Geldfluss? Woher kommt Ihr Geld und wohin fließt es? Nehmen Sie sich die Zeit, falls Sie das nicht schon getan haben, und zeichnen Sie auf wofür Sie Ihr Geld ausgeben und wo es herkommt.

Beim nächsten Blatt geht es um **Familie und Beziehungen**. Wie sieht es mit Ihrer Partnerschaft aus? Oder leben Sie als Single? Wenn ja, bewusst oder weil Sie niemand finden? Wenn Sie suchen, wie sieht Ihr Traumpartner/in aus bzw. wie ist er oder sie? Wie zufrieden sind Sie mit Ihren Freundschaften? Wie gut sind Ihre Geschäftsbeziehungen? Haben Sie Kunden, Mitarbeiter, Geschäftspartner, mit denen Sie gern zu tun haben? Wie sieht es mit Ihrem Sexleben aus? Sind Sie immer noch begeistert, mittlerweile enttäuscht oder zufrieden? Würden Sie gerne etwas ändern? Wenn ja, was? Ergänzen Sie diese Listen nach Belieben. Schreiben Sie alles auf.

Und last but not least geht es um das Thema **Spiritualität und Sinnhaftigkeit**. Schreiben Sie bitte auf, wie Ihr derzeitiger Stand der Dinge ist. An was glauben Sie? Gibt es für Sie etwas Übergeordnetes, etwas Heiliges? Oder glauben Sie nur, was Sie mit Ihren fünf Sinnen erfassen können? Wenn ja, sind Sie damit glücklich? Was treibt Sie an? Was ist Ihre Motivation mehr aus Ihrem Leben zu machen? Was ist der Sinn Ihres Lebens oder was haben Sie bisher dafür gehalten? Erfüllen wir Ihrer Meinung nach ein vorgegebenes Schicksal oder kreieren wir unser Schicksal selbst? Schreiben Sie auf, wie Ihre derzeitigen Überzeugungen sind und wie Sie sich damit fühlen.

Ursachenforschung

Daraus ergibt sich nun eine gute Gelegenheit ein bisschen Ursachenforschung zu betreiben. Bitte machen Sie hier erst weiter, wenn Sie Ihre Listen gefüllt haben und Ihnen nichts mehr einfällt. Danach suchen Sie sich bitte die markantesten Punkte heraus. Wo liegen gerade die Probleme, die Sie am meisten belasten? Was liegt Ihnen gerade am meisten am Herzen? Hinterfragen Sie diese Punkte und schreiben Sie diverse mögliche Ursachen auf, warum dieser Punkt so ist, wie er heute ist. Warum haben Sie z. B. Übergewicht? War das immer schon so? Oder wenn nein, seit wann besteht das Problem? Was verbinden Sie Positives mit ungesundem Essen oder mit Essen allgemein? Was hält Sie vom Sport ab? Was verbinden Sie damit?

Schreiben Sie alles auf, was Ihnen dazu einfällt, vor allem dann, wenn Ihnen bewusst nichts mehr einfällt. Schreiben Sie trotzdem eine Weile weiter, notfalls wiederholen Sie Punkte oder schreiben Sie irgendetwas auf, was Ihnen gerade in den Sinn kommt. Oft treten wichtige, unbewusste Informationen, erst dann zu Tage.

Der Inhaber eines mittelständischen Unternehmens war dafür bekannt, dass er weder Mitarbeitern noch Kunden oder Lieferanten über den Weg traute. Er fühlte sich ständig bedroht und er dachte, alle Welt wolle ihn über den Tisch ziehen. Wie sich herausstellte, hatte er selbst früher als Angestellter in die eigene Tasche gewirtschaftet und hatte seinen damaligen Chef hintergangen. In seinem Weltbild, das er sich dadurch geschaffen hatte, waren die Menschen alle Betrüger und man musste sie überwachen, sonst raubten sie einen aus.

Ein anderer Bekannter hatte einen absoluten Kontroll-Tick. Er musste tausendmal schauen ob alles abgeschlossen war, wenn er das Haus verließ oder das Auto parkte. Und das, obwohl nie bei ihm eingebrochen wurde oder etwas von ihm gestohlen wurde. Es schien, als wäre dieser Tick völlig grundlos entstanden. Bis ich ihn fragte, ob er selbst vielleicht schon mal geklaut hätte oder irgendwo eingebrochen war. Danach war die Sache geklärt. In seiner Jugend waren er und seine Freunde in der Nachbarschaft eingestiegen. In seinem Weltbild gab es jede Menge Bedarf, alles zu verriegeln und zu schützen.

Überprüfen Sie also die wichtigsten Punkte Ihrer Aufschriebe in allen fünf Bereichen. Wo stehen Sie? Was belastet Sie daran? Was gefällt Ihnen? Was gefällt Ihnen nicht? Warum sind Sie da, wo Sie jetzt sind? Wie sieht Ihr Weltbild in diesem Bereich aus und was könnte die Ursache dafür sein?

Danach haben Sie die Ausgangsposition für Ihr zukünftiges Leben ausgearbeitet. Von hier aus können Sie nach passenden Strategien suchen, um die Lücke zwischen Ihrem jetzigen und Ihrem Traumleben zu schließen bzw. zu überbrücken.

Aber Achtung. Man kann sich im Grübeln über die Gründe der bisherigen Ergebnisse auch verlieren. Es geht darum wertvolle Hinweise zu finden, was wir in Zukunft anders machen können und wo wir ansetzen müssen um möglichst schnelle und nachhaltige Veränderungen herbei zu führen. Sobald Sie diese Übung gründlich durchgeführt haben und Sie die Erkenntnisse daraus gewonnen haben, muss der Blick nach vorne gehen. Es bringt nichts, auch noch den kleinsten Grund für bestimmte Dinge herausfinden zu wollen. Erstens sind die Zusammenhänge meist ohnehin zu umfangreich und zu komplex um alles bis ins Details auszuarbeiten. Und zweitens ist das auch nicht alles wichtig.

Wenn ich beispielsweise die wesentliche Ursache herausgefunden habe, warum ich immer wieder Probleme in meinen Partnerschaften habe, dann muss ich nicht endlos lange weiter graben, sondern kann damit arbeiten und die Zeit lieber darauf verwenden, die Dinge in Zukunft besser für mich zu gestalten. Alles mit Maß und Ziel, wie man so schön sagt.

ENDLICH - Planung und Vorbereitung

Nachdem Sie nun Klarheit über Ihre Ziele und Ihre heutige Lage haben, geht es nun an die konkrete Planung und hauptsächlich um die Frage WIE? Wie können Sie nun endgültig Realität aus Ihren Träumen entstehen lassen?

Bevor wir starten möchte ich aber noch eines vorausschicken. Ein Plan ist eine Art geistige Vorarbeit, die wichtig ist um spätere Ereignisse vorauszudenken und eventuelle Hindernisse frühzeitig zu erkennen. Außerdem hilft uns ein gut strukturierter Plan dabei, uns zurecht zu finden und uns nicht zu verlaufen, wenn Sie so wollen. Eines jedoch kann ein Plan nicht, nämlich von Dauer sein. Beim Militär gibt es einen Spruch der dies verdeutlicht: "Kein Plan übersteht den ersten Feindkontakt."

Genau betrachtet ist das auch logisch, denn der Feind, oder betrachten wir es weniger militärisch, die anderen Beteiligten, haben ja ihre eigenen Pläne. Diese entsprechen nur sehr selten den unseren. Es werden also laufende Anpassungen erforderlich sein auf Ihrem Weg. Planen Sie deshalb so gut wie möglich, aber verwenden Sie nicht Ihre ganze Energie auf einen Bereich, der später sowieso angepasst werden muss. Egal wie akkurat Sie planen.

Ob das Militär nun eine sinnvolle Einrichtung ist oder nicht, darüber gehen die Meinungen weit auseinander, aber für die Planung unserer Traumverwirklichung können wir einiges lernen. Früher galt vor allem eines beim Militär - das Prinzip Befehl und Gehorsam. Wenn der Dienstgradhöhere etwas befahl hatte der Untergebene auszuführen, egal wie blödsinnig der Befehl auch sein mochte.

Im Großen und Ganzen ist das immer noch so und durch die besondere Situation in Kampfhandlungen ist das auch ein Stück weit gerechtfertigt. Allerdings hat man erkannt, dass sich eine Armee durch reine Einhaltung der Befehlskette und die Umsetzung eines einmal gefassten Plans, nicht erfolgreich führen lässt. Kein Plan übersteht den ersten Feindkontakt. Somit sind schnelle, zielorientierte Anpassungen vor Ort erforderlich, sollten Teile des Plans nicht ausführbar sein.

Deshalb fügte man den Befehlen, vor allem in der US-Army, den sogenannten Commanders Intent (CI) hinzu, eine Art Absichtserklärung des Befehlshabenden. Dem Plan und den damit verbundenen Anweisungen wurde das Ziel, die Absicht hinter dem Vorgehen, vorangestellt. Da stand dann nicht mehr der reine Befehl, sondern etwas wie: "Wir wollen mit allen Mitteln unsere Verteidigungslinie halten. Dazu gehen wir wie folgt vor: …" Wenn jetzt einzelne Schritte des Plans durch die Entwicklung der Ereignisse undurchführbar wurden, wusste trotzdem jeder um was es ging und konnte entscheiden, wie man das Ziel trotz der Planänderung noch erreichen konnte.

Genau dasselbe möchte ich Ihnen ebenfalls empfehlen. Schreiben Sie bei jedem Planungsschritt dazu, was Sie damit bezwecken und warum Sie diesen Schritt so planen. Dadurch bewahren Sie sich die nötige Flexibilität, die Sie auf Ihrem Weg brauchen werden. Auch Ihr Plan wird den ersten Feindkontakt, den Kontakt mit der Realität nicht unversehrt überstehen. Flexibilität auf dem Weg ist das beste Werkzeug um dieser Tatsache zu begegnen. Nun aber zur Planung. Viel Spaß dabei.

Die Lücke sichtbar machen und deren Schließung planen

Stellen Sie bitte jetzt Ihre Ziele und Ihre derzeitige Situation gegenüber. Zeigen Sie sich selbst die Lücke zwischen Ihrem Ausgangspunkt und Ihrem Ziel auf. Tragen Sie in Ihren Zielplan alles ein was aktuell Sache ist und stellen Sie diesem Startpunkt das Zielbild gegenüber.

In der Folge geht es darum, wie Sie die Lücke schließen können. Wie kommen Sie an Ihr Ziel? Gehen Sie dabei bitte folgendermaßen vor:

1. Nehmen Sie sich ein Blatt Papier pro Ziel das Sie konkret angehen wollen. Schreiben Sie noch einmal exakt auf das Blatt was Sie bis wann erreicht haben wollen oder erreicht haben werden.
   Zum Beispiel:
   Ich bin ein erfolgreicher Buchautor, mit XY Auflage bis ... Datum - oder - Ich will bis zum ... ein erfolgreicher Buchautor mit XY Auflage sein.

2. Schreiben Sie darunter was Sie bereit sind dafür zu tun. Zum Beispiel: Schreibtechnik optimieren – Schreibseminare besuchen – jemand für Lektorat und/oder konstruktive Kritik für mein Vorhaben gewinnen – Autorenplattformen nutzen – ein Skript meiner Buchidee erstellen – einen passenden Literaturagenten finden – mir genügend Zeit zum schreiben einräumen – diszipliniert 5 x die Woche mindestens 2 Stunden am Buch zu arbeiten – oder eine bestimmte Anzahl Seiten pro Tag schreiben etc.
   Dafür muss ich folgende Eigenschaften und Fähigkeiten entwickeln: Disziplin, Ausdauer, mit Worten Bilder erzeugen, anstatt alles zu beschreiben, Dialoge zu schreiben, einen Spannungsbogen aufzubauen, überraschende Wendungen in eine Geschichte bringen usw.

3. Ordnen Sie nun die notwendigen Schritte in einzelne Aufgaben und setzen Sie sogenannte Meilensteine. Im obigen Beispiel könnte das folgendermaßen aussehen:
   Diese Woche: nach Autorenportalen und Seminarangeboten suchen.
   Nächste Woche: Buchideen sammeln oder konkretisieren, ersten

Entwurf für den Plot schreiben.
KW XY: Literaturagenten suchen und eine Auswahl auflisten usw.
Setzen Sie dabei Meilensteine, z. B. Skript fertig bis 31.03.

4. Schreiben Sie noch einmal ganz konkret mit auf das Blatt warum Sie
    dieses Ziel erreichen werden und warum Sie es erreichen müssen.
    Die Gefahr ist sonst groß, dass Sie dies im Alltag aus dem Fokus ver-
    lieren. Schreiben Sie bitte, wie eingangs beschrieben, bei jedem Pla-
    nungsschritt Ihre Absicht dazu, welche Sie damit verfolgen. Das er-
    höht ihre Reaktionsfähigkeit und Flexibilität auf dem Weg.

5. Betrachten Sie Ihren ganzen Plan als etwas Flexibles das sich den Ge-
    gebenheiten anpasst. Wenn es links um ein Hindernis nicht herum-
    geht können Sie immer noch darüber steigen, sich unten durchgra-
    ben, rechts herumgehen oder das Hindernis beseitigen.

6. Beschäftigen Sie sich kontinuierlich mit Ihrem Aufschrieb. Lesen Sie
    sich diesen mindestens einmal pro Tag durch, wenn Sie wollen lesen
    Sie ihn sich laut vor. Das dient Ihrer Fokussierung und der Aktivie-
    rung Ihrer Wahrnehmungsfilter. Denn das Problem ist meistens
    nicht, dass es keine Chancen gibt auf Ihrem Weg, sondern dass Sie
    diese nicht als solche erkennen.

7. Ergänzen Sie Ihren Plan um eine Bedarfsliste, die Sie ebenfalls konti-
    nuierlich pflegen. Was brauchen Sie alles um Ihre Ziele erreichen zu
    können? Wer müssen Sie werden? Wie müssen Sie werden? Welcher
    Teil des Einkommensquadranten ist für Sie und Ihre Ziele der am
    besten geeignete? Harmoniert dieser Bereich mit Ihren Werten und
    Überzeugungen? Wer könnte Ihnen helfen auf Ihrem Weg? Warum
    sollte er oder sie das tun? Sprich, was hat er oder sie davon? Was
    können Sie diesen Menschen bieten? Führen Sie diese Bedarfsliste
    wie einen Einkaufszettel und machen Sie einen Planungsschritt da-
    raus wenn die Zeit dafür gekommen ist.

8. Welchen Schritt können Sie jetzt gleich angehen? Was können Sie so-
    fort tun um ein kleines Stückchen näher an Ihr Ziel zu kommen? Und

wenn es nur ein Anruf ist, eine Liste die Sie anlegen oder was auch immer. Wichtig ist, dass Sie ins Handeln kommen und zwar sofort. Je länger sich der Start verzögert, desto unwahrscheinlicher wird es, dass Sie überhaupt anfangen. Jeden Tag ein kleiner Schritt Richtung Ziel bringt Sie sicherer dorthin, als immer mal wieder eine Gewalttaktion. Starten Sie sofort mit diesem Prinzip. Setzen Sie den Prozess in Gang und sorgen Sie dafür, dass er in Gang bleibt. Der Rest ist eine Frage der Zeit.

Irgendein schlauer Mensch hat mal was von einer 72-Stunden-Regel in die Welt gesetzt. Ich glaube nicht an die Wirksamkeit solcher Zeitregeln. Oder was sollte der Unterschied zwischen der 72. und der 73. Stunde nach meiner Zielsetzung sein? Fangen Sie sofort an etwas zu tun und hören Sie nicht wieder damit auf. Vergessen Sie irgendwelche Fristen.

Sicherstellung der Zielerreichung
- Die einfachste und effektivste Produktivitätsmechanik

Wenn Jack Canfield und Mark Victor Hansen vom Erfolg ihres Buches "Chicken soup for the soul" berichten, kommt das Gespräch immer auf die Macht der Fünf. Chicken soup for the soul oder zu Deutsch, Hühnersuppe für die Seele, wurde weit über 8 Millionen mal verkauft. Dass ein Buch, das sich so oft verkauft, gut geschrieben sein muss versteht sich von selbst. Dass es inhaltlich ein großes Publikum ansprechen muss ist ebenfalls klar. Aber für einen Millionen-Bestseller reicht das bei Weitem nicht aus. Letztlich sind diese Verkaufserfolge auf die weiteren Bemühungen der beiden Autoren zurückzuführen. Besser gesagt, auf das Prinzip der Fünf, das sie dabei entwickelt haben und letztlich auf die Macht der Fünf, die sie dabei entdeckt haben. Diese half ihnen dabei ihren Traum von einem Bestseller in die Realität umzusetzen.

Jack Canfield berichtet, dass er und Mark Victor Hansen zunächst alle Bücher über den Vertrieb und das Marketing für Bücher gelesen haben und am Ende völlig überwältigt vor der Vielfalt der Möglichkeiten standen. Sie entschlossen sich es einfach schrittweise anzugehen. Über einen Zeitraum von zwei Jahren setzten sie jeden Tag fünf Aktivitäten um, die sie zu ihrem großen Ziel hinführten einen Bestseller aus ihrem Buch zu machen.

Beispielsweise gaben Sie Interviews in jedem Radiosender, der etwas über sie berichten wollte, verschickten Gratis-Bücher an Zeitungen und Zeitschriften in der Hoffnung auf eine Buchbesprechung. Sie riefen Firmen an um ihr Buch als Motivationshilfe für die Mitarbeiter zu promoten. Sie gaben Seminare zum Thema, bei denen die Bücher verkauft wurden. Sie verschickten Exemplare an Prominente, in der Hoffnung diese würden das Buch empfehlen. Großes Aufsehen erregten die zwölf Gratis-Exemplare für die Geschworenen im O.J.Simpson-Prozess. Es war ja bekannt, dass diese nicht fernsehen oder Radio hören durften, um nicht beeinflusst zu werden. Deshalb schickten Canfield und Hansen ihnen ihre Bücher gegen die Langeweile zwischen den Verhandlungszeiten. Dafür erhielten sie einen Dankesbrief vom Richter, Aufmerksamkeit für die Aktion und immer mal wieder wurde ein Geschworener abgelichtet, der gerade das Buch las.

Insgesamt, sagt Canfield, war es die Summe aller Aktionen, die das Buch zum Millionen-Bestseller machte und somit den Traum der beiden Autoren wahr werden ließ. Am Anfang schien es, als habe alles kaum einen Effekt. Aber je länger sie die Macht der Fünf anwendeten, desto stärker kam die Lawine ins Rollen. Ein Ergebnis löste den nächsten Effekt aus und verstärkte die gesamte Wirksamkeit. Und das Schöne daran ist – dieses Prinzip ist nicht geschützt. Sie können es ohne Skrupel kopieren und für Ihre Zwecke verwenden.

Nehmen Sie Ihre Aufgabenliste aus Ihrem Plan und übertragen Sie daraus jeden Tag fünf Aufgaben, die Sie Ihrem Ziel näher bringen in Ihre Tagesplanung. Eine einfache Vorlage, wie so eine Tagesplanung aussehen kann, finden Sie auf der Website Wissen-ist-Macht.tv unter folgendem Link:

http://www.wissen-ist-macht.tv/blickpunkte/die-macht-der-funf/

oder im Bereich Blickpunkte beim Blogbeitrag "Die Macht der Fünf" - Sie können sich aber eine solche Vorlage auch relativ einfach selbst erstellen:

Diese enthält als Überschrift den aktuellen Tag, dann Ihr Ziel / Ihre Ziele und Ihre aktuellen Projekte, sowie Ihren derzeitigen Fokus, also auf was Sie sich gerade schwerpunktmäßig konzentrieren wollen. Das kann ein Projekt sein, das Sie näher ans Ziel bringt oder ein Teilbereich Ihres Ziels, auf den Sie sich aktuell besonders fokussieren möchten. Danach folgen die fünf Aktivitäten, die Sie heute Ihren Zielen einen Schritt näher bringen sollen. Darunter gibt es noch ein Feld "Sonstige Aufgaben", in dem Sie beschreiben, was Sie an diesem Tag sonst noch tun müssen oder wollen, sofern Zeit dafür übrig bleibt.

Füllen Sie dieses Blatt Abends zur Vorbereitung auf den nächsten Tag aus oder morgens als erste Handlung noch bevor Sie frühstücken. Planen Sie Ihren Tag. Konzentrieren Sie sich ein paar Minuten auf Ihr Ziel und Ihre aktuellen Projekte, dann legen Sie die fünf Aktivitäten für diesen Tag fest und gehen Sie nicht vorher schlafen, bevor diese durchgeführt sind. Falls Ihnen fünf Aktivitäten pro Tag zu viel erscheinen, können Sie es notfalls auf 3 Aufgaben pro Tag reduzieren. Auch das wird Sie ans Ziel führen, nur eben ein bisschen langsamer, aber dafür vielleicht ein wenig stressfreier.

Wird es dabei Aktivitäten geben, die ins Leere laufen oder die nicht das gewünschte Ergebnis liefern? Aber klar. Allerdings fällt das überhaupt nicht ins Gewicht. Bei der Vielzahl der Bemühungen kommen Sie zwangsläufig ans Ziel. Das ist praktisch unvermeidlich.

Wenn Sie in der glücklichen Lage sind Ihre großen Ziele bereits in die tägliche Arbeit zu integrieren, sollte das wesentlich zur erfolgreichen Strukturierung Ihres Arbeitstages beitragen. Aber auch wenn Ihr Ziel vorerst außerhalb Ihrer jetzigen Haupttätigkeit liegt funktioniert das Prinzip der Fünf, oder eben der Drei. Sie müssen dann Ihre Aktivitäten eben in kleinere zeitliche Einheiten herunter brechen, die Sie nach Feierabend und am Wochenende erledigen können.

Wenn Sie für sich ein lohnendes und motivierendes Ziel gefunden haben macht die Arbeit daran natürlich Spaß. Aber es fallen auch Arbeiten an, die Sie nicht so gern tun werden. Dieses einfache Prinzip sorgt dafür, dass Sie die fünf täglichen Aufgaben einfach erledigen, ohne es je wieder zu hinterfragen. Das bewahrt Sie davor sich vor einer Aufgabe zu drücken oder etwas auf die lange Bank zu schieben und erst irgendwann mal anzugehen. Es sorgt für eine kontinuierliche Bewegung in Ihrem Leben, hin zu Ihren Träumen und Zielen. Das einzige was Sie brauchen ist die Disziplin, dieses

Prinzip solange anzuwenden bis es eine Gewohnheit geworden ist. Danach reisen Sie sozusagen automatisch Richtung Traumleben.

Wie man Berge überwindet und fliegen lernt

Sie haben sich nun einen Überblick darüber verschafft was Sie antreibt und was Sie in den Tiefen Ihrer Seele und Ihrer Psyche bewegt und warum. Und ich hoffe Sie haben sich ein paar große Träume oder den einen großen Traum ausgewählt und ein konkretes Vorhaben daraus gemacht. Das heißt, Sie haben es genauer beschrieben und erste Pläne verfasst, wie Sie es realisieren wollen. Neben den ganzen Fakten und Techniken sind aber vor allem zwei Dinge entscheidend für Ihren Erfolg bei der Umsetzung Ihres Vorhabens.

Ein für Sie wichtiges Warum und das Maß Ihrer Vorstellungskraft. Wenn Ihr Warum nicht stark genug ist werden alle Techniken und Eigenschaften nicht ausreichen um Sie durchhalten zu lassen. Das hatten wir in den vorangegangenen Kapiteln schon ausführlich angesprochen. Ergänzend kommt aber noch Ihre Vorstellungskraft hinzu, oder anders ausgedrückt - was Sie alles für möglich halten.

Im nächsten Kapitel werden wir auf das Thema Glauben noch etwas näher eingehen. Hier will ich Ihnen schon mal ein paar inspirierende Beispiele dafür zeigen, was ein einzelner Mensch alles erreichen kann. Und ich bitte Sie bei den Beispielen darauf zu achten, dass die Protagonisten ursprünglich nur selten etwas Weltbewegendes im Sinn hatten, als sie die Dinge in Gang brachten.

Aber aufgrund ihres Entschlusses, ihr Leben in die Hand zu nehmen und ihr Leben zu verändern, veränderte sich alles. Und bei Ihnen ist das ganz genauso. Finden Sie Ihren ganz persönlichen Weg, egal wie unscheinbar und unwichtig er Ihnen im Moment vorkommen mag. Wer seinem Herzen folgt bewegt die Welt immer ein Stück weit mit.

Rosa Parks

Amerika bewegte sich als Rosa Parks sitzen blieb. Es war Mitte des letzten Jahrhunderts in Montgomery, der Hauptstadt von Alabama. Die vollständige Rassentrennung in öffentlichen Einrichtungen war selbstverständlich und Rassismus war an der Tagesordnung. Diese Rassentrennung galt somit ebenfalls für Fahrten mit dem Bus. Schwarze durften nicht neben Weißen sitzen und Schwarze, die ungefähr drei Viertel der Busnutzer ausmachten, durften nur im hinteren Teil des Busses sitzen. Zunächst mussten sie aber vorne einsteigen, beim Busfahrer die Fahrkarte lösen, wieder aussteigen um den Bus durch die hintere Tür wieder zu betreten. Nicht selten soll es vorgekommen sein, dass der Busfahrer in der Zwischenzeit losfuhr, bevor der schwarze Fahrgast hinten wieder eingestiegen war. Außerdem mussten Schwarze, wenn sie denn einen Sitzplatz ergattert hatten, wieder aufstehen wenn die Sitzplätze für die Weißen nicht ausreichten.

Am 01.Dezember 1955 geschah dann etwas bis dahin unvorstellbares in Montgomery/Alabama. Die damals 42-jährige schwarze Bürgerin Rosa Parks blieb einfach auf ihrem Platz sitzen als sie vom weißen Busfahrer aufgefordert wurde ihren Sitzplatz an einen Weißen abzutreten. Daraufhin wurde Rosa Parks von der Polizei verhaftet und zu einer Geldstrafe verurteilt. Diese Aktion hat sie nicht nur berühmt gemacht, sie hat eine ganze Welle von Veränderungen nach sich gezogen und der Dame wurde sogar ein Lied gewidmet „Die Welt stand auf, als Rosa Parks sitzen blieb".

Am 05.Dezember 1955 wurde mit dem Boykott der Busse in Montgomery begonnen. Die Aktion sollte 381 Tage dauern und sie hat die städtischen Verkehrsbetriebe an den Rand des Ruins getrieben. Der oberste Gerichtshof der USA hob die Rassentrennung in Bussen schließlich am 20.Dezember 1956 auf. 381 Tage nach dem Beginn des Boykotts. Dieses Ereignis gilt immer noch als ein wichtiger Prüfstein für Martin Luther King und dessen Strategie des gewaltlosen Protests. Und dieser Erfolg verlieh der ganzen Bewegung natürlich Selbstvertrauen und den Mut, weitere Schritte anzugehen. Rosa Parks gilt seither als die Mutter der Bürgerrechtsbewegung. War dieser Weg einfach für Sie? Nein, keineswegs. Nach der Aktion verlor sie ihren Job, sie erhielt Drohanrufe, die zum Nervenzusammenbruch bei ihrem Mann geführt haben. Sie musste nach Detroit umziehen. Auch wenn sie in den 90ern zahlreiche nationale Auszeichnungen bekam, bis hin zur Ehrung durch Präsident Bill Clinton, war die Zeit nach ihrer Aktion alles andere als leicht und erfreulich für sie. Deshalb ist Rosa Parks ein gutes Beispiel für ein Leben nach den eigenen Vorstellungen. Sie war bereit für Ihre Träume zu kämpfen, das Notwendige zu tun und den Preis zu bezahlen. Ihr Warum war stark genug und ihr Glaube an ein Gelingen ist im Laufe ihrer Handlungen gewachsen. Als sie damals im Dezember 1955 einfach sitzen blieb konnte sie die ganzen Folgen natürlich noch nicht absehen. Sie musste auf die Richtigkeit ihres Tuns und den Glauben, dass es gut ausgeht vertrauen.

Malala Yousafzai

Ein 16-jähriges, pakistanisches Mädchen wurde im Oktober 2013 von der Queen in London empfangen und überreichte der Königin ihr Buch. Es handelte sich dabei um Malala Yousafzai, eine Kinderrechtsaktivistin der die Taliban, wegen ihres Kampfes für das Recht auf Bildung, in den Kopf geschossen hatten. Mit ihrem mutigen Auftreten und ihrem Einsatz für das Recht auf Bildung für alle Kinder, auch für Mädchen, hatte sie sich den Zorn der radikalislamischen Vereinigung zugezogen.

Bei einem Überfall im Oktober 2012 wurde sie dann durch einen Kopfschuss lebensgefährlich verletzt. Sie wurde danach in Großbritannien behandelt und hat überlebt. Sie reist heute im Einsatz für Kinderrechte um die Welt. Sie wurde unter anderem von Präsident Barack Obama empfangen, den sie wegen der US-Drohnenangriffe in Pakistan scharf kritisierte.

Malala Yousafzai war für den Friedensnobelpreis vorgeschlagen und hat trotz permanenter Bedrohung keineswegs vor ihren Kampf aufzugeben. Ein 16-jähriges Mädchen aus Pakistan, das eigentlich in einer Welt aufgewachsen ist in der Frauen vielfach immer noch die elementarsten Rechte abgesprochen werden. Dabei hegt sie keineswegs Rachegedanken oder erweckt den Eindruck kindlicher Vorstellungen.

Vielmehr ist in ihren Äußerungen mehr Weisheit zu erkennen als bei den meisten Erwachsenen mit höherer Bildung. Trotz Gefahr für Leib und Leben lässt sie sich nicht davon abhalten ihre Meinung zu sagen und unangenehme Wahrheiten auszusprechen. Ob es dabei um die Zustände in ihrer Heimat oder um die Aktionen des US-Militärs geht, die ihrer Meinung nach den Terrorismus fördern, spielt dabei keine Rolle.

Malala ist mit ihren Taten, und mit ihrer Klugheit, der lebende Gegenbeweis für die religiös begründeten Theorien in ihrer Heimat, Mädchen seien minderwertiger. Und sie hat mit ihrem Mut und ihren Ansichten die ganze Welt erstaunt und bewegt. Ein einzelnes, junges Mädchen.

Die großen Veränderer

Ich habe hier zunächst bewusst zwei Menschen als Beispiele ausgewählt, die nicht ganz so bekannt oder führende Veränderer sind. Vielmehr handelt es sich im Prinzip um ganz normale Menschen, die außergewöhnliches vollbracht haben. Natürlich kommen die gängigen Beispiele wie Mahatma Gandhi, Nelson Mandela, Martin Luther-King oder einige andere ebenfalls noch dazu, wenn es darum geht was einzelne Menschen alles bewegen und erreichen können. Aber die Versuchung liegt bei diesen Beispielen natürlich nahe, zu denken, so etwas könnte ich nie vollbringen. Die Leistung ist so gewaltig, dass man sie im Normalfall nicht mit den eigenen Fähigkeiten in Verbindung bringt.

Aber Rosa Parks war Näherin und Malala ein einfaches Mädchen aus Pakistan. Keine geborenen Helden, keine großen Redner oder Anführer, sondern normale Menschen.

Kennen Sie Felix Finkbeiner aus Pähl, in der Nähe von Starnberg. Oder vielleicht seine Initiative „Plant for the planet? " Stop talking. Start planting. Mit diesem Slogan startete 2007 der damals 9-jährige Felix seine Schülerinitiative. Aufgrund des großen Erfolgs durfte er vor den Vereinten Nationen sprechen und formulierte bei der Gelegenheit die Idee, Kinder könnten in jedem Land eine Million Bäume pflanzen und so dem Klimawandel entgegen wirken.

Mark Johnson und Whitney Kroenke setzten 2002 den Gedanken um, dass Musik verbindet und Grenzen überwindet. Sie begannen mit ihrem mobilen Aufnahmestudio überall in den USA Straßenmusiker aufzunehmen und ihnen im Internet eine Bühne zu bieten. *Playing for change*, war dabei der doppeldeutige Name des Projekts. Change steht hierbei sowohl für den amerikanischen Ausdruck für Wechselgeld, das den Straßenmusikern für ihre Künste übergeben wird, als auch für die Veränderung in der Gesellschaft.

2005 entdeckte Mark Johnson dabei in Santa Monica Roger Ridley, als er „Stand by me" mit so viel Soul in der Stimme sang, dass er ihn überredete dieses Lied als ein Lied rund um den Globus zu inszenieren. Straßenmusiker aus der ganzen Welt wurden dabei gefilmt, aufgenommen und alles zu einem Song aufgenommen. Musik verbindet, das war die Idee dahinter und die Akteure sind heute längst zu Stars geworden und touren durch die Welt. Die Einnahmen fließen in die dazu gehörige Stiftung, die Musikschulen für benachteiligte Kinder gründet und fördert. Mehr dazu finden Sie bei YouTube und auf der Website.

Das alles war im Nachhinein betrachtet keine Zauberei, sondern eine Auswirkung der Ursachen, die von einzelnen Menschen gesetzt wurden. Sie alle hatten beim Start noch nicht das ganze Bild vor Augen, geschweige denn, dass sie die Folgen ihrer Handlungen komplett überblicken konnten. Aber sie haben sich auf den Weg gemacht, im Bewusstsein, dass sie einen Unterschied machen konnten. Wie bei der Geschichte von dem Jungen, der am Strand damit begann Seesterne zurück ins Meer zu werfen, die angespült worden waren. Ein Spaziergänger fragte ihn warum er das mache. Bei der Masse könne er ja unmöglich alle zurückwerfen. Es mache doch keinen Unterschied ob ein paar mehr oder weniger verendeten. Der Junge hob einen Seestern auf, hielt ihn nachdenklich in der Hand, warf ihn dann ins Meer und sagte: „Nun, für den hier macht es einen Unterschied."

Genau darum geht es. Wir fühlen uns so oft ausgeliefert und machtlos. Wir flüchten uns in Aussagen wie „Was soll ich als kleines Licht da schon machen?" oder „Das ist doch sowieso alles egal. Die Mächtigen tun doch sowieso was sie wollen. Was macht es da für einen Unterschied was wir tun und ob wir etwas tun?" Es macht den ganzen Unterschied dieser Welt aus. Wer sich ändert, ändert die Welt. Auch wenn sich die Auswirkungen nicht sofort zeigen und auch wenn es zunächst aussichtslos erscheint und ganz besonders wenn die Widerstände unüberwindbar erscheinen. Wir wachsen mit unseren Aufgaben.

Keiner wird dabei über Nacht vom Couch-Potato zum Superman oder zur Wonderwoman. Vielmehr ist es ein Prozess den wir durchlaufen und bei dem wir vom Kleinen zum Großen kommen, vom Einfachen zum Schweren und vom Bekannten zum Unbekannten. Dabei geht es nicht darum ein großer Held oder ein berühmter Wohltäter zu werden, sondern in ihrem Bereich die Weichen zu stellen und zu schauen, was sich daraus entwickelt. Eine Bedingung gibt es allerdings. Sie müssen anfangen.

Faktoren eines Traumlebens

Mit der Macht der fünf (oder drei) Aktivitäten pro Tag, die Sie ein Stück weiter an Ihr Traumleben oder Ihre Träume heranbringen, haben Sie eine gewisse Automatik mit der Sie zielorientiert handeln können, vorausgesetzt Sie wenden sie an. Und wenn Sie die vorangegangenen Aufgaben ernsthaft durchgeführt haben, sollten Sie auch die nötige Klarheit haben, was Sie denn mit Ihrem Leben anfangen wollen. Und dennoch werden Hindernisse auftreten, sich Widerstände zeigen und Sie werden nicht nur Applaus bekommen für Ihren Veränderungswillen.

Dabei spielen nicht nur die Widerstände in Ihrem Umfeld eine Rolle, sondern ebenfalls die Widerstände in Ihnen selbst. Unterschätzen Sie nicht die Macht ihrer bisherigen Programmierungen, Werte und Glaubenssätze. Alles was Sie heute sind, haben oder tun, ist das Ergebnis dieser Mischung. Und die hat sich über Jahre und eventuell Jahrzehnte entwickelt. Veränderung kann somit sehr schnell gehen, zum Beispiel wenn die Grenze des Erträglichen erreicht ist oder durch ein Schockerlebnis. Aber Veränderung kann außerdem durch einen andauernden, bewusst in Gang gehaltenen Prozess vonstattengehen und das ist der Normalfall. Folgende Blickpunkte sollen Ihnen dabei helfen, diesen Prozess zu gestalten.

Die wahre Bedeutung des Glaubens

Wenn man vom Glauben an sich spricht denken die meisten Menschen zunächst mal an Religion und die verschiedenen Glaubensrichtungen. Aber der Glaube hat durchaus weitere Erscheinungsformen, auch wenn sie sich in ihrer wahren Bedeutung sehr ähnlich sind.

Da wäre zum Beispiel der Glaube an sich selbst und die eigenen Fähigkeiten. Der Glaube ans Gelingen eines Vorhabens oder der Glaube, dass etwas überhaupt möglich ist, wie im vorigen Kapitel beschrieben. Des Weiteren der Glaube, dass alles gut wird bzw. ist, so wie es ist. Der Glaube an eine wohlmeinende, fürsorgliche Instanz, die alles für uns zum Guten wendet oder dafür sorgt, dass auf lange Sicht alles zu unserem Besten geschieht.

Oder der Glaube an eine strafende, höhere Instanz, die über uns kommt wenn wir uns nicht an deren Regeln halten. Können Sie sich vorstellen, dass je nachdem was wir glauben, unsere Welt anders für uns aussieht und wir unser Leben entsprechend anders gestalten?

"Euch geschehe nach Eurem Glauben", steht schon in der Bibel oder "Wenn ihr Glauben hättet so groß wie ein Senfkorn, dann könntet ihr zu diesem Maulbeerbaum sagen: Reiß dich aus und versetze dich ins Meer!, und er würde euch gehorchen". Es gibt genügend Hinweise, auch in der weltlichen Literatur, dass unserem Glauben eine ganz besondere Bedeutung in unserem Leben zukommt. Das heißt nicht, dass man sich nur genügend intensiv und lange etwas einreden und daran glauben muss um es zu erhalten. Nach meiner Erfahrung kann man sich jahrelang vorstellen ohne Hilfsmittel zu fliegen, man wird das aber maximal für kurze Zeit und auch nur einmal schaffen.

Die zahlreichen Wunschbücher und "Law-of-attraction-Verklärungen" ändern nichts an der Tatsache, dass zur Vorstellungskraft und dem Glauben an die Erfüllung des Wunsches noch eine Handlung kommen muss. Gedanken werden Dinge, schrieb schon Napoleon Hill, aber eben nicht aus dem Nichts, sondern durch tatkräftige Verwirklichung des Gewünschten. Der Glaube spielt dabei trotzdem eine zentrale Rolle.

> *Egal ob Sie denken, Sie schaffen etwas,*
> *oder ob Sie denken, Sie schaffen es nicht.*
> *Sie werden auf jeden Fall Recht behalten.*
> Henry Ford

Der Glaube an die eigene Leistungsfähigkeit und daran, dass man das, was man anstrebt erreichen wird, trägt maßgeblich zum Erfolg eines Vorhabens bei. Wenn Sie etwas angehen von dem Sie gar nicht glauben, dass Sie es erreichen können - wie groß sind Ihre Chancen es trotzdem zu schaffen? Ich rede dabei nicht von der Tatsache, dass man bei großen Zielen oft noch nicht die ganze Strecke überblicken kann, die zurückzulegen ist oder noch nicht alle Schritte klar erkennbar sind, die man gehen muss. Es geht um das grundsätzliche Vertrauen zu sich selbst, dass man es schaffen wird, selbst wenn noch nicht ganz sicher ist wie das gehen soll. Diese Form des Urvertrauens, dass alles gut wird und Gott den Mutigen hilft, bietet gläubigen Menschen hier einen großen Vorteil. Wer sich von einer höheren Macht behütet und geleitet fühlt, handelt oft zuversichtlicher und dadurch letztlich mutiger und erfolgreicher, als derjenige welcher in der Welt nur das Böse erkennt.

Aber der Satz: "Euch geschehe nach Eurem Glauben", kann aus dem religiösen Zusammenhang durchaus gelöst werden ohne an Wahrheit zu verlieren. Eine der besten Erklärungen für die Kraft des Glaubens, habe ich im Erfolgskreislauf von Tony Robbins gefunden:

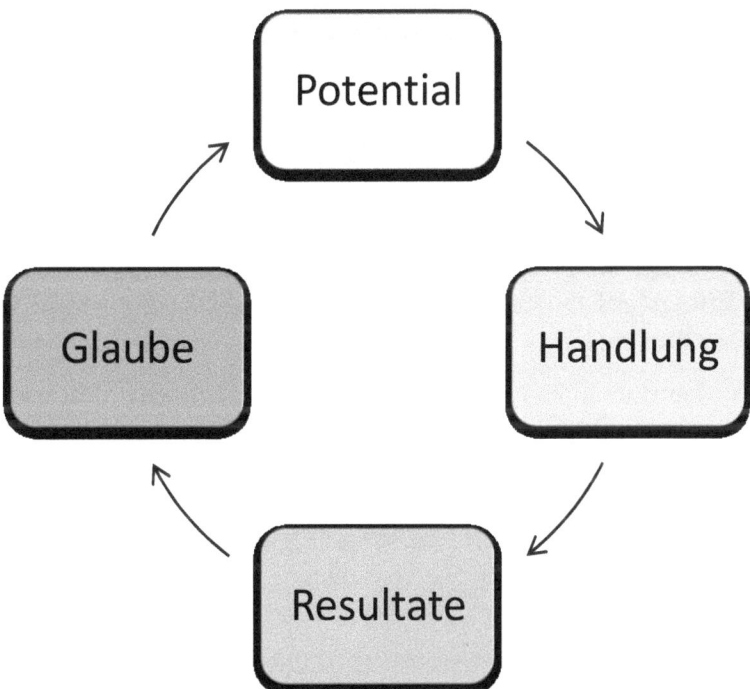

Egal wo wir in den Kreislauf einsteigen, das Gesamtbild spiegelt unser Leben wider. Wir bekommen bei der Geburt gewisse Grundvoraussetzungen mit auf diese Welt, die unser Potential darstellen. Im Lauf der Zeit bauen wir dieses kontinuierlich weiter aus. Allerdings nehmen wir nicht bewusst wahr über welches Potential wir verfügen, sondern verlassen uns auf den Glauben, wie groß und welcher Art unser Potential ist. Entsprechend diesem Glauben handeln wir im Rahmen unseres Wissens, unserer Fähigkeiten und Fertigkeiten und erzielen damit Ergebnisse, die unseren Glauben verstärken oder verändern. Was bedeutet das in der Praxis?

Nehmen wir an, Sie wollen ein bestimmtes, sehr anspruchsvolles Musikstück am Klavier einüben. Verfügen Sie dann von Anfang an über das nötige Potential, dieses Stück fehlerfrei zu spielen? Nein. Glauben Sie, dass Sie es mit der nötigen Übung irgendwann schaffen werden? Im Normalfall ja, sonst bräuchten Sie sich nicht die Mühe machen. Jetzt kommt die Zeit der Handlung. Sie machen sich an die Arbeit und üben. Stunde um Stunde. Tag um Tag. Ihre Finger wollen aber partout nicht so, wie Sie wollen. Immer wieder gleiten sie eher schwerfällig und unbeholfen über die Tasten und Sie verspielen sich immer wieder.

Ihre Resultate sind miserabel und Sie fangen an daran zu zweifeln, ob Sie wirklich genug Talent haben um solch anspruchsvolle Stücke zu spielen. Je mehr Sie zweifeln, desto frustrierter und unangenehmer wird das ganze Vorhaben für Sie, was sich negativ auf die weiteren Ergebnisse auswirkt usw. Der Erfolgskreislauf läuft in die negative Verstärkung und wirkt sich zu Ihrem Nachteil aus.

Genauso kann es aber auch in die andere Richtung funktionieren. Nehmen wir an, Sie haben sich vorgenommen ein eigenes Unternehmen zu gründen um damit finanzielle Freiheit zu erlangen und ein luxuriöses Leben zu führen. Da Sie im Moment aber eher verschuldet als reich sind und die Ausgaben die Einnahmen noch übersteigen, glauben Sie noch nicht so recht, dass es wirklich klappen wird. Sie visualisieren, Sie sprechen Affirmationen und Sie lesen Bücher und besuchen Seminare um Ihr Potential für das Vorhaben zu vergrößern.

Ihr Wille ist stark, aber der Glaube an das Gelingen will sich trotzdem nicht einstellen. Tief im Inneren sind Sie davon überzeugt, dass es nicht klappt oder Sie können sich nicht so recht in Verbindung mit großem Reichtum bringen. Was fehlt sind Resultate, die Ihren Glauben stärken.

Wir können uns lange einreden, dass wir reich sind, viel Geld verdienen und ein erfolgreiches Unternehmen führen. Unser Verstand wird uns immer wieder, mehr oder weniger höflich an die Fakten erinnern. "Du bist reich? Hast Du beim letzten Kontoauszug das Minus übersehen, oder was?" "Du leitest ein erfolgreiches Unternehmen? Wie viele Aufträge hast Du diesen Monat schon? Keinen?" Diese oder ähnliche Selbstgespräche torpedieren Ihren Erfolgskreislauf nachhaltig. Es sei denn, Sie schaffen endlich Resultate an denen sich Ihr Glaube an sich selbst und das Gelingen Ihres Vorhabens aufbauen und ausrichten kann. Mit Ihrem Glauben wird gleichzeitig das verfügbare Potential wachsen, bzw. der Zugang zu diesem Potential wird erschlossen und die Ergebnisse werden sich weiter verbessern, was wiederum den Glauben stärkt etc.

Wenn Ihr Glaube an sich selbst oder daran, dass alles gut werden wird, groß genug ist, dann werden Sie sich mit jeglichem Vorhaben leichter tun. Der Erfolgskreislauf ist dann schon positiv gestartet. Das ist die wahre Bedeutung des Glaubens, unabhängig von einer Religion. Wenn es Ihnen gelingt sich und den Umständen zu vertrauen und daran zu glauben, dass Sie Ihr Ziel erreichen werden, egal wie viele Rückschläge und Hindernisse Sie dabei hinnehmen müssen, können Sie fast nicht scheitern. Je besser die Resultate dann sind die Sie erzielen, desto leichter wird Ihnen das fallen. Und umgekehrt, je stärker Ihr Glaube ist, desto unabhängiger werden Sie von Zwischenergebnissen sein.

Die große Frage ist, wie entwickelt man einen starken Glauben? Dass Sie einen brauchen um Ihre Ziele zu erreichen und Ihre Träume zu verwirklichen wird Ihnen oft genug mitgeteilt. Wie man ihn entwickelt, diesen Glauben, das ist tatsächlich eine schwierigere Frage und ich denke sie ist nicht allgemein gültig zu beantworten. Schließlich sind die Grundvoraussetzungen bei jedem Menschen anders. Wenn Sie beispielsweise schon ein religiöser Mensch sind, dann fällt Ihnen das mit dem Urvertrauen von Grund auf leichter - jedenfalls sollte das dann so sein. Und wenn Sie Ihr Leben nach Murphys Gesetz gestaltet haben und überzeugt sind, dass das was schief gehen kann auch schief gehen wird, dann tun Sie sich mit dem Glauben und Vertrauen wesentlich härter. Ein paar Grundregeln und Tipps habe ich aber trotzdem für Sie.

Zunächst die Entwarnung für alle Atheisten unter Ihnen. Sie brauchen nicht gläubig im religiösen Sinne zu werden und auch keiner Kirche beitreten. Auch wenn das Vertrauen auf eine höhere Instanz, der Glaube an ein höheres Ganzes, das allem einen Sinn verleiht, das Urvertrauen natürlich erleichtert, ist diese Art von Glauben keine Grundvoraussetzung für den Glauben an sich selbst. Dieser lässt sich, wie oben schon angedeutet, am leichtesten durch Erfolgserlebnisse stärken. Wer in seinem Erfolgskreislauf die ersten positiven Resultate erzielt hat, tut sich leichter mit dem Glauben daran, dass noch mehr möglich ist.

Aber mindestens genauso wichtig ist die Bereitschaft, seine Wahrnehmungsfilter erfolgskompatibel auszurichten. Das heißt, die Bereitschaft zu entwickeln das wahrzunehmen, was man bereits kann, was einem bereits gut gelingt oder in der Vergangenheit gut gelungen ist, worauf man stolz ist. Es gibt kein Leben in dem alles schief ging und in dem es nur negative Erlebnisse und Ergebnisse gab.

Jedenfalls ist mir ein solches noch nie begegnet. Jeder Mensch hat in seinem Leben mit unterschiedlichen Schicksalsschlägen, Niederlagen oder anderen negativen Umständen zu kämpfen und der Anteil dieser negativen Umstände variiert teilweise sehr stark. Aber dass jemand den Eindruck hat, in seinem Leben würde alles schief gehen und es passiere gar nichts Gutes, das ist meist der gefilterten Wahrnehmung geschuldet.

Beantworten Sie also jetzt bitte schriftlich die folgenden Fragen. Wenn Ihr Verstand Sie blockiert, schreiben Sie einfach weiter, bis Sie mindestens jeweils 20 Punkte aufgeschrieben haben, egal wie blödsinnig oder banal sie Ihnen im Moment vorkommen sollten. Sie kennen das ja mittlerweile schon - Niemand außer Ihnen wird Ihre Notizen zu sehen bekommen. Fertig?

1.) *Was können Sie gut? Worin sind Sie wirklich gut?*
2.) *Was haben Sie in Ihrem Leben bereits gut gemacht?*
   Worauf sind Sie stolz?
3.) *Wenn Ihnen dazu spontan nichts einfällt, formulieren*
   Sie es anders: Worauf könnten Sie stolz sein?
4.) *Was gibt es Gutes in Ihrem Leben?*
   Was könnte man als gut daran bezeichnen?

Lenken Sie Ihren Fokus ganz bewusst auf alles Gute und Schöne in Ihrem Leben. Die Zeit mit Ihren Kindern, Ihrem Partner oder der Partnerin, was Sie genießen können, wo Sie sich wohlfühlen, worin Sie sich verlieren können etc.

Es geht hier nicht darum eine rosarote Brille aufzusetzen und in Zukunft alles nur noch positiv zu verklären, sondern es geht darum die Welt in ihrer Ganzheit zu erkennen. Ihr Leben besteht, genau wie die ganze Welt, aus Gegensätzen.

Es begegnen Ihnen Dinge, die sind schön und angenehm und es begegnen Ihnen welche, die sind nicht angenehm und alles andere als schön. Und meist stellt sich erst im Nachhinein heraus, was davon wirklich gut für Sie war. Beide Seiten gehören jedenfalls zum Leben dazu. Wichtig ist dabei, diese Tatsache zu erkennen und neben den schlimmen, oft dramatischen Ereignissen, die positiven Dinge nicht aus den Augen zu verlieren.

Nehmen Sie bitte ebenfalls alle negativen Ereignisse Ihres Lebens unter die Lupe. Möglicherweise haben sich erst aus ihnen viele positive Aspekte Ihres jetzigen Lebens ergeben. Ich bin überzeugt, dass wir unser Schicksal zu einem großen Teil selbst mit gestalten, aber meine Erfahrung und meine Beobachtungen sagen mir außerdem, dass sich vieles, was zunächst als ein Rückschlag oder eine Niederlage daherkommt, langfristig als Schubs in die richtige Richtung erweisen kann.

Ziehen Sie also alle positiven Eigenschaften, die Sie bei sich erkennen in den Vordergrund. Lassen Sie sich darüber hinaus gerne von Ihren Freunden, Bekannten und anderen Menschen Ihres Vertrauens dabei helfen. Sie werden überrascht sein, was andere bei Ihnen an Stärken und Talenten wahrnehmen, die Ihnen bisher als etwas Selbstverständliches erschienen sind.

Kurz gesagt, geben Sie sich die Chance, Ihren Glauben an sich selbst und das Gelingen Ihrer Vorhaben aufzubauen und mit der Wahrnehmung Ihrer positiven Eigenschaften zu untermauern. Unterstützen Sie das Ganze ruhig mit Visualisierungen und Affirmationen, wenn Ihnen das liegt.

Darf man sich denn selbst lieben?

Selbstliebe und sich selbst zu loben wurde uns ziemlich früh abtrainiert. "Eigenlob stinkt", bekamen wir oft zu hören oder "Man soll sich nicht so in den Mittelpunkt stellen." Diesen jahrelangen Programmierungen müssen Sie letztendlich entgegen wirken. Der Glaube an sich selbst, die Liebe und Wertschätzung für sich selbst, sowie die Untermauerung dieses Glaubens, indem man sich selbst gut behandelt und gut mit sich umgeht, sind die Grundlage dafür, dass es andere ebenfalls tun. Und es ist natürlich auch die Grundlage dafür, dass Sie diese Liebe und Wertschätzung anderen ehrlich und offen entgegen bringen können. Das wiederum erhöht Ihre Erfolgschancen auf ein Traumleben in hohem Maße.

Wenn wir unsere Interviewpartner gefragt haben, welche persönliche Eigenschaft sie als hauptsächlich für ihren Erfolg verantwortlich betrachten, dann kamen da höchst unterschiedliche Antworten heraus. Eines aber war bei fast allen Nennungen dabei - der Glaube an sich selbst, auch und vor allem dann, wenn es nicht so gut lief und alle anderen einen schon abgeschrieben hatten. Man kann dieses Phänomen zwar nicht unbedingt wissenschaftlich nachweisen, aber es ist trotzdem unbestreitbar so, dass der Glaube Berge versetzen kann. Grund genug für Sie daran zu arbeiten, finden Sie nicht?

Visualisierungen, Affirmationen & Co.

"Dein Wunsch sei mir Befehl", sagte der Flaschengeist und erfüllte die Forderungen seines Meisters. Nicht umsonst wurde im Film "The Secret" dieser Bezug zwischen Unterbewusstsein und diesem Flaschengeist hergestellt. Unsere vorherrschenden Gedanken und Bilder ziehen das Erdachte in unser Leben. Das Gesetz der Anziehung bringt uns Heil oder Unheil, je nachdem mit was wir uns den lieben langen Tag so beschäftigen.

Der Film und das Buch waren ein großer Erfolg und einen nicht unwesentlichen Anteil an diesem Erfolg hatte diese verkürzt dargestellte oder auch wahrgenommene Variante dieses Gesetzes. Ich bestelle mir einfach was ich haben möchte und schon ziehe ich alles Nötige in mein Leben. Einfache

Lösungen sind sehr beliebt. Wir Menschen suchen ständig nach solchen Zauberstäben und Flaschengeistern, die uns unsere Träume erfüllen. Dieser Traum vom mühelosen Erfolg hat "The Secret", bewusst oder unbewusst, aufgegriffen und vermarktet.

Tatsächlich aber ist Hoffnung und Wunschdenken keine Strategie und es ersetzt auch keine Strategie. Wenn die Dinge und Angelegenheiten sich selbst überlassen werden tendieren sie dazu, zu scheitern oder sich in Wohlgefallen aufzulösen. Nur sehr selten werden die Dinge auf magische Weise über Nacht besser und selbst wenn, kann man sich nicht darauf verlassen.

Viele Menschen haben nach und nach begriffen, dass dieses Gesetz der Anziehung so seine Tücken hat und der gewünschte Erfolg ausbleibt. Trotz intensiver Wünsche und kreativer Vorstellungskraft blieb der Traum oft ein Traum. Das hat leider dazu geführt, dass der enthaltene, wahre Kern der Botschaft mit verurteilt und abgelehnt wurde.

Kritiker werfen dem Gesetz der Anziehung das Gleiche vor, was auch vielen Religionen vorgeworfen wird - die Verbreitung der Behauptung, der Mensch sei an allem was ihm geschieht selbst schuld. Bei der Religion, weil er gesündigt und so den Zorn Gottes auf sich gezogen hat. Beim Gesetz der Anziehung, weil er negativ gedacht und so das Böse in sein Leben gezogen hat. Aber tatsächlich wird unser Leben von so vielen Faktoren beeinflusst, die in ihrer Gesamtheit so unendlich viele Möglichkeiten ergeben, dass es äußerst unwahrscheinlich ist, dass wir wirklich alles was uns passiert selbst kreieren.

Fakt ist dagegen, dass wir mit unseren Gedanken, Erwartungen und unserer Ausstrahlung sehr wohl Einfluss auf das nehmen, was uns begegnet und wie man uns begegnet. Mit der Ausrichtung unserer Gedanken und der bildhaften Fokussierung auf unsere Träume und Ziele, richten wir die Filter unserer Wahrnehmung auf das aus, was wir haben, sein oder werden wollen. Das lässt uns Möglichkeiten erkennen, die wahrscheinlich schon immer da waren, die wir aber bisher übersehen haben.

Oder wir erkennen plötzlich was man mit dem, was schon immer gut sichtbar war, noch alles machen kann. Es entsteht der Eindruck wir ziehen das, was wir brauchen, magisch an. Vielleicht ist es in einem gewissen Sinne sogar so.

Im Großen und Ganzen ist es aber am Ende völlig egal ob Sie das Nötige für die Realisierung Ihrer Träume nun anziehen oder es einfach nur besser wahrnehmen. Hauptsache es hilft Ihnen weiter.

Der Vollständigkeit halber sei an dieser Stelle noch erwähnt, dass das Gesetz der Anziehung eines von mehreren Erfolgsgesetzen ist und es dem Gesetz der Polarität untergeordnet ist. Das bedeutet, dass der isoliert dargestellte Bereich dieses Gesetzes, einer von vielen Einflussgrößen in unserem Leben ist, dessen erfolgreicher Einsatz maßgeblich davon abhängt ob wir mit uns im Reinen sind.

Dr. Rüdiger Dahlke spricht hier zum Beispiel vom Schattenprinzip im Bereich der Polarität. Wenn wir uns um unsere Ängste oder um unsere dunklen Flecken nicht kümmern, verdrängen wir sie in unseren Schattenbereich. Dort sehen wir sie zwar nicht und nehmen sie eine Zeit lang auch nicht bewusst wahr. Aber das heißt keineswegs, dass wir uns davon befreit haben - im Gegenteil. Das Verdrängte wächst unkontrolliert weiter und entwickelt im Schatten ein Eigenleben.

Gehen wir zum Beispiel ein paar Jahre zurück, in eine gar nicht so lange zurück liegende Zeit, als Homosexualität noch gleichbedeutend mit dem gesellschaftlichen Ende war. Junge, homosexuelle Männer, die vor ihrer sexuellen Neigung damals in die Arme der Kirche geflohen waren, weil sie sich dort sicher vor ihrem "Problem" wähnten, werden dort ausgerechnet mit der Betreuung von kleinen Jungs beauftragt. Der Druck wächst, bis sich die Natur auf äußerst ungewollte Art und Weise Ausdruck verleiht. Die Maßnahmen aus dem Gesetz der Anziehung wären hier nicht stark genug um diesem Naturgesetz zu trotzen. Lediglich der Umgang mit dem Ganzen, die Befreiung aus dem Schatten kann hier helfen. Das gilt, laut Dahlke, ebenfalls für Krankheiten, die oft ein Symbol für solche verdrängten Probleme, Eigenschaften und Neigungen sind.

Der volle Umfang dieser Zusammenhänge würde an dieser Stelle den Rahmen sprengen. Ich empfehle Ihnen, bei weitergehendem Interesse die entsprechenden Bücher von Dr. Dahlke zu lesen. Sie eröffnen Ihnen zumindest einen neuen, zusätzlichen Blick auf manche Vorgänge in Ihrem Leben.

Aber zurück zum Thema Visualisierungen, Affirmationen und deren Basis - das Gesetz der Anziehung. Sich Ziele zu setzen, sie klar auszuformulieren und sich deren Erreichung bildlich vorzustellen, hilft Ihnen sich auf das Wesentliche für diese Zielerreichung auszurichten. Allerdings muss diesem rein theoretischen Vorgang das praktische Handeln folgen, sonst wird nichts passieren. "Gedanken werden Dinge", wie schon erwähnt, wusste das schon Napoleon Hill zu berichten. Allerdings verwandelt sich Gedankenenergie nicht auf magische Weise in Materie, sondern es bedarf materieller Hilfsmittel um diesen Vorgang zu realisieren. Auch auf die Gefahr hin, dass ich mich hier wiederhole, es ist eminent wichtig diese Tatsache zu berücksichtigen.

Im Klartext heißt das, Ihre Träume werden nicht von alleine Realität, nur weil Sie sich das wünschen. Sie müssen Ihr materielles Oberstübchen anstrengen, sich ausmalen was genau sie wollen und Ideen sammeln, wie sie es bekommen können und dann zur Tat schreiten. Wer die Visualisierung weglässt und auch das Ziel nur grob aufschreibt, kann trotzdem Erfolg haben indem er aktiv wird und etwas unternimmt, was ihn seinem Traumleben näher bringt. Wer umgekehrt alles perfekt visualisiert und theoretisch ausarbeitet, aber die Aktion vergisst, der wird ewig träumen.

Wer sich also an dieser Stelle eine weitere Schatzkarte, ein weiteres Geheimnis für schnellen, mühelosen Reichtum oder einfache Zielerreichung erhofft hat, den muss ich leider enttäuschen. Damit kann ich nicht dienen und ich persönlich glaube auch nicht, dass es so etwas gibt.

Nutzen Sie also die Werkzeuge der Visualisierung und der Affirmationen um sich auf Ihre Ziele und Träume zu fokussieren, um Ihre Wahrnehmungsfilter darauf auszurichten und um Ihre Intuition zu füttern. Dann entwickeln Sie Ihren Plan, Ihre Strategie, wie Sie das Ganze von der geistigen Ebene in die Realität umsetzen wollen. Sie sind Ihr eigener Flaschengeist, wenn Sie so wollen. Sie sind Oberbefehlshaber Ihrer geistigen Werkzeuge und ausführende Kraft in einem.

Eine der besten Anleitungen dazu, die jemals geschrieben wurde, ist immer noch Napoleon Hills 6-Schritte-Plan, den ich hier in Kurzform, darstellen möchte. Zum Beispiel wenn es um die Erlangung einer bestimmten Menge Geldes geht. Es funktioniert aber mit jedem anderen Ziel genauso gut:

1) Legen Sie eine genaue Summe fest
   - Alternativ bei anderen Zielen: Legen Sie exakt fest, was Sie wollen.

2) Legen Sie exakt fest, bis wann Sie das Gewünschte erreicht haben wollen.

3) Schreiben Sie auf, was Sie bereit sind als Gegenleistung zu erbringen. Was sind Sie bereit dafür zu tun?

4) Erstellen Sie einen detaillierten Plan wie Sie das Gewünschte erreichen wollen.

5) Erstellen Sie daraus eine schriftliche Ausarbeitung, die das Ziel, den Erreichungszeitpunkt, Ihre Gegenleistung und den Plan, wie Sie dorthin kommen, enthält.

6) Nehmen Sie dieses Schriftstück mindestens zweimal pro Tag zur Hand, lesen es sich laut vor und stellen Sie sich dabei vor, was alles sein wird, wenn Sie das Ziel erreicht haben und leiten Sie ihre Tages-, Wochen- und Monatsziele daraus ab.

Der exakte Plan, von dem hier die Rede ist, kann übrigens vorerst als Absichtserklärung verstanden werden. Auch wenn Sie natürlich noch nicht alle Schritte zu Ihrem Ziel genau kennen und noch nicht alle Details wissen, sollten Sie hier festhalten, was Sie planen zu tun. Selbstverständlich ist dieser Plan als Prozess zu verstehen, der laufend angepasst werden muss. Die Visualisierung und das Lesen des Plans, was letztlich ebenfalls eine Art von Affirmation ist, hilft Ihnen dann dabei die Realisierung des Traums, die Erreichung des Ziels, im Auge zu behalten und ständig daran zu arbeiten. Auf diese Art arbeitet dann auch unser innerer Flaschengeist zuverlässig für uns und unsere Ziele. Ihr Wunsch sei Ihnen dann Befehl.

Die Sache mit dem Bauchgefühl - Intuition vs. Bequemlichkeit

Ein weiterer Faktor Ihres Traumlebens ist die Intuition. Man hört es immer wieder. Es heißt, man solle seiner Intuition folgen, auf sein Bauchgefühl hören – dieses wisse schließlich was für einen gut ist. Und tatsächlich entscheiden wir, bewusst oder unbewusst, sowieso schon überwiegend aus dem Bauch heraus oder besser gesagt, nach Gefühl. Die Frage ist ob wir damit tatsächlich immer so ganz richtig liegen. Unsere Gefühle folgen nämlich keiner logischen Argumentation oder vernünftigen Gründen. Sie reagieren auf bestimmte Impulse und genau das öffnet der Manipulation Tür und Tor. Gewiefte Marketingleute haben diese Funktionen schon lange für ihre Zwecke entdeckt und drücken gewaltig auf unsere Automatismen, wenn es darum geht uns etwas zu verkaufen. Egal ob das Produkte, Dienstleistungen oder politische Ansichten sind.

Wenn wir sagen: "Das fühlt sich richtig an" oder "Das fühlt sich falsch für mich an", meinen wir nur allzu oft "Das will ich oder will ich nicht, das ist unbequem, irgendetwas in mir wehrt sich dagegen."

Oft erweist sich unser Bauchgefühl dann im Nachhinein als richtig, aber genauso oft auch nicht. Meist weil wir Intuition mit unserer inneren Vermeidungsstrategie verwechseln. Wenn zum Beispiel ein Gespräch auf ein für uns unangenehmes Thema kommt, wenden wir diese Strategie oft an. Wir stürzen uns in Ausflüchte, in Allgemeinplätze oder versuchen das Thema so schnell wie möglich zu wechseln. Wenn es gar nicht anders geht, verziehen wir uns woanders hin.

Dieselbe Fluchtstrategie tritt zutage, wenn wir vor Entscheidungen stehen. Zum Beispiel ob wir dieses oder jenes Buch jetzt lesen, diesen oder jenen Kurs besuchen oder uns mit diesem oder jenem Thema auseinander setzen. Oft höre ich dann: "Mein Bauchgefühl rät mir jetzt eher zu dieser Option." Mein Rat lautet dann fast immer: "Das klingt super. Dann nimm die andere." Warum? Weil es sich bei der Auswahl von Themen, mit denen wir uns beschäftigen, oft nicht um Intuition handelt, sondern um Vermeidung, im schlimmsten Falle um Verdrängung. Genau da wo es unangenehm wird, wo wir uns sträuben überhaupt hin zu sehen, genau dort liegt oft der Schlüssel für unsere Weiterentwicklung.

Unser Bauchgefühl weiß tatsächlich mehr als wir bewusst wahrnehmen können und es will, dass es uns gut geht. Allerdings gibt es unterschiedliche Arten des persönlichen Wohlergehens. Den aktuellen Moment in dem wir uns wohlfühlen wollen und den dauerhaften oder zumindest überwiegenden Zustand. Um dauerhaft glücklich und zufrieden zu leben ist es oft erforderlich den aktuellen Moment unbequem, manchmal sogar schmerzhaft zu gestalten. Das ist Teil der Entwicklung. Vor diesem Schmerz wollen wir, will unser Unterbewusstsein, unser Bauchgefühl uns bewahren. Mit dieser Schutzfunktion wird aber oft in bester Absicht eine Verbesserung verhindert.

Selbstverständlich heißt das nicht, dass wir die Intuition wieder verdrängen oder als Träumerei abtun sollten. Ganz im Gegenteil. Mehrheitlich haben wir verlernt auf unsere innere Stimme zu hören oder sie überhaupt wahrzunehmen. Der Trick besteht darin, genau hinzuhören wer da spricht. Ist es wirklich ihre Intuition oder ist es Ihre Angst? Hören Sie was Ihnen Ihr Bauchgefühl in einer bestimmten Angelegenheit rät, aber übernehmen Sie das Ergebnis nicht ohne es zu hinterfragen.

Geht es um ein Thema, dem Sie immer wieder ausweichen? Tendiert Ihr Gefühl zu einer Option, weil diese offensichtlich besser ist oder weil die andere unangenehmer erscheint? Was genau fühlt sich dabei unangenehm an? Wenn Sie schon ein bisschen geübter im Umgang mit ihrer Intuition sind, dann fragen Sie nach: "Würde es mich weiter bringen / mir helfen, wenn ich trotzdem die unangenehme Variante wähle?" Benutzen Sie Ihren Verstand als zusätzlichen Indikator. Das gilt ebenso und besonders bei Werbeangeboten. Künstliche Verknappung, zeitlich limitierte Angebote, kleine Geschenke, Referenzen und vieles mehr - das alles sind Werkzeuge, die direkt an ihre inneren Mechanismen appellieren und die Gefühle ansprechen.

Die Angst etwas zu verpassen, den Wunsch sich zu revanchieren, den Wunsch es anderen gleich zu tun, nicht alleine da zu stehen usw. - das sind alles Automatismen, die tief in uns verborgen arbeiten und als Bauchgefühl daher kommen. Wir halten es für Intuition. Wir wissen nicht genau warum, aber wir haben das Gefühl wir bräuchten das jetzt - und kaufen. Manchmal erweist es sich dann als Glücksgriff, aber sehr oft steht es nach dem Kauf bei den anderen ungenutzten Errungenschaften unseres Bauchgefühls im Keller. Ich weiß wovon ich spreche. Meine Sammlung ungelesener Bücher, Seminar-DVDs und sonstiger, furchtbar wichtiger Produkte, von denen ich seinerzeit dachte, ich würde sie unbedingt brauchen, hat mittlerweile fast einen eigenen Raum im Haus verdient. Wir sind also alle nicht frei von diesen Einflüssen.

Unser Bauchgefühl ist wichtig und wir tun gut daran, mehr darauf zu achten was es uns rät. Und solange wir danach bewusst den Verstand dazu benutzen die Ergebnisse im oben angeführten Sinne zu prüfen, spricht nichts dagegen auf unsere Gefühle zu achten. Wir sollten sie nur richtig zuordnen, wer oder was uns da gerade berät und aus welchem Grund.

Mut, Wahrnehmung und Bewusstheit.

Mut steht am Anfang des

Handelns, Glück am Ende.

Demokrit

Dass wir mutig sein müssen um etwas zu erreichen ist wahrscheinlich keine Neuigkeit. Und dass übersteigerter Mut ins Verderben führen kann ist ebenfalls hinlänglich bekannt. Die Tatsache, dass unsere Wahrnehmung über Mut, Vorsicht oder gar Feigheit entscheidet ist dagegen weniger präsent in unserem Bewusstsein verankert. Je nachdem wie Sie eine Situation einschätzen fällt es Ihnen schwerer oder leichter mutig zu sein.

Allerdings unterliegt unsere Wahrnehmung zahlreichen Einflüssen. Wir filtern, verzerren und tilgen Informationen und was übrig bleibt bestimmt mit über unser Verhalten. Mehrere Milliarden Impulse stürmen in kürzester Zeit auf uns ein. Nur wenige davon dringen zu unserem Bewusstsein durch. Die Hauptaufgabe des Wächters unseres Bewusstseins ist das Ausblenden. Würde diese Arbeit nicht erledigt, würden wir wahnsinnig werden. Schon leicht erhöhte Werte bei der bewussten Wahrnehmung von unterschiedlichen Impulsen können zu Aggressivität, dem Gefühl von Überlastung und Abschottung führen. Unser Gehirn filtert also Informationen. Es bewertet, verzerrt und tilgt diese, je nach Anweisung. Aber auch diese Anweisungen geben wir nicht bewusst. Wir übertragen Sie durch unsere Überzeugungen und unsere Erwartungshaltung. Nehmen wir an Sie wollen sich richtig gut fühlen. Dann muss das Gehirn alle Informationen ausblenden, verzerren bzw. beschönigen, die um Sie herumschwirren. Sie haben das sicher schon erlebt. Wenn Sie richtig gut drauf sind kann Sie fast nichts erschüttern.

Selbst der nervige Kollege, der Sie sonst fast in den Wahnsinn treibt hat plötzlich auch sympathische Züge. Oder umgekehrt, mal angenommen Sie sind mies drauf. Dann nervt sogar Ihr bester Freund von Zeit zu Zeit und nicht mal das, was Sie sonst als Ihre Lieblingsbeschäftigung bezeichnen, kann Sie dann begeistern.

Um uns gut zu fühlen müssen wir alles was uns schlecht drauf bringt ausblenden. Um uns mies zu fühlen, müssen wir alles was uns motiviert ausblenden. Das ist die Wahrheit über ein selbstbestimmtes Leben und eines der größten Geheimnisse eines solchen.

Sie können nichts oder nur wenig ändern

an den Dingen, die um Sie herum passieren.

Aber Sie haben alle Macht der Welt über

Ihre Reaktion darauf.

Sie alleine entscheiden welchen Teil der Dinge und Ereignisse Sie wahrnehmen, worauf Sie Ihren Fokus legen. Sie alleine bestimmen welche Art von Informationen zu Ihnen ins Bewusstsein durchdringen. Sie sind kein Spielball dieser Ereignisse.

Das bedeutet nicht, dass Sie ab jetzt nur noch alles positiv und rosarot verklärt wahrnehmen sollen oder gar Fehler und Missstände schönreden müssen. Ganz im Gegenteil. Es bedeutet, Situationen und Ereignisse zunächst mal so hinzunehmen und anzunehmen, wie sie sind. Sie haben in dem Moment, in dem Sie sich ereignen und danach, sowieso keine Möglichkeit mehr sie zu ändern.

Von dieser Basis aus könnten Sie sich die Frage stellen: Kann ich etwas daran ändern? Wenn ja, will ich oder muss ich etwas daran ändern? Leave it, love it or change it - verlass die Situation, liebe sie oder ändere sie. Wie die Entscheidung auch ausfällt, es ist nie ein Problem, es sei denn wir machen eines daraus.

Des Weiteren wäre die Frage angebracht: Was kann ich der Situation Positives abgewinnen? Und wenn alles in Ihnen schreit: Gar nichts, dann fragen Sie sich: Was könnte ich der Situation Positives abgewinnen, wenn ich wollte? Was ist noch nicht perfekt daran? Wie kann ich damit umgehen und Spaß dabei haben?

Nehmen wir an, Ihnen wird der Job gekündigt. Können Sie das ändern? In den meisten Fällen nicht. Also nehmen Sie die Situation so schnell wie möglich an. Ich weiß, eine gewisse Zeit für Schock, Wut und Trauer ist menschlich und lässt sich nur selten umgehen. Aber seien Sie sich bewusst, dass Sie alleine das Ende dieser Phase bestimmen. Machen Sie sich dann so schnell wie es Ihnen möglich ist an die Beantwortung der Fragen.

Was ist positiv an der Situation? Oder wenn sich Ihr Verstand sträubt dann formulieren Sie es anders. Was könnte positiv an dieser Situation sein? Welche positiven Auswirkungen könnten sich daraus ergeben? Vielleicht sehen Sie die neuen Chancen. Vielleicht waren Sie schon lange nicht mehr glücklich in Ihrem Job.

Möglicherweise haben Sie jetzt endlich den Freiraum Ihren Traum zu verwirklichen oder noch mal von vorne durchzustarten. Was immer es bei Ihnen ist, ich bin mir sicher es gibt positive Aspekte. Woher ich das weiß? Von der Tatsache, dass wir in einer polaren Welt leben in der das Negative nie ohne das Positive existieren kann. Es ist immer beides da.

Ihre Wahrnehmung und die Bewertung dessen, was Sie wahrnehmen, bestimmt unser Urteil, wie unser Leben im Allgemeinen oder eine bestimmte Situation daraus, einzuordnen ist. Es ist immer alles da. Sie entscheiden, bewusst oder unbewusst, was davon Sie wahrnehmen wollen. Können Sie erkennen welche Macht über die Art und Weise Ihres Lebens Ihnen das verleiht?

Aber Vorsicht! Unsere Automatismen locken uns immer wieder in die alten Verhaltensmuster. Die neuen müssen immer wieder bewusst trainiert werden, so lange bis sie selbst zur Gewohnheit geworden sind und die bisherigen Automatismen ablösen. Es ist also zunächst harte Arbeit an sich selbst und danach führt es uns mehr oder weniger automatisch zum Ziel.

Die Zeit - Fakt und Illusion

Je älter man wird, desto mehr Raum nimmt die Vergangenheit in unserem Leben ein. Und das meine ich nicht nur rein mengenmäßig, weil der Anteil der verstrichenen Zeit im Vergleich zur Zukunft immer größer wird. Es liegt also scheinbar mehr hinter uns als vor uns. Richtig?

Tatsächlich können wir das gar nicht wissen, da wir nicht wissen wie alt wir werden. Das menschliche Leben endet nur in der Statistik zu einem bestimmten Zeitpunkt. In der Realität kann es jederzeit zu Ende sein, egal wie alt Sie gerade sind.

Die Vorstellung ein 20-jähriger Mensch hätte noch mehr Lebenszeit vor sich als ein 60-jähriger kann sich also genauso als Illusion herausstellen, wie die Vermutung wir würden in der Gegenwart leben. Während sich unser Körper nämlich hier in der Gegenwart befindet ist unser Kopf fast ausschließlich mit Vergangenheit und Zukunft beschäftigt. Das war schon zu allen Zeiten ein Problem das sich in unserer, ohnehin schnelllebigen Zeit, noch potenziert hat. Die gute Nachricht ist, dass sich viele Probleme auf diese einfache Weise auch wieder lösen lassen. Aber der Reihe nach.

Wer außer dem Menschen hat ein Verständnis von der Zeit. Es gibt für die meisten Wesen zwar ein Gedächtnis und Erinnerungen, die das jetzige Leben beeinflussen. Manche Arten kennen außerdem eine Art von Vorsorge. Sie bauen Nester, legen Vorräte an etc. Aber den dauernden geistigen Aufenthalt in Vergangenheit und Zukunft, den haben wir wohl exklusiv mit der Fähigkeit des Verstandes nachzudenken und zu reflektieren, als unschöne Zugabe mitbekommen.

Unsere Lieblingszeiten, Vergangenheit und Zukunft, existieren aber in Wirklichkeit überhaupt nicht. Nein, keine Angst, ich bin nicht übergeschnappt und auch nicht abgedreht ins Reich der Erleuchteten. Vielmehr ist das eine nachprüfbare Tatsache. Vergangenheit und Zukunft existieren ausschließlich in unseren Köpfen, in unserer Erinnerung bzw. unserer Erwartung. Wir erinnern uns oder meistens glauben wir nur uns zu erinnern, wie etwas war. Egal ob es sich um eine Sache oder ein Ereignis handelt, es ist nicht mehr vorhanden. Einzig das eine oder andere Erinnerungsstück hat es bis in die Gegenwart geschafft.

Das Ereignis selbst ist längst vergangen. Eine ebenfalls große Zeitspanne der Gegenwart verbringen wir damit, uns Sorgen zu machen, was wohl in der Zukunft passieren könnte oder wir planen diese zu gestalten. "Was wäre wenn …", war eine der erfolgreichsten Werbekampagnen der Versicherungswirtschaft, weil wir es scheinbar lieben, uns Sorgen darüber zu machen, was alles passieren könnte. Dabei treten 80 bis 90 % der Dinge um die wir uns sorgen oder vor denen wir Angst haben, überhaupt nicht ein. Und wenn, dann lernen wir im Normalfall damit umzugehen. Jedenfalls haben wir die Fähigkeit dazu in uns. Auch unsere Pläne werden in den wenigsten Fällen genauso umgesetzt, wie wir das heute planen.

Wenn du dich mit dem, was du nicht
willst beschäftigst, kannst du
das, was du willst, nicht tun.

Bruno O. Sörensen

Dabei gibt es einen einzigen Zeitpunkt an dem wir Menschen handeln können, den wir wirklich gestalten können und das ist das JETZT. Der jetzige Moment ist alles was wir haben, schreibt Eckhart Tolle in seinem Buch.

Als ich das zum ersten Mal gelesen habe hat sich sofort Widerstand in mir geregt. War es doch für mich immer klar, dass meine Vergangenheit zu meinem heutigen Leben dazu gehört, es maßgeblich so gestaltet hat, wie es heute ist. Wie könnte es diese Vergangenheit also nicht geben? Wenn ich durch die Erinnerung nicht in die Vergangenheit zurückkehren könnte, wie sollte ich aus ihr lernen? Wenn ich nicht für die Zukunft planen würde und potentielle Gefahren einkalkulieren könnte, wie sollte ich mein Leben gestalten?

Bei näherer Betrachtung erschien mir die Behauptung aber immer verständlicher. Natürlich müssen wir ein selbstbestimmtes Leben auch planen. Wir müssen wissen wo wir hin wollen und wie das Leben aussehen soll, das wir anstreben. Aber dürfen wir über der ganzen Planung den jetzigen Moment vergessen? Wie oft opfern wir unsere komplette Gegenwart für eine Zukunft, die dann vielleicht niemals so eintritt? Wie oft verzichten wir jahrelang auf Familie, Freizeit und gegenwärtigen Genuss, um ein fernes Ziel anzustreben?

Oder das Leben in der Vergangenheit? Selbstverständlich sollten wir aus Fehlern, die wir in der Vergangenheit gemacht haben, lernen. Aber ehrlich, das ist eine Sache von ein paar Momenten. Tatsächlich verbringen wir aber einen großen Anteil unserer Gegenwart damit, in Erinnerungen zu schwelgen und Erlebnisse aus unserer Vergangenheit zu glorifizieren oder sie in die Zukunft zu projizieren. "Das hat noch nie geklappt, warum sollte es jetzt plötzlich klappen?", ist ein typischer Spruch für eine solche Vergangenheitsorientierung. "Weil es ein neuer Versuch ist, der mit den vorherigen nichts zu tun hat", wäre die richtige Antwort darauf.

Die Zukunft hat nichts mit Ihrer Vergangenheit zu tun oder zumindest nur in dem Maße, wie Sie diese Vergangenheit bisher geformt hat, bzw. wie Sie zulassen, dass Sie diese Vergangenheit weiter beeinflusst. Die Zukunft aber ist noch nicht da und wird genau jetzt und hier gestaltet. Nichts was Ihnen widerfahren ist, ist Ihnen in der Vergangenheit widerfahren und nichts wird jemals in der Zukunft passieren. Alles geschah im Jetzt und wird immer im Jetzt geschehen. Es gibt nur diesen Moment. Mehr haben wir nicht.

Zugegeben, das ist eine sehr philosophische und teilweise abstrakte Betrachtung, wenngleich natürlich ein Faktum. Nähern wir uns dem Beschriebenen also anhand von ein paar Beispielen, denn ich denke, dass ein Verständnis der Zeit Ihnen eine große Hilfe bei der Gestaltung Ihres Traumlebens sein kann.

Nehmen wir im ersten Beispiel an, Sie haben Geldsorgen. Kein Auskommen mit dem Einkommen wie man so schön sagt. Sie sind auf die Verlockungen des modernen Konsums hereingefallen. Ihr Auto ist geleast, Ihr

Haus auf Schulden gebaut, Fernseher mit Dolby-Surround-Anlage und sonstige Luxusartikel supergünstig finanziert, von dem netten Händler, der außerdem noch "Kaufe Weihnachten, zahle Ostern", für Sie möglich machte. Ein paar Monate genießen ohne dass es sich auf dem Bankkonto negativ bemerkbar macht, das hat doch was, oder? Unser Staat lebt ja auch seit jeher auf Pump. Warum also wir nicht auch? Aber irgendwann ist es dann so weit. Die Bugwelle, die Sie schon eine Weile vor sich herschieben, hat sich zum Tsunami aufgetürmt und bricht über Ihnen zusammen.

Der nette Mensch von der Bank ist plötzlich gar nicht mehr so freundlich und kündigt Ihnen den Kontokorrent-Kredit. Lastschriften gehen zurück. Bearbeitungsgebühren, genau wie Zins und Zinseszins sorgen dafür, dass es immer mehr, statt weniger Verpflichtungen werden. Sie wissen gar nicht mehr wo Sie anfangen sollen mit dem Löcher stopfen. Ihr Leben besteht plötzlich nur noch aus den Versuchen Brandherde zu bekämpfen. Jeden Tag und jede Nacht sind Sie damit beschäftigt einen Ausweg zu suchen und die größten Flammen auszutreten.

Ohne Frage keine sehr angenehme Situation. Aber sind diese Geldprobleme tatsächlich 24 Stunden am Tag und 7 Tage die Woche akut? Nüchtern betrachtet sind diese Geldprobleme nur dann relevant, wenn Sie etwas bezahlen müssen. Das ist niemals rund um die Uhr der Fall.

Zum Beispiel wenn die Rate für den Hauskredit fällig wird oder wenn Sie Lebensmittel brauchen, die Versicherung fällig ist oder ähnliches. Faktisch handelt es sich also um ein paar Momente pro Monat, in denen Sie sich um dieses Problem kümmern müssen. Hinzu kommt die Zeit für die Planung und Ausführung der Gegenmaßnahmen, die sie ergreifen um aus dieser Situation heraus zu kommen. Den Rest der Zeit hilft Ihnen ein freier Kopf wesentlich mehr als das Rund-um-die-Uhr-Sorgenpaket.

"Welches Problem haben Sie jetzt? Genau jetzt in diesem Moment? Nicht in einem halben Jahr, nicht in fünf Minuten, sondern genau jetzt?", diese Frage stellt Eckhart Tolle in seinem Buch „Jetzt". Je häufiger es uns gelingt uns wieder auf den jetzigen Zeitpunkt zu konzentrieren und tatsächlich mit unserer ganzen Aufmerksamkeit hier zu sein, desto weniger Zeit werden wir mit Problemen verschwenden müssen. Erstens weil diese gar nicht die ganze Zeit bestehen, während wir uns mit ihnen beschäftigen. Und zweitens weil wir sie mit dem nötigen Abstand und einem freien Kopf wesentlich schneller und nachhaltiger lösen können.

Nehmen wir als zweites Beispiel an, durch die Geldprobleme haben sich mittlerweile auch Beziehungsprobleme aufgetan. Sie haben Angst, dass Ihr Partner / Ihre Partnerin Sie verlässt wegen der ständigen Sorgen oder jemand anderen kennenlernt. Hinzu kommt die Tatsache, dass man nicht gerade Liebe und Anerkennung erntet, wenn man sich in so eine missliche Lage manövriert hat. Stattdessen kommen nun meist noch gegenseitige Vorwürfe hinzu. Spätestens wenn der Gerichtsvollzieher zum Stammgast wird hat man zusätzlich noch das Ansehen bei Nachbarn, Freunden und Verwandten verloren. Das alles rundet das Gefühl ab, ein Super-Versager oder eine Super-Versagerin zu sein.

Auch hier wieder die Frage: Bestehen diese Art Probleme rund um die Uhr? Oder ist es nicht vielmehr unser eigenes Kopfkino, das die Lage dramatisiert und über die ganze Zeit am Leben erhält? Im Hier und Jetzt tauchen diese Art Probleme vereinzelt auf und vor allem, solange man nicht offen damit umgeht. Was für ein konkretes Problem besteht denn wirklich, wenn die Nachbarn mitbekommen, dass man auf die Schnauze gefallen ist? Glauben Sie wirklich, die hätten alles perfekt und richtig gemacht in ihrem Leben?

Und auch in der Beziehung entsteht nur dann Dauerstreit, wenn man völlig unsinnige und unnütze Schuldzuweisungen regieren lässt, statt gemeinsam an Lösungen zu arbeiten. Ersteres trennt Sie von Ihrem Partner / Ihrer Partnerin, letzteres schmiedet Ihre Partnerschaft meist noch enger zusammen.

Verstehen Sie mich bitte nicht falsch. Ich will damit nicht sagen, dass Sie in einen komaartigen "Alles-ist-gut-so-wie-es-ist-Zustand" verfallen sollen und fröhlich im Hier und Jetzt leben, während alles um Sie herum den Bach runter geht. Es geht vielmehr darum die Probleme dann anzugehen, wenn die Zeit dafür gekommen ist und ihre Lösung zu planen, wenn es notwendig ist. Beides nimmt einen Teil Ihrer Zeit in Anspruch, jedoch der Großteil bleibt Ihnen bei dieser Vorgehensweise zum leben.

Machen Sie sich bewusst, dass Zeit in unserem herkömmlichen Sinne etwas Künstliches ist. Eine Einteilung, die wir aus organisatorischen Gründen eingeführt haben und die uns Menschen vorbehalten ist. Die Zeitrechnung ist ein Ordnungssystem, das uns hilft, vor allem vergangene Dinge zu ordnen und unsere Tagesabläufe besser zu organisieren. Dieses Ordnungssystem ist aber nichts Gottgegebenes, sondern entspringt der Übereinkunft einzelner Gruppen von Menschen. Solange wir uns einig sind, dass heute z. B. Dienstag, der 29. Oktober 2013 ist und so ein Tag aus 24 Stunden, die Stunde aus 60 Minuten und die Minute aus 60 Sekunden besteht, solange können wir gemeinsame Termine vereinbaren und vom gleichen Zeitraum sprechen. Ein sehr gutes Hilfsmittel also, aber keine feststehende Tatsache und es hat nichts mit tatsächlicher Zeit zu tun.

In der eher christlich geprägten Welt gibt es eine Zeitrechnung vor Christus und eine nach Christus, was für den größten Teil der Welt völlig irrelevant ist. Bei den Chinesen herrscht eine ganz andere Zeitrechnung, genau wie es noch diverse andere Ansätze gibt, Zeit zu messen und zu dokumentieren. Wir wollen uns hier mit der Erkenntnis begnügen, dass unsere Zeitrechnung eine rein willkürliche Maßnahme, ein Werkzeug ist. Nicht mehr und nicht weniger.

Zahlreiche Probleme, die wir mit uns herumschleppen, basieren aber auf der Annahme Zeit wäre Realität. Und so fokussieren wir uns verbissen auf unsere Ziele (Zukunftsorientierung), in der Erwartung später würde alles besser, als es heute ist. Oder wir opfern unsere Gegenwart der Hingabe an Erlebnisse, die schon lange zurück liegen. Tatsächlich verstreicht aber währenddessen die einzige Chance unser Leben zu gestalten, nämlich eben jener Moment im Hier und Jetzt.

Der Ausverkauf der Selbstbestimmung

Mit dem Beginn der Fließbandfertigung durch Henry Ford begann eine neue Taktung unserer Zeit. Der zeitweilige Widerstand gegen die eintönige Arbeit, die Sekunde für Sekunde genau vorgegeben war, ohne Möglichkeit der Ablenkung und Zerstreuung zwischendurch, wurde mit Geld gebrochen. Bessere Bezahlung überzeugte die Arbeiter. Sie haben sich und ihre Selbstbestimmung bei der Ausführung der Arbeit buchstäblich verkauft.

Dieser Prozess geht seither immer weiter. Die meisten Menschen bestimmen nicht ihr Leben und schon gar nicht ihre Arbeit, sondern bekommen diese vorgegeben. Von Software überwacht und optimiert. Wir sind Sklaven der Maschinen, die alles takten und Sollzahlen ausspucken, die wir erreichen müssen. Daran wird unsere Leistung gemessen. Werden sie erfüllt, wird die Anforderung erhöht. Werden sie dauerhaft nicht erfüllt, werden wir als untauglich entlassen. Das System in dem wir leben ist auf kontinuierliches Wachstum ausgerichtet, was automatisch dazu führt, dass sich alles immer schneller dreht. Jedes Produkt kann heute im Bruchteil der Zeit hergestellt werden, wie vor 50 oder 100 Jahren. Wir sind unheimlich produktiv geworden und schaffen die Arbeit, für die wir früher 10 Stunden brauchten, heute in nur 1 Stunde oder schneller.

In der Theorie hätten wir dadurch jede Menge Freizeit und Lebensqualität hinzu gewinnen müssen und mittlerweile im Paradies leben sollen. Die Realität sieht etwas anders aus. Die Technik, die uns dienen sollte und das System, das uns entlasten sollte, beherrschen uns nun. Es sorgt für Stress in allen Bereichen. Der Mensch fühlt sich im Beruf überlastet, die Familie fordert Aufmerksamkeit, wir sind in Vereinen aktiv, versuchen unseren Hobbies nachzugehen, wir möchten wieder mal ein gutes Buch lesen, aber die Fernsehsendung heute Abend ebenfalls nicht verpassen oder ins Kino gehen.

Dazwischen immer mal wieder die Mails checken, bei Facebook und Twitter etwas posten, was wir gerade machen und uns dabei in einer Diskussion darüber verlieren, welcher Fußballverein aktuell der beste ist und ob sich die Welt nun gerade gegen "uns alle" verschworen hat oder nicht ... Wer hätte bei diesen Ansprüchen nicht gern 48 Stunden pro Tag zur Verfügung? Es würde nur nichts nützen.

Wir müssen warten bis unsere Seele und unser Gefühlsleben mit der Verarbeitung all dieser Erlebnisse nachkommt. Wir haben unseren Verstand trainiert und an die Vielfalt der Eindrücke und Anforderungen gewöhnt, aber diese Ereignisse wollen nicht nur vom Kopf verarbeitet werden, sondern vom ganzen Menschen. Darum fühlen wir uns ausgelaugt, fast schon ausgesaugt. Aber die Vampire der Neuzeit finden sich nicht in Menschengestalt, sie lauern im System dem wir uns verschrieben haben. Es lässt uns kaum noch Zeit im Hier und Jetzt mal durchzuatmen und anzukommen.

Egal welchen Herausforderungen Sie sich stellen müssen, welche Erlebnisse Sie belasten oder welche Ziele Sie verfolgen - vergessen Sie nicht Ihre Wahrnehmung so oft wie möglich beim jetzigen Augenblick zu lassen. Dann übersehen Sie auch nicht mehr die Schönheit und die Vollkommenheit, die uns zu jeder Zeit umgibt. Leben heißt wahrnehmen und gestalten. Beides geht nur JETZT. Sie haben nur dieses eine bewusste Leben. Verkaufen Sie es nicht gegen zweifelhafte Verpflichtungen und Zwänge.

Genau genommen leben nur

wenige Menschen in der Gegenwart.

Die Meisten haben nur vor,

einmal richtig zu leben.

Janusz Swift

Motivation – die treibende Kraft

Wer etwas erreichen will, der muss motiviert sein. Ohne Motivation wird jeder Versuch ein bestimmtes Ziel zu erreichen relativ schnell zum Erliegen kommen. Ich denke, da wird niemand groß widersprechen können. Doch was hat es mit dieser Motivation auf sich und wie entsteht sie? Oder besser gefragt, wie kann man sie in sich selbst entwickeln?

Der Trainer konnte die Mannschaft nicht mehr motivieren, hört man ab und zu beim Fußball, nachdem dieser entlassen wurde. Ich frage mich dann immer, warum das von ihm erwartet wurde und wie er das hätte anstellen sollen? Der Mythos man könne andere Menschen dauerhaft motivieren hält sich hartnäckig und füllt so manchem Motivations-Guru seit Jahren die Taschen. Und tatsächlich scheint es ja immer mal wieder zu funktionieren. Leider nie für längere Zeit. Der Patient muss immer wieder an den Motivationstropf und die Dosis muss ständig erhöht werden.

Aber dieses Phänomen findet sich keinesfalls nur in der Trainerszene, sondern auch in Unternehmen und sogar in der Schule und im Kindergarten. Als meine Nichte in die Schule kam konnte sie vor lauter Vorfreude und Aufregung kaum still sitzen und das dortige System, bei dem man sich Smileys verdienen konnte, bewirkte wahre Wunder. Sie tat sogar mehr als von ihr verlangt wurde. Dieser Ansporn schien also seinen Zweck zu erfüllen und das tat er auch – für sage und schreibe zwei Wochen. Für den Rest der Schulzeit müssen Sie wohl stärkere Geschütze auffahren. Spätestens als sie dahinter kam, wie das Spiel läuft und dass mit weniger Aufwand der gleiche Effekt erzielt werden kann, war es vorbei mit der Wirkung.

Und bei Erwachsenen ist das ganz genauso. Ein Bonus bei Zielerreichung motiviert beim ersten Mal, später wird er einkalkuliert. Mit Geldanreizen lassen sich immer noch gute Ergebnisse erzielen, aber wie gesagt, die Dosis muss immer wieder erhöht werden und wenn diese Anreize nach der Gewöhnungsphase wieder wegfallen wirken sie sich äußerst demotivierend aus. Die Beschäftigung mit motivierenden Büchern und Seminaren hat da schon eine anhaltendere Wirkung, aber auch diese verflüchtigt sich mit der Zeit. Wenn Sie schon einmal das Vergnügen hatten von einem Könner seines Fachs motiviert worden zu sein, dann wissen Sie, dass eine solche Veranstaltung durchaus Wirkung zeigt. Sie wissen dann aber auch, dass diese Wirkung im Feuer des Alltags genauso schnell verbrennt wie ein Stück Birkenholz im offenen Kamin. Es brennt, gibt eine Zeit lang warm, glüht dann nach und erlischt im Laufe des Abends.

In Dir muss brennen, was Du
in anderen entzünden willst.
Augustinus

Das Augustinus-Zitat ist natürlich wahr, aber wenn Sie es vom gefühlt 200sten Trainer vorgekaut bekommen haben, ist eine gewisse Abnutzung nicht mehr zu leugnen. Auch die legendären Aufforderungen eine brennende Leidenschaft für sein Produkt und seine Tätigkeit zu entwickeln, welche die Verkäufer immer wieder um die Ohren gehauen bekommen, fördert die eine oder andere Situationskomik zutage. Wenn zum Beispiel der Verkäufer seine Leidenschaft für Mietklos, Staubsaugerbeutel oder Kunstdärme entwickeln soll oder der Mitarbeiter für seine eintönige Arbeit. Aber man lügt sich da munter weiter in die eigene Tasche, weil der Auftraggeber eigentlich nichts verändern will und der Trainer gut dabei verdient. Der Mitarbeiter lässt es dann einfach über sich ergehen oder, wenn er clever ist, nimmt er den lehrreichen Teil für sich mit und nutzt ihn anderweitig.

Ich will damit nicht sagen, dass ein Motivationstraining oder andere motivierende Maßnahmen nichts bringen. Ich möchte nur darauf hinweisen, dass alle Maßnahmen von außen ins Leere laufen, wenn sie nicht die Eigenmotivation der Menschen entfachen oder diese zumindest stärken. Ich war 2001 bei Tony Robbins in Frankfurt und es war ein tolles Erlebnis einen Profi bei der Arbeit zu sehen. Die Choreographie stimmte bis ins Detail. Wenn er seine Stimme senkte wurde auch das Licht dunkler, die passende Musik untermalte alles und die Arbeit mit einzelnen Zuschauern war vorbereitet und kam glaubwürdig rüber.

Eine gut aufeinander abgestimmte Inszenierung mit einem Protagonisten, der über drei Tage vollen Einsatz zeigte und die Power vorlebte, von der er auf der Bühne sprach. Nur notorische Inspirationsverweigerer konnten sich dieser Wirkung entziehen. „Ich war schon motivierter", teilte mir zum Beispiel ein Sitznachbar mit, der mit verschränkten Armen auf seinem Platz saß. Nach dem Motto: „Na dann mach mal, das wollen wir erst mal sehen ob Du mich motivieren kannst."

Es gibt also natürlich Einflüsse von außen, die unseren Motivationskamin anzünden können und das Holz darin zum brennen bringen. Aber wenn wir nicht frühzeitig neues Holz nachlegen, wird das Feuer auch wieder genauso sicher erlöschen, wie es entzündet wurde.

Wenn Sie Ihre Träume umsetzen wollen, sie wirklich dauerhaft leben wollen, dann brauchen Sie Motivation so dringend wie das tägliche Brot. Aber im Gegensatz zum Brot, das Sie beim Bäcker holen können, können Sie nicht jeden Tag loslaufen und im Geschäft um die Ecke eine Tüte Motivation kaufen. Sie müssen lernen diese in sich zu entwickeln. Das ist gemeint, wenn von der intrinsischen Motivation, der Motivation von innen heraus, die Rede ist. Diese für die oben beschriebenen Mietklos, Staubsaugerbeutel, Kunstdärme oder eine eintönige Arbeit zu entwickeln wird ungleich schwerer sein, als für etwas das Sie sowieso begeistert.

Wenn Sie das tun, was Sie gerne tun, vielleicht sogar ohne Bezahlung als Hobby tun würden, einfach weil es Sie erfüllt, weil Sie sich darin verlieren und aufgehen können, dann brauchen Sie sich über Motivation keine Gedanken machen. Die wird Sie dann ohnehin begleiten. Auch wenn Sie wissen warum Sie etwas tun. Wenn Sie den tieferen Sinn, das Motiv dahinter erkennen, das für Sie wichtig ist, werden Sie motiviert sein. Aber ich darf Ihnen aus Erfahrung versichern, dass auch eine erfüllende Arbeit manchmal einfach nur Arbeit ist.

Selbst wenn diese überwiegend Spaß macht gibt es Aspekte und Aufgaben, die Sie nicht so gern tun werden. Es werden Tage dabei sein, da springen Sie nicht voller Vorfreude aus dem Bett, sondern wollen einfach nur liegen bleiben. Titus Müller, der Bestseller-Autor sagte bei einem Gespräch während unseres Interviews: „Ich liebe es zu schreiben und für das Schreiben zu recherchieren. Ich bin dankbar für meinen Beruf und dass ich davon leben kann. Und trotzdem ist es jeden Tag ein, mal mehr mal weniger, langwieriger Prozess bis ich damit anfange."

Und genau dafür brauchen Sie Ihre intrinsische Motivation. Für diese Situationen, in denen es nicht rund läuft, in denen Sie nicht in Ihrer Aufgabe aufgehen, in denen es darum geht anzufangen. Der innere Schweinehund hat uns nämlich öfter im Griff, als wir uns eingestehen wollen und er verteidigt sein Revier mit Zähnen und Klauen. Folgende Strategien wendet er dabei an:

- Er macht es uns leichter oder lässt es uns leichter empfinden etwas nicht zu tun, als es anzugehen.

- Er kreiert sogenannte Fluchtziele. Weg von irgendetwas oder irgendjemand, egal wohin. Zum Beispiel raus aus einer Beziehung, weg von der jetzigen Firma, raus aus dem Job oder ähnliches. Das führt zwar zu Veränderung, aber meist nicht zu dauerhafter Besserung.

- Er versucht das Bestehende zu erhalten, indem er die Angst vor dem Neuen größer macht, als den Leidensdruck mit dem Alten.

- Er schürt die Angst vor Fehlentscheidungen. Was wenn Sie falsch liegen?

- Er verwandelt ständiges Leiden in eine Art Sucht. Auch wenn Sie sich das bewusst nie eingestehen würden, brauchen Sie dann ein gewisses Maß an Leidensdruck für diverse Sekundärgewinne, die Sie daraus ziehen.

- Er sorgt dafür, dass uns der Preis den wir bezahlen müssen zu hoch erscheint. Die guten Vorsätze werden immer weiter aufgeschoben. Es ist immer irgendetwas gerade wichtiger, bis hin zur Flucht in diverse Krankheiten.

- Er sorgt dafür, dass der Nachschub an Ausreden nicht versiegt. Damit kann man wunderbar vor sich und dem Umfeld rechtfertigen, warum etwas nicht gehen kann. So kann man sich weiter ein Selbstbild vorgaukeln, das einer sorgfältigen Überprüfung nicht standhalten würde.

- Er sorgt besonders bei inkompetenten Menschen dafür, dass diese ihr Wissen und ihre Fähigkeiten überschätzen. Das sorgt nicht nur dafür, dass Fehler gemacht werden, sondern auch dafür, dass sie nicht erkannt werden. Ein Schuldiger ist meist schnell gefunden. Nur der Dumme denkt, er weiß alles. Der Kluge weiß, dass er nicht alles wissen kann.

- Er lässt uns an die eigene Unverwundbarkeit glauben. So sehen wir zum Beispiel, dass ein hoher Prozentsatz der Raucher Krebs bekommt, viele Ehen geschieden werden, Übergewicht zu Herz-Kreislauf-Problemen führt und vieles mehr, aber wir bringen es nicht direkt mit uns in Verbindung. Mich wird es schon nicht treffen.

Selbstverständlich ist dieser innere Schweinehund kein wirkliches Wesen in uns. Er verkörpert lediglich unsere Verhaltensmuster, damit diese greifbarer werden. Diese Verhaltensmuster erledigen ihren Job nicht um uns zu schaden, sondern meist um uns zu schützen. Zum Beispiel vor Überarbeitung, vor voreiligen Aktionen, vor dem Verlassen einer sicheren Umgebung, vor Depressionen aufgrund übergroßer Zukunftsangst und vieles mehr. Ich nehme an, Sie werden sich beim einen oder anderen Punkt oben wiedererkannt haben. Mir ging es jedenfalls so, als ich diese Beispiele aufschrieb. Es ist bequem und einfach der Argumentation des inneren Schweinehundes zu folgen und sich in seine schützenden Pfoten zu flüchten. Aber wirkliche Motivation etwas Neues anzugehen kann so natürlich nicht entstehen, geschweige denn, der Start in ein Leben nach den eigenen Vorstellungen gelingen.

Es bleibt Ihnen also nichts anderes übrig als sich diese ganzen Zusammenhänge klar zu machen und sich darauf einzustellen. Eine gute und ehrliche Selbstbeobachtung helfen Ihnen genauso dabei, wie die Fähigkeit Ihre Aufmerksamkeit auf das Ziel und das Motiv dahinter zu lenken. Dabei muss der Schweinehund, sprich die entsprechenden Verhaltensmuster nicht bekämpft, sondern angenommen und berücksichtigt werden.

Wenn Sie erkennen, wer sich da meldet, wenn Sie wieder Ausreden erfinden oder glauben Sie wüssten schon alles und bräuchten nichts mehr lernen, dann können Sie entsprechend reagieren, sich für den Input bedanken und bewusst entscheiden, was Sie wirklich wollen. Motivation hat letztlich auch viel mit dem Einklang mit sich selbst zu tun. Und der Schweinehund gehört nun mal genauso zu Ihnen wie Ihre Träume. Sie können nicht das eine erreichen, ohne das andere zu berücksichtigen.

Lernen Sie also alle Bereiche einzubinden und auf das auszurichten, was Sie wirklich wollen. Dazu gehört die Erholung, genauso wie die massive Aktion.

Das ist keine Lernen-und-ich-kann-das-Aktion, sondern ein Lernprozess der wahrscheinlich nie ganz endet. Die Belohnung winkt aber in Form von dauerhafter, zielorientierter und vor allem, von innen kommender Motivation.

Resilienz - Die Fähigkeit mit Widerständen umzugehen

Der Ausdruck Resilienz taucht immer häufiger in der Weiterbildungswelt auf. Im Volksmund wird Resilienz häufig mit Durchhaltevermögen gleichgesetzt, aber das trifft es nicht ganz. Es ist vielmehr die Fähigkeit auf Veränderungen zu reagieren, sich wieder auszurichten und weiter zu machen. Der Begriff stammt aus der Technik und beschreibt die Fähigkeit eines Stoffes oder Gegenstandes, nach einer Einwirkung von außen wieder in die ursprüngliche Form zurückzukehren.

Bei der Verwendung des Wortes in der persönlichen Entwicklung geht es dabei sowohl um das Durchhaltevermögen im klassischen Sinne, bei dem man ein einmal begonnenes Vorhaben auch zu Ende bringt, als auch um den Umgang mit sich verändernden Umständen oder Rückschlägen.

Auf Wikipedia wird auf den Ursprung des Wortes im Lateinischen "resilire" hingewiesen, was so viel heißt wie zurückspringen, abprallen. Und es heißt weiter:

"Im weitesten Sinne handelt es sich um Widerstandsfähigkeit. Die Fähigkeit, Krisen durch Rückgriff auf persönliche und sozial vermittelte Ressourcen zu meistern und als Anlass für Entwicklungen zu nutzen."

Die Überwindung von Ausnahmesituationen kann damit ebenfalls gemeint sein. Wer in seinem Leben traumatische Erlebnisse zu verarbeiten hat oder hatte, braucht Resilienz. Wer Opfer einer Vergewaltigung oder Missbrauchs in der Kindheit wurde. Wer Raub oder anderen Gewalttaten ausgesetzt war oder wer den Verlust eines geliebten Menschen verkraften muss, kann daran zerbrechen oder es überwinden und daran wachsen. Beide Szenarien sind möglich und erwiesenermaßen real. Was natürlich nicht heißt, dass dies ein leichtes Unterfangen wäre. Ein solcher Mensch braucht jede Menge Resilienz die ihm dabei hilft wieder zurück ins Leben zu finden.

Aber nicht nur bei solchen dramatischen Fällen brauchen Sie Resilienz, sondern auch bei der Verfolgung Ihrer Ziele und bei der Verwirklichung Ihres Traumlebens werden Sie ohne die nötige Resilienz nicht sehr weit kommen. Manche Experten gehen sogar soweit, die Resilienz als die wichtigste aller Erfolgsfaktoren darzustellen. Ob das tatsächlich so ist weiß ich nicht. Ich halte derartige Wertungen und Rangfolgen eher für subjektive

Einschätzungen. Aber dass der Resilienz, bei der Schaffung eines selbstbestimmten Lebens, eine wichtige Rolle zukommt ist unbestreitbar.

Das vielgerühmte Beispiel von Thomas Alva Edison und seinen vielen Fehlversuchen bevor er die Glühbirne erfand will ich hier gar nicht bemühen. Es reicht zu wissen, dass die Menschen, die wir für gewöhnlich als überdurchschnittlich erfolgreich bezeichnen, ausdauernd Ihr Ziel verfolgten, unabhängig wie oft sie bei ihren Versuchen scheiterten es zu erreichen. Edison hat die vielen tausend Fehlversuche als Feedback betrachtet. Er sah das Ganze nach dem Iterationsprinzip - dem Prinzip der Annäherung. Man startet einen Versuch, schaut was herauskommt, lernt aus dem Ergebnis und startet den nächsten, was zwangsläufig früher oder später zum Erfolg führt.

Was ich allerdings zunächst gar nicht glauben wollte, was aber in zahlreichen Statistiken aufgeführt wird, ist die durchschnittliche Anzahl der Versuche, der sogenannten Normalbürger, wenn es um die Verfolgung ihrer Ziele geht. Sie liegt offenbar unter Eins. Das bedeutet, wenn man mal voraussetzt, dass einige Menschen mehrere Versuche unternehmen ans Ziel zu kommen, dann muss es nicht wenige geben, die es gar nicht erst angehen. Sie nehmen sich nur vor irgendwann einmal etwas zu tun, was sie ans Ziel führen soll. Leider entpuppt sich irgendwann fast immer als ein verkleidetes Niemals.

Napoleon Hill schrieb schon Anfang der 1930er Jahre seinen Klassiker "Denke nach und werde reich", für dessen Inhalte er die 500 reichsten Männer seiner Zeit interviewte. Auf die Frage, wann sich denn der Erfolg bei ihren Vorhaben einstellte, waren sich fast alle einig, dass dies unmittelbar nach dem letzten und oft gleichzeitig dem größten Rückschlag geschah. Kurz nachdem sie ihre große Enttäuschung überwunden und trotzdem weitergemacht hatten.

Die dunkelste Stunde ist
immer vor dem Sonnenaufgang
Chinesisches Sprichwort

Rückschläge und Hindernisse gehören zu jedem großen Ziel und wer sein Leben nach den eigenen Vorstellungen gestalten will, wird das nicht ohne solche Rückschläge und Hindernisse umsetzen können. Das liegt in der Natur der Sache. Wir leben nicht alleine auf einer einsamen Insel und wir sind nicht frei von äußeren Einflüssen. Jeder Mensch hat das Recht sich und seine Vorstellungen zu verwirklichen, nicht nur Sie und ich.

Manche dieser Vorstellungen stehen den unseren diametral gegenüber. Es wird also Menschen geben, die uns behindern oder sogar gezielt gegen uns arbeiten, weil wir Konkurrenten um dasselbe Ziel sind oder weil die Umsetzung unseres Traumlebens, die Verhinderung der Vorstellungen unserer Widersacher bedeuten würde. Aber auch unsere Freunde, Familie und andere Menschen, die uns eigentlich wohlgesonnen sind oder sein sollten, können aus den unterschiedlichsten Gründen verhindern wollen, dass wir uns verändern - und sei es nur aus Angst uns zu verlieren.

Damit aber nicht genug. Gott lacht über unsere Pläne, sagt man, und da ist durchaus was dran. Während wir planen nimmt das Leben meist seinen eigenen Weg. Die Zusammenhänge in unserem Leben mit den äußeren Umständen und dem Leben der anderen Menschen sind so komplex und ergeben so viele verschiedene Möglichkeiten wie alles verlaufen kann, dass eine exakte Planung schlichtweg unmöglich ist.

Heißt das, wir lassen die ganze Planung einfach gleich ganz sein? Natürlich nicht. Es heißt nur, dass wir unser Ziel fest im Visier behalten müssen, während wir auf dem Weg dorthin extrem flexibel sein und bleiben müssen.

Ich kenne keinen Menschen, der nicht mit widrigen Umständen und Schicksalsschlägen zu kämpfen hatte oder dessen Leben glatt und glücklich ohne jedes Hindernis verlief. Und wenn es das gäbe, wüsste derjenige überhaupt nicht welches Glück ihm widerfahren ist.

Das sind manchmal unangenehme Ereignisse, die uns das Vorankommen erschweren. Manchmal sind es richtige Rückschläge, die uns zwingen noch mal von vorne zu beginnen und manchmal sind es glockenhelle Schläge, die alles in Frage stellen was wir uns bisher überhaupt vorgenommen hatten. Das alles kann passieren, aber es kann Sie nur dann aufhalten, wenn Sie nicht weitermachen. Solange Sie nicht aufgeben, ist alles was passiert nur ein Zwischenergebnis. Eine Art Feedback. Sie erhalten eine Rückmeldung vom Leben, dass etwas noch nicht richtig oder noch nicht auf die richtige Art und Weise angegangen wurde. Sie müssen sich in diesem Fall einfach neu ausrichten, einen neuen Weg suchen und weitergehen. Solange Sie in die richtige Richtung weitergehen kommen Sie zwangsläufig irgendwann an. In dieser banalen Wahrheit liegt ein Großteil des Geheimnisses vieler großer Erfolge.

Die einzige Schwierigkeit mit der Sie wirklich zu kämpfen haben, sollte eigentlich im Vorfeld erledigt worden sein. Also bevor Sie zu Ihrem großen Ziel aufbrechen. Aber da dies viele Menschen versäumen möchte ich es hier noch einmal ansprechen. Manche Rückschläge bedeuten nämlich auch, dass man nicht nur auf dem falschen Weg, sondern in die komplett falsche Richtung unterwegs ist. Das passiert vorwiegend dann, wenn das angestrebte Ziel gar nicht unser eigenes ist, sondern zum Beispiel nur angestrebt wird, weil dies von den Eltern, unserem Umfeld, unserer Familie oder sonst wem erwartet wird, bzw. wir andere damit beeindrucken wollen.

Oder weil wir etwas damit verbinden, was wir wirklich wollen, aber den völlig falschen Weg gewählt haben um es zu bekommen. Darunter fallen zum Beispiel selbsternannte Rockstars, die zwar musikalische Nieten sind, aber gerne den Ruhm, die Bewunderung und letztlich die Liebe der Menschen anstreben. Mehr dazu im Kapitel über die Zielfindung und das Warum hinter den Träumen. An der Stelle hier soll uns der Hinweis genügen, dass Sie sich bitte versichern, ob Sie tatsächlich Ihren eigenen Traum, Ihr eigenes Ziel, aus den Gründen verfolgen, die Ihnen wichtig sind. Oder mit anderen Worten, stellen Sie sicher, dass Ihre Leiter an der richtigen Wand lehnt, bevor Sie hartnäckig lernen diese Leiter schneller hochzuklettern. Am Ende eines langen, zermürbenden Kampfes steht sonst eine Enttäuschung.

Wenn Sie sich jedoch sicher sind, wie Ihr Traumleben aussehen soll und welche Ziele Sie dafür verfolgen wollen, dann lassen Sie sich nicht durch Hindernisse und Rückschläge aufhalten. Lernen Sie daraus, wachsen Sie daran und vor allem, gehen Sie weiter. Vergessen Sie nicht, dass der Sinn und Zweck Ihres Ziels darin besteht, dass Sie an ihm wachsen und sich entwickeln können. Betrachten Sie den Weg also neugierig und halten Sie sich nicht mit lamentieren auf, wenn es mal nicht so läuft wie Sie das gerne hätten. Wenn Sie verstanden haben, dass es darum geht, wer Sie auf dem Weg werden und was Sie auf dem Weg alles erleben und lernen dürfen, dann werden Ihnen gelegentliche Hindernisse sowieso nichts mehr ausmachen.

Im Gegenteil, sie bereichern das Spiel und geben Ihnen Gelegenheit dazu zu lernen und zu wachsen. Mit dieser Betrachtungsweise ist Resilienz fast schon ein Kinderspiel. Spielen Sie es mit Leidenschaft, Liebe und Freude.

Mentoren, Coaches und Gleichgesinnte

Vielleicht hatten Sie schon mal das zweifelhafte Vergnügen Fernsehsendungen wie "Peter Zwegat, raus aus den Schulden" oder "Die Supernanny" zu verfolgen. Das Prinzip dieser Sendungen ist relativ einfach. Der Sender sucht sich verzweifelte Menschen, die nicht mehr weiter wissen, stellt ihnen eine Hilfe zur Seite und filmt das Ganze. Bei Herrn Zwegat sind das Menschen, die überschuldet sind. Bei der Supernanny sind es Eltern, die mit der Erziehung ihrer Kinder überfordert sind. Haben diese Menschen denn die magische Formel der Entschuldung oder der Kindererziehung gefunden? Was passiert denn, wenn Peter Zwegat bei seinen Klienten aufschlägt? Das Schema ist immer das gleiche.

- schriftliche Bestandsaufnahme aller Schulden und Verpflichtungen
- schriftliche Analyse aller zur Verfügung stehenden Mittel
- Finanzierungslücke sichtbar machen
- Plan zur Schließung dieser Lücke ausarbeiten
- Plan umsetzen

Das ist nicht gerade Raketenwissenschaft, oder? Könnte man das auch ohne Herrn Zwegat hinkriegen? Rein sachlich betrachtet, ja. Aber was ist der große Unterschied, mal abgesehen vom jeweiligen Bildungsstand der Kandidaten? Der Hauptunterschied zwischen der Betrachtung der eigenen Lage und der Betrachtung durch einen Außenstehenden, wie Herrn Zwegat, liegt darin, dass der Berater emotional nicht involviert ist.

Während die Betroffenen den Wald vor lauter Bäumen nicht mehr sehen, weil Sie von Existenzängsten und vermeintlicher Aussichtslosigkeit getrieben werden, kann der Schuldnerberater Zwegat völlig unbelastet und mit klarem Kopf analysieren. Er sieht die Lösungen klar vor sich, kann sie auf den Punkt bringen und die Betroffenen können sich an die Umsetzung machen, sofern sie einverstanden sind.

Soweit so klar, aber was hat das mit Ihrem Traumleben zu tun? Nicht viel, nur den Unterschied zwischen vielen Irrwegen, eventuellem Scheitern und der Schnellstraße zu Ihrer Traumerfüllung. Auch Sie sind emotional involviert in Ihre Vorhaben - das hoffe ich jedenfalls. Und somit übersehen Sie automatisch manchmal die einfachsten Dinge. Selbst gestandene Coaches und Berater, die allen anderen Menschen helfen können, tappen oft völlig im Dunkeln, wenn es um ihre eigenen Schwächen und Probleme geht. Um es genauer auf den Punkt zu bringen:

Wir tun uns alle schwer damit, die eigene Lage, die eigenen Möglichkeiten und die eigenen Unzulänglichkeiten richtig zu erkennen und einzuschätzen. Ein Außenstehender kann uns hier eine große Hilfe sein. Je nach Budget, das Sie investieren wollen oder können, kann das ein Mentor sein, ein Coach oder jemand, der ebenfalls an der Realisierung seiner Träume arbeitet.

Der Mentor ist im Normalfall jemand, der das, was Sie anstreben schon erreicht hat oder zumindest weiß, wie Sie dorthin kommen können. Ein guter Mentor fordert und fördert Sie auf Ihrem Weg, inspiriert ihr Denken, hilft Ihnen die Möglichkeiten zu erkennen, zeigt aber auch die damit verbundene Arbeit an sich selbst auf und steht Ihnen in brenzligen Situationen mit Rat und Tat zur Seite.

Ein Coach hat im Prinzip eine ähnliche Funktion. Er oder sie muss aber nicht aus Ihrem Fachbereich kommen und auch nicht unbedingt Ahnung von Ihrem Ziel haben. Die Aufgabe des Coaches ist auch nicht irgendjemand zu sagen, wie es geht und was zu tun ist. Vielmehr coacht er oder sie den Klienten bei der Lösungsfindung. Die Hauptaufgabe des Coaches besteht darin, mit gezielten Fragen einen Prozess in Gang zu setzen, bei dem der Klient selbst Wege und Lösungen findet.

Gleichgesinnte können Menschen sein, die das gleiche Ziel verfolgen, in einem ähnlichen Bereich ein Ziel anstreben oder einfach ebenfalls an der Realisierung ihrer Träume arbeiten. Mit Gleichgesinnten haben Sie die Möglichkeit sich auszutauschen, sich gegenseitig mit Ideen und Aktionen zu unterstützen oder bei Problemen Unterstützung zu leisten. Und sei es nur als Gesprächspartner. Vor allem bei Selbständigen darf der Faktor Einsamkeit nicht unterschätzt werden. Jemand mit dem man offen über alles reden kann ist da Gold wert.

Egal, wie intensiv Sie Unterstützung genießen möchten und wie professionell, wichtig ist, dass Sie sich welche besorgen. Emotional nicht involvierte Menschen können Ihnen besser helfen, als welche die genauso betriebsblind sind, wie Sie selbst. Das kann Ihren Vorhaben einen wahren Turbo verleihen. Und auch für den nächsten Faktor kann die Unterstützung von Außenstehenden ein wahrer Segen sein.

Die Sache mit der Angst

Man sagt uns Deutschen ja nach, wir hätten die Angst erfunden. "German Angst" ist in Amerika sogar zum geflügelten Wort für typisch deutsche Zögerlichkeit und übertriebene Reaktionen auf äußere Umstände geworden. So sind wir das einzige Land in dem Google Street View nicht weiterentwickelt wurde, weil man Angst vor der damit verbundenen Transparenz hatte. Auf BSE, Vogelgrippe und andere, verhältnismäßig unspektakuläre Bedrohungen, wurde hierzulande ebenfalls fast schon hysterisch reagiert und das auf allen Ebenen, vom Normalbürger bis zum Gesetzgeber.

Die Angst spielt also in unserem Leben eine große Rolle und um es vorweg zu nehmen - Angst an sich hat ihre Berechtigung und ist wichtig. Ohne Angstgefühle würden wir uns unnötig in Gefahr bringen. Angst schärft unsere Sinne, zumindest solange sie nicht zum dominierenden Gefühl wird. Wenn uns Angst daran erinnert, dass zum Beispiel ein Fehler beim Tanz auf dem Hochseil der letzte des eigenen Lebens sein kann und somit dafür sorgt, dass wir konzentriert nach notwendiger Perfektion streben, ist das äußerst hilfreich. Wenn sie aber das Ruder übernimmt und uns blockiert, dann führt sie dazu, dass wir nicht mehr auftreten können.

Mit der Angst vor der Erfüllung der eigenen Träume ist das ebenso. Die Angst vor dem Scheitern, vor der Blamage, vor dem Verlust der Anerkennung und des Respekts, vor dem Verlust des Bestehenden. Diese Angst kann uns helfen, alles gründlich zu planen und nicht blindlings in den Abgrund zu rennen. Sie kann uns aber auch beherrschen und erstarren lassen. Die Angst ist ein Werkzeug, das wir benutzen können. Sie kann aber auch zum unüberwindlichen Hindernis werden. Es gibt Beziehungen zwischen

Menschen, deren einziges Bindemittel die Angst ist. Die Angst vor dem Alleinsein, die Angst vor den Unannehmlichkeiten der Trennung, die Angst vor dem Partner/der Partnerin oder die Angst vor dem, was die Leute wohl sagen würden.

Im Berufsleben begegnet man ebenfalls immer wieder Menschen, die einem stundenlang erklären können, was alles übel ist an ihrem Job, aber die Bereitschaft etwas zu verändern fehlt trotzdem. Da dominiert die Angst, nichts anderes zu finden, die Angst zu scheitern, die Verlustangst, die Existenzangst, die Angst vor dem sozialen Abstieg, die Angst vor der Armut und vieles mehr. Was wäre wenn es nachher noch schlimmer kommt? Jetzt ist es wirklich schlecht, aber berechenbar. Man weiß, was Tag für Tag auf einen zu kommt und was man davon hat. Was, wenn es schlechter wird?

Sie sehen, die Angst kann zu einer zerstörenden, lähmenden Kraft werden, wenn Sie das zulassen. Und glauben Sie mir, die Versuchung ist groß sich der Angst hinzugeben und sie als Vorsichtsmaßnahme zu verkleiden. Viele Menschen bringen es da zu wahrer Meisterschaft.

Ein Bekannter von mir erzählte mir eines Tages von seinem Traum, ein eigenes Unternehmen aufzubauen. Er ist verheiratet, Vater von zwei Kindern und war damals in einer Führungsposition bei einem mittelständischen Unternehmen angestellt. Der Job machte ihm Spaß, er verdiente gutes Geld und er bekam gewisse Freiräume und Fördermaßnahmen um sich zu entwickeln. Trotzdem fehlte ihm die letzte Erfüllung.

Er wollte seine eigenen Entscheidungen treffen und nach seinen Vorstellungen gestalten. Er hatte sogar eine Idee, wie er das hätte umsetzen können, die sehr vielversprechend klang. Aber tatsächlich aktiv geworden ist er nicht. Als ich ihn fragte, warum er es nicht einfach mal angehe, schließlich ergibt sich meist ein Weg, wenn man erst mal losgelaufen ist, antwortete er: „Das geht nicht, ich habe eine Frau und zwei Kinder." Und er sagte das ohne weitere Ausführungen, so als würde das alles erklären.

„Andere Unternehmensgründer haben auch Familie", antwortete ich. „Es geht ja erst mal nur um die Planung und die Erarbeitung der Entscheidungsgrundlagen." Davon wollte er allerdings nichts hören. Er wollte seinen Traum zwar gerne wahr machen, aber das Erreichte nicht verlieren. Tatsächlich hat eine Unternehmensgründung im Wesentlichen nichts mit dem

Familienstand zu tun, sofern alle Beteiligten die Konsequenzen mittragen. Wenn ein Businessplan vielversprechend ist, voraussichtlich genug Gewinn abwirft um den Gründer und dessen Familie zu ernähren, dann kann man das Restrisiko, das mit einer Gründung einhergeht, eingehen. Wenn es zu riskant und unvorhersehbar erscheint, sollte man auch als Lediger die Finger davon lassen. Die Ehefrau und die Kinder waren also ein Vorwand, ein Synonym für die eigene Angst vor dem Scheitern, vor der Verantwortung, vor dem Verlust des bisher Erreichten oder was immer auch den Einzelnen zurückhält. „Irgendwann werde ich das schon machen, aber nicht jetzt", sagte er. Zwei Jahre später hat ihn eine schwere Krankheit aus dem Berufsleben gerissen. Seine Familie muss sich nun selbst über Wasser halten und ihn noch mit versorgen. Seinen Traum wird er nicht mehr umsetzen können.

Ich sage nicht, dass sich jeder Hals über Kopf in das nächstbeste Abenteuer stürzen sollte, weil schon morgen das Leben vorbei sein könnte. Es muss und kann auch nicht jeder sein eigenes Unternehmen gründen, der davon träumt. Dazu gehören noch ein paar weitere Faktoren. Stattdessen geht es aber darum seine Träume zu analysieren. Warum möchte ich das erreichen? Was steckt dahinter und was wird außer den angenehmen Aspekten, von denen ich träume, voraussichtlich noch alles passieren? Wer dabei aber feststellt, dass es eine realistische Chance für die Umsetzung seines Traums gibt und dass er oder sie diesen auch wirklich umsetzen will, der sollte die Angst beherrschen, anstatt sich von ihr beherrschen zu lassen.

Der Mut zum Handeln erwächst aus dem Glauben an das eigene Potential und dieser speist sich aus den erzielten Resultaten, die nur erzielt werden können, wenn man handelt. Dieser Kreislauf kommt nicht in Gang, wenn die Angst dominiert. Seien Sie also mutig. Ein Leben nach den eigenen Vorstellungen zu leben bringt gewisse Risiken mit sich. Nutzen Sie Ihre natürlichen Angstreflexe um den Umständen auf den Grund zu gehen, aber verlieren Sie sich nicht darin. Gehen Sie Ihren eingeschlagenen Weg mutig voran. Sie werden überrascht sein, wie wenig von dem eintritt, was Sie befürchten.

Allerdings sind es hartnäckige Programme, die uns in der Kindheit und im Lauf unseres Lebens aufgespielt wurden, die diese Ängste auslösen. Sobald Sie Ihren Entschluss gefasst haben und die ersten Schritte in Richtung Veränderung gegangen sind, melden sich diese Programme. Wer zu hoch hinaus will, wird tief fallen. Schuster bleib bei Deinen Leisten. Diese und ähnliche Weisheiten, die uns je nach Umfeld, von klein auf eingepflanzt wurden, verbunden mit diversen Glaubenssätzen, wie die Welt denn so ist, machen sich plötzlich wieder bemerkbar. Nicht wenige Menschen lassen sich, trotz bester Vorbereitung und glänzender Aussichten auf Erfolg, davon einschüchtern und ziehen es vor in ihrer ungeliebten, aber bekannten Situation zu bleiben. Durchbrechen Sie diese Muster.

Ein starkes Warum gibt Ihnen die Kraft dazu und diese Kraft wird umso stärker ausfallen, je stärker der Nutzen Ihres Ziels auch für andere ist. Rein egoistische Ziele sind nichts Verwerfliches und absolut in Ordnung, aber sie entwickeln nicht die gleiche Dynamik wie ein Ziel, mit dem Sie einen Beitrag leisten können. Sie können jederzeit der Mensch werden, als der Sie gedacht waren, bzw. der Sie sein wollen. Sie müssen dazu die Angst beherrschen und überwinden. Hinter der Angst vor dem Neuen liegt Ihr Traumleben. Somit gilt: Dort wo die Angst ist, verläuft Ihr Weg zum Ziel.

Freund und Feind - Der Einfluss unseres Umfelds

Warum können Menschen unter bestimmten Umständen Höchstleistungen vollbringen und in anderen Situationen total untergehen? Wie kann es sein, dass manche Sportler sich in einem harten Konkurrenzkampf immer wieder gegenseitig übertrumpfen und sich nach ihrer Karriere komplett gehen lassen? Wie kann es sein, dass wir in einem leistungsfördernden Umfeld mehr wachsen und mehr leisten können, als in einem gleichgültigen und nachsichtigen?

Ganz einfach - wir machen für gewöhnlich das, was unser engster Bezugskreis von uns erwartet. In einer Umgebung der besten Experten auf Ihrem Fachgebiet, werden Sie sich mehr anstrengen müssen, als wenn Sie der einäugige König unter den Blinden sind. Wenn Ihnen Ihr Umfeld andauernd gute Ergebnisse abfordert, dann werden Sie sich anders entwickeln, als wenn die wichtigsten Bezugspersonen Ihnen alles nachsehen, ja Sie sogar zurückhalten.

Diese Tatsache kann zu einem der größten Probleme auf dem Weg zu Ihrem Traumleben werden, wenn Sie sich nicht darauf vorbereiten. Vielleicht kommen Sie ja bereits aus einem Umfeld in dem alle wachsen und sich weiterentwickeln wollen, dann ist ja alles bestens. Aber oft entsprechen Sie, an Ihrem jetzigen Ausgangspunkt, dem Schnitt der fünf nächsten Bezugspersonen Ihres Lebens. Das bezieht sich auf viele Bereiche Ihres Lebens, wie zum Beispiel Ihr Einkommen, Ihre Karriere, Ihre Position, Ihre familiären Verhältnisse.

Wenn Sie nun versuchen, diesen Bereich zu verlassen, dürfen Sie nur selten mit uneingeschränkter Unterstützung rechnen. Wenn Sie sich weiterentwickeln, entwickeln Sie sich von Ihrer Bezugsgruppe weg. Sie bewegen sich aus dem "Gleichheitskreis" heraus, heben sich ab und das werden die anderen Mitglieder dieser Gruppe, bewusst oder unbewusst, verhindern wollen.

Sie sagen dann Dinge, wie: "Häng Dich da doch nicht so rein. Du hast ja gar keine Freizeit mehr. Ist doch halb so wild, wenn es nicht klappt. Das Leben geht auch so weiter. Alle hier sind bisher sehr gut ohne klar gekommen." usw. Das ist in den wenigsten Fällen böse gemeint oder gegen Sie persönlich gerichtet, sondern ein ganz normaler Reflex, der unserem Bedürfnis nach Liebe, Zugehörigkeit und Sicherheit in der Gruppe entspringt. Wir wollen nicht, dass diese Gruppe sich zu unserem Nachteil verändert, wollen niemand aus dieser Gruppe verlieren. Und wenn Sie etwas Größeres schaffen als die anderen, entfernen Sie sich von ihnen und sie fühlen sich automatisch kleiner.

Machen Sie sich also auf Gegenwehr gefasst. Je mehr Erfolg Sie haben bei dem was Sie tun, desto mehr Ablehnung wird Ihnen begegnen. Dieses Verhalten ist nicht schön, aber es ist schon bei Kindern zu beobachten. Wer die größte Sandburg haben will, kann seine eigene immer größer und schöner machen oder alle anderen zerstören. Leider wählen viele Menschen oft die letztere Option.

Neid, Missgunst und der Drang, den entwachsenden Menschen wieder zurecht zu stutzen, kommt leider öfter zum Vorschein als ein Gefühl der Freude, dass uns jemand zeigt, dass etwas möglich ist. Wenn es einer schafft, können die anderen nicht mehr sagen es geht nicht und das nehmen sie dem Einen übel. Dann müssen die anderen beweisen, dass dieser Eine es nur geschafft hat, weil er mehr Geld hatte, betrogen hat, unmoralisch vorging, über

Leichen ging oder sonst etwas getan hat, was seine Leistung schmälert. Das erhöht dann scheinbar wieder die eigene Bedeutung und beruhigt das Ego mit einer weiteren Lüge, dass man selbst ja dasselbe erreichen könnte, aber halt ein besserer Mensch ist, der niemals so niederträchtig vorgehen würde.

Sorgen Sie unbedingt dafür, dass Sie selbst frei von solchen negativen Anwandlungen werden und sich über Erfolge anderer freuen können. Und nehmen Sie zur Kenntnis, dass dies noch nicht jedem gelingt. Das wird Ihnen helfen Ihr Umfeld und manche Aktionen dieser Menschen besser zu verstehen.

Sorgen Sie außerdem dafür, dass Sie sich in einem Umfeld bewegen, das Sie fordert und fördert. Umgeben Sie sich immer wieder mit Menschen, die das schon erreicht haben, was Sie anstreben und die in vielen Bereichen noch besser sind als Sie. Das heißt nicht, dass Sie alle bisherigen Freunde und Verwandten aufgeben müssen und diese in Zukunft meiden sollten. Pflegen Sie ruhig weiterhin die Freundschaft zu allen Menschen die Ihnen wichtig sind, aber legen Sie strenge Auswahlkriterien an bei der Entscheidung, wer Einfluss auf Sie und Ihre Handlungen nehmen darf und wer nicht. Auch wenn es so klingt, das widerspricht sich nicht und ist parallel möglich.

Eine besondere Frage, die in diesem Zusammenhang immer wieder auftaucht, ist die nach dem Partner, der Partnerin, falls diese/r die eigenen Ziele und Träume nicht teilt oder sogar behindert. Der Lebenspartner ist unser engster Vertrauter / unsere engste Vertraute, zumindest sollte das so sein. Wenn er oder sie unsere Träume nicht teilt oder uns nicht unterstützt, dann sind Probleme vorprogrammiert. Aber der Reihe nach. Selbst die engste Partnerschaft besteht aus zwei individuell unterschiedlichen Menschen, mit eigenen Bedürfnissen, Werten und Überzeugungen. Ihr Partner / Ihre Partnerin hat also logischerweise immer das Recht auf eigene Träume und eigene Ziele. Wenn diese mit Ihren nicht harmonieren, gilt es eine gemeinsame Entscheidung zu treffen. Und zwar eine mit der BEIDE dauerhaft gut leben können.

Es ist etwas Wunderbares wenn beide ein gemeinsames Ziel verfolgen, sich ergänzen, unterstützen und auch die Wertehierarchie harmoniert. Das ist zum Beispiel der Fall, wenn ein Partner Erfolg ganz oben auf seiner Werteskala hat und der andere Fürsorge und Zugehörigkeit. In solchen Fällen macht einer von beiden Karriere, der andere unterstützt ihn oder sie und hält den Rücken frei. Die Partner konkurrieren nicht, sie ergänzen sich. Oder auch wenn beide ähnliche Ziele verfolgen und eher beide die Freiheit als wichtig betrachten oder beide die Treue. Ungemütlich wird es auf Dauer, wenn der freiheitsliebende Partner auf den Treuefanatiker trifft.

Aber auch wenn der eine Partner sich entwickeln und selbständig arbeiten will, der andere aber Sicherheit als wichtigsten Wert betrachtet. Bei jedem Umsatz- und Gewinneinbruch und den damit verbundenen Schwierigkeiten ist der Ehekrach vorprogrammiert.

In unseren Träumen und Wünschen teilen wir
anderen Menschen gern bestimmte Rollen zu.

Wenn sie sich weigern diese Rollen zu spielen,
sagen wir oft enttäuscht, sie hätten unsere
Gefühle verletzt.

Dabei haben sie nur von ihrem Recht
auf Freiheit Gebrauch gemacht.
Hans Kruppa

Was also tun? Man liebt den Menschen ja im Normalfall nicht nur unter der Bedingung, dass er oder sie einen bedingungslos unterstützt.

Sie haben das Recht Ihr Leben nach den eigenen Vorstellungen zu gestalten. Daran gibt es nichts zu rütteln, auch nicht vom Lebenspartner. Aber der zweite Teil dieser Partnerschaft hat dasselbe Recht natürlich ebenfalls. Geht das zusammen? Leider nicht immer. Manchmal heißt die Konsequenz einfach, dass jeder seinen Weg geht und man sich in aller Freundschaft trennt.

Aber in den meisten Fällen lassen sich Lösungen finden, wenn beide daran arbeiten und sich gegenseitig ein selbstbestimmtes Leben zugestehen. Wenn Ihre Liebe zu Ihrem Partner / Ihrer Partnerin groß genug ist, dann dürfte das machbar sein. Wenn Sie dagegen nur auf bestimmten Bedingungen beruht, die erfüllt sein müssen, dann wird es schwierig werden.

Diese Thematik haben wir ja schon im Kapitel über das Haben und das Sein behandelt. Bei der Frage ob Sie den Partner als Besitz betrachten, als IHREN Mann oder IHRE Frau oder eben als freien Menschen bedingungslos lieben können. Wenn Sie wollen, lesen Sie diesen Bereich doch unter den neuen Gesichtspunkten aus diesem Kapitel noch einmal. Möglicherweise ergeben sich daraus jetzt neue Möglichkeiten für Sie und Ihre Partnerschaft und nicht zuletzt für Ihren Erfolg auf dem Weg zu Ihrem Traumleben.

Herren und Diener - Der Mythos der Gleichheit

Mit zitternden Händen hob er die Tasse mit dem dampfenden Milchkaffee an seine Lippen und nippte von dem köstlich-heißen Trank. Seine Augen ruhten auf der rassigen, schwarzhaarigen Bedienung, die sich hinter der Theke am gebrauchten Geschirr zu schaffen machte. Ihre Tätowierungen spiegelten sich in der Glasscheibe des kleinen Bahnhofs-Cafés. Es waren gute Arbeiten, dachte er, schöne Motive. Die kleine Rose am linken Unterarm erinnerte ihn an Lisa. Sie trug die gleiche Rose, allerdings am Rücken, genauer gesagt, am rechten Schulterblatt. Überhaupt war das Mädchen Lisa sehr ähnlich, mit ihrer erfrischenden Art und der jungen Ausstrahlung. Sexy aber nicht aufdringlich. Ideal um die männliche Phantasie anzuregen, aber ohne plump die niedersten Instinkte anzusprechen. Ja, sie schien es zu verstehen, sich zu präsentieren.

Lisa verstand es ebenfalls immer, ihrem Willen mit ihrer Erscheinung Nachdruck zu verleihen. Sie spielte auf der Klaviatur der Gefühle wie ein Virtuose auf seiner Stradivari. Und sie spielte im Konzert des Lebens das Führungsinstrument und gab die Melodie vor.

Er war ihr verfallen. Wie so viele Männer damals. Er betete sie an, traute sich aber nicht sie anzusprechen. Lisa war wie ein Kunstwerk. Man betrachtete es aus der Ferne, bewunderte es und träumte davon es zu besitzen, wohl wissend, dass es ein Traum bleiben wird. Solche Kunstwerke waren den Herren vorbehalten.

Er teilte die Welt immer noch in Herren und Diener ein. So hatte er es in seiner Jugend gelernt und er sah nichts, was darauf hindeutete, dass sich etwas geändert hätte. Er nippte an seinem Kaffee. Auch wenn die Diener heute etwas besser bezahlt wurden und ihnen gewisse Freiheiten zugestanden wurden, blieben sie dennoch Diener. Ohne die Freiheit über das eigene Leben zu bestimmen und ohne wirkliche Wahl, was sie mit diesem Leben anfangen wollten. Die Herren nahmen sich was sie wollten und sie ließen die Diener dafür arbeiten und im Zweifelsfall sogar dafür bezahlen. Daran hatte sich nie etwas geändert. Nur dass man sich heute die Mühe machte, den Dienern die Illusion zu vermitteln, sie könnten frei entscheiden.

Trotz dieser Widrigkeiten hatte sich Lisa damals für ihn interessiert. Eine Tatsache, die ihn noch heute verwunderte. Sie hatte ihn angesprochen, was zu der damaligen Zeit sehr gewagt war. Sie hatten Kaffee getrunken in einem kleinen Café, fast wie diesem hier. Er hatte das Gefühl gehabt ihr alles erzählen zu können. Seine Träume, seine Ängste, seine Geheimnisse und seine Pläne. Sie unterhielten sich den ganzen Nachmittag und die Zeit schien nicht mehr zu existieren.

Dieses Mädchen hinter der Theke sah ihr verdammt ähnlich. Oder täuschte er sich? Die Erinnerung begann zu verblassen. Er war sich nicht mehr sicher. Vielleicht wollte er auch nur, dass sie Lisa ähnlich war. Wer weiß. Es war auch nicht wirklich wichtig.

Er hatte sich nach diesem Nachmittag im Café immer wieder mit ihr getroffen und ihre zarte Liebe entfachte nach und nach einen Sturm der Gefühle. Er versank komplett in diesen Tagen voller Glückseligkeit, obwohl er das Ende eigentlich schon kannte. Er wusste, dass es nicht gut ausgehen würde. Die Herren forderten früher oder später ihr Recht.

Es passierte früher als gedacht, an einem sonnigen Samstagnachmittag. Der Sportwagen hielt bei ihrem gemeinsamen Spaziergang neben ihnen. Als der gut gekleidete junge Mann nach dem Weg fragte und seine Augen dabei nicht von Lisa ließ wusste er, dass der Zeitpunkt gekommen war. Lisa wies die Avancen des Fremden zwar zurück, aber er war sich sicher, dass dies nur vorübergehend so war. Er fühlte sich, trotzdem er es erwartet hatte, verletzt und beleidigt. Er machte ihr immer schlimmere Vorwürfe und warf ihr ständig vor, er wäre nicht gut genug für sie. Mit einem Sportwagen durchs Leben gefahren zu werden wäre ja schließlich angenehmer als mit dem Fahrrad.

Lange Wochen ging das so. Heute wunderte er sich, dass Lisa das so lange ausgehalten hatte. Aber eines Tages konnte sie einfach nicht mehr. Sie brauchte eine Schulter zum ausweinen, ein offenes Ohr, Verständnis und ein wenig liebevolle Zuneigung, ohne Probleme und Streit. Der Sportwagenfahrer war da und er ließ sich nicht zweimal bitten.

Der Milchkaffee war fast leer. Mit einem Seufzer trank er den letzten Schluck aus und löffelte den Schaum aus der Tasse. Er würde nie Lisas wehmütigen Blick vergessen, als sie sich von ihm verabschiedete. "Warum hast Du es so versaut?", schien dieser Blick zu fragen. Die Herren nehmen sich immer was sie wollen, dachte er, weil die Diener es zulassen.

"Kommen Sie, wir müssen weiter." Die Pfleger waren von der Toilette zurück. "Das Heim schließt um Acht, da müssen wir dort sein." Er nickte kurz und ließ sich aufhelfen. Ob sie dort wohl gut für ihn sorgen würden? Wie es jetzt wohl im Kreise einer Familie wäre? Er schüttelte den Kopf. Nein, das war oft genug auch nicht besser. Allein war allein, ob im Kreis einer Familie, die einen eigentlich nicht mehr will, oder unter Fremden. Wer den Zeitpunkt seines Abgangs überschritten hatte war übrig und allein - egal wo.

"Nutzen Sie Ihre Chancen, wenn sie sich ergeben", sagte er beim Gehen zu der verdutzten Bedienung. "Sie können nicht zurück." Ihr Erstaunen wich einem Lächeln. Sie nickte ihm zu und er seufzte zufrieden, während er sich hinaus helfen ließ.

Wir Menschen denken oft wir kämen zu kurz, würden etwas verpassen oder würden benachteiligt. Wir merken dann gar nicht mehr, was uns alles geschenkt wird und wir verlieren es nicht selten sofort wieder durch diese Unachtsamkeit. Ich denke wie der alte Herr, in dessen Jugend es wahrscheinlich noch richtige Herren und Diener gab, dass sich im Lauf der Zeit nicht viel geändert hat. Gleichheit für alle ist bisher tatsächlich immer an der Umsetzung gescheitert. Es gab und gibt immer welche, die privilegierter sind als andere, einflussreicher und mächtiger.

Allerdings ist das heute oft keine Frage des Geburtsrechts mehr, sondern der eigenen Positionierung. Immer wenn sich Menschen begegnen gibt es welche mit Hochstatus und andere mit Tiefstatus. Sprich, welche die sich dem Gegenüber überlegen fühlen oder unterlegen. Es ist ein Mythos, dass wir allen Menschen gleich begegnen oder dass uns alle Menschen gleich behandeln, einstufen oder bewerten. In jedem Bereich, egal ob Beruf, Schule, Freizeit, Sportverein, Freundeskreis oder sonstigen Begegnungsstätten, gibt es Menschen mit Hochstatus und Menschen die vom Status her unter diesen Menschen angesiedelt sind.

Vielleicht mag Ihnen diese Behauptung nicht gefallen und möglicherweise werden Sie diese anzweifeln. Aber prüfen Sie das einfach für sich selbst nach. Bestimmen in Ihrer Familie, Ihrem Freundeskreis oder in Ihrem Verein alle zu gleichen Anteilen mit? Ich meine hier nicht die vorgegebenen Hierarchiestellungen, die Vorstände, Vorgesetzte oder Eltern aufgrund ihrer Position einnehmen. Vielmehr die Autorität, die Menschen aufgrund ihres Auftretens und ihrer Selbstsicherheit ausstrahlen. Sie bestimmen oft was gemacht wird, unabhängig von Amt und Würden. Oder sie nehmen entsprechenden Einfluss auf diejenigen, die bestimmen.

Herren und Diener gab es zu allen Zeiten und wird es auch in Zukunft geben, auch wenn wir sie heute nicht mehr so bezeichnen. Wenn Sie für Ihr Traumleben andere Menschen brauchen oder von deren Wohlwollen abhängig sind, müssen Sie zu diesen auf Augenhöhe kommen oder darüber. Es ist wichtig, dies zu verstehen. Bei aller Gleichheitsromantik und Ideologie, machen Sie sich bitte klar wie Sie selbst entscheiden wenn jemand, der großes Ansehen bei Ihnen genießt, Sie um etwas bittet. Und jetzt stellen Sie sich bitte die gleiche Szene vor wenn jemand, der ein geringes Ansehen bei Ihnen genießt, Sie um dieselbe Sache bittet. Wenn Sie da alle gleich behandeln, dann herzlichen Glückwunsch. Die Mehrheit der Menschen tut es nicht. Sie müssen deshalb auf Augenhöhe verhandeln, indem Sie sich Selbstvertrauen, ein hohes Selbstwertgefühl und ein entsprechendes, souveränes Auftreten zulegen. Sie selbst sind es, der sich heute entweder zum Herren oder zum Diener macht. Sie verwirklichen Ihre Träume oder arbeiten für die von jemand anderem. So einfach ist das, auch wenn es nicht schön ist.

So übertrieben das vielleicht in der vorangegangenen Geschichte des Alten im Café dargestellt wurde, es geht tagtäglich unzähligen Menschen genauso. Obwohl die große Liebe, oder der große Traum, durchaus greifbar nahe ist, denken sie, sie hätten ihn nicht verdient. Auf diese Weise verstreichen die Chancen. Bis man dann begreift, was alles möglich gewesen wäre, ist es zu spät. Sorgen Sie dafür, dass Ihnen das nicht passiert. Nutzen Sie Ihre Chancen und hören Sie auf Ausreden zu erfinden, warum etwas nicht funktionieren kann. Hören Sie auf, Hindernisse aufzubauen, wo eigentlich keine sind, zumindest keine unüberwindbaren. Sie sind ein Herr oder ein Diener im übertragenen Sinne, weil Sie sich dafür entscheiden, nicht weil Sie als solcher geboren wurden.

Warum lieben Sie mich nicht?
- Die Schattenseiten des Erfolgs

Angela Merkel, Barack Obama, Vladimir Putin, Reinhold Würth, Josef Ackermann, Boris Becker, Uli Hoeneß und viele andere haben, bei aller Unterschiedlichkeit, eines gemeinsam. Sie werden als öffentliches Eigentum betrachtet. Alle anderen denken, sie dürften mit ihnen umgehen, wie es ihnen gerade passt. Sie werden nicht mehr als Mensch an sich betrachtet, sondern als Kanzlerin, Präsident, Bankchef, Sportstar oder Steuersünder, bzw. Raffzahn, der den Hals nicht voll genug bekommen kann. Das Volk liebt sie oder das Volk hasst sie, je nachdem welches Bild gerade vorherrscht oder welchen Vorteil der Einzelne gerade aus deren Handlungen zieht. Fußballer werden abgöttisch geliebt, solange sie für ihre Fans gewinnen und gnadenlos niedergemacht und beschimpft, wenn sie versagen. So als wären es Erfolgsmaschinen.

Aber auch Politiker sind, vor allem im Spiegel der Unkenntnis, oft unverdienter Liebe, aber auch unverdientem Hass ausgesetzt. Ein komplexes Gebilde, wie es ein Land nun mal darstellt, lässt sich nicht steuern wie ein Sportwagen. Es reagiert auf Lenkversuche eher wie ein Riesentanker, nur langsamer. Maßnahmen, die heute ergriffen werden, Gesetze, die heute in Kraft treten, zeigen ihre gesamtwirtschaftliche Wirkung oft erst Jahre später. Und so hat die eine Regierung meist unter den Entscheidungen der Vorgänger zu leiden oder profitiert davon. Wenn es mit einem Land kurz nach dem Machtwechsel aufwärts geht, liegt der Verdienst dafür im Normalfall nicht bei der aktuellen Regierung, sondern bei den Vorgängern.

Trotzdem werden die führenden Köpfe nach Belieben beschimpft. Es wird ihnen die Schuld für alle möglichen Zustände in die Schuhe geschoben, für die der einzelne Bürger durchaus selbst auch etwas beigetragen hat. Sie werden zur Projektionsfläche unserer Träume, aber auch unserer Ängste und unseres Hasses. So als wären sie gar keine eigenständigen Menschen, sondern zu unseren Zwecken für uns gemacht worden.

Ich selbst hatte und habe die Freude, mich auf persönlicher Basis mit Hartz-IV-Empfängern, genau wie mit Millionären, Milliardären, Unternehmern, Arbeitern, Profisportlern, Künstlern oder Politikern unterhalten zu können und, zumindest zeitweise in deren Leben eintauchen zu können. Und bei aller Unterschiedlichkeit dieser Personen habe ich doch eine Gemeinsamkeit festgestellt.

Es sind alles Menschen aus Fleisch und Blut, mit Ängsten, Unsicherheiten, mit Komplexen, mit Stärken, mit Schwächen, sie wollen geliebt werden, wollen sich durchsetzen, wollen Erfolg und Bedeutung erlangen oder auch mal einfach Ruhe und Frieden haben. Kurz auf den Nenner gebracht, es sind alles ganz normale Menschen mit den oben genannten und vielen weiteren Eigenschaften.

Der Chef eines Milliarden-Konzerns ist außerdem auch Familienvater, Ehemann, Kunstsammler, Arbeitgeber und Mäzen. Er hat Freunde und Feinde, ist manchmal traurig und freut sich von Zeit zu Zeit über etwas. Sein steiler Aufstieg als Unternehmer hat ihn finanziell unabhängig und frei gemacht, was nicht heißt, dass er aller Sorgen ledig wäre. Der polaren Welt geschuldet, bedeutet eine Konzentration auf den geschäftlichen Bereich, dass manch anderer Bereich dabei auf der Strecke bleiben muss. Auch ein Milliardär hat nur 24 Stunden pro Tag Zeit mitbekommen.

Und auch der gut bezahlte Sportler oder Künstler, der im Rampenlicht steht und von Hunderttausenden bejubelt wird, Fernsehzuschauer mitgerechnet manchmal von Millionen, merkt irgendwann, dass gar nicht er oder sie selbst gemeint ist, sondern das, was die Menschen auf ihn oder sie projizieren. Der Star selbst ist austauschbar. Was die Menschen lieben ist die Rolle, die er für sie spielt. Er gewinnt für uns, leidet und durchlebt das Drama für uns und erlebt im Idealfall das Happy-End für uns. Und er bekommt es zu spüren, wenn er nicht genauso funktioniert.

Der Politiker oder die Politikerin bekommen ebenfalls wenig Feedback für das, was tatsächlich getan wurde, sondern viel öfter dafür, was die Bürger mit ihm oder ihr in Verbindung bringen. Wenn es den Menschen während einer Regierungsphase gut geht, verbinden sie das mit der Regierung und wenn es ihnen schlecht geht ebenfalls. Das gilt auch, wenn es ihnen besser als erwartet oder schlechter als erwartet geht. Ansonsten sind die Personen öffentliches Eigentum und man darf sich nach Belieben über Frisuren, Figuren, Sprachfehler oder sonstige menschliche Mängel auslassen und im Zweifelsfall sogar beleidigend werden.

Stellen Sie sich eine große Konzerthalle vor, gefüllt mit Menschen und alle lachen sich einen Ast, weil der Entertainer sich gerade über Ihre Figur, Ihre sprachlichen Ausrutscher oder Ihre Frisur lustig macht und Sie zur öffentlichen Witzfigur degradiert. Wie würden Sie sich fühlen? Was würden Sie empfinden?

Tatsächlich ist das aber einer der Preise des Erfolgs. Und denken Sie nicht, dass sich dies auf den großen, bedeutenden Erfolg eines Regierungschefs, eines Fußballstars oder eines Milliardärs beschränkt. Nein, auch im Kleinen bringt uns Erfolg keineswegs nur neue Freunde ein.

Verstehen Sie mich bitte nicht falsch. Ich will hier niemandem das Streben nach persönlichem Erfolg und Bedeutung ausreden oder Ihnen Angst davor machen. Ganz im Gegenteil. Ich möchte Sie ausdrücklich dazu ermuntern, das anzustreben, was Ihnen wichtig ist. Dieses Kapitel soll lediglich einem besseren Verständnis dienen, welche Mechanismen in unserem menschlichen Gesamtbewusstsein oft in Bewegung gesetzt werden, wenn wir uns verändern oder es sogar schaffen, eine bedeutende Position in einer Gesellschaft zu erreichen. Das soll Sie keinesfalls von Ihrem Weg abhalten. Es soll Ihnen lediglich auf dem Weg helfen, sich auf die Veränderung vorzubereiten.

Ein bekannter Sportler sagte mir mal, dass es ihn völlig unvorbereitet getroffen hat. Er hatte sich sportlich auf alles vorbereitet und wie ein Besessener für den Erfolg trainiert. Er war voll konzentriert auf den Sport und den Erfolg und er hat es schließlich geschafft. Dann plötzlich war aus dem unbedeutenden, guten Sportler auf einmal eine Person des öffentlichen Lebens geworden. Jeder durfte ihn anquatschen, von ihm Freundlichkeit und Aufmerksamkeit verlangen, sonst wurde er beschimpft und als arrogantes A...loch bezeichnet. Jeder Möchtegern-Journalist und Paparazzi durfte ihm auflauern und sein Privatleben durchleuchten. Alles was er sagte wurde plötzlich ernst genommen. Wenn er vorher mal einen unüberlegten Satz rausgehauen hatte, waren höchstens mal zwei oder drei Freunde sauer. Heute wurde das tagelang in den Medien diskutiert. Selbst uralte Aussagen wurden plötzlich wieder zitiert und ihm vorgehalten. Zwischendurch hatte er sich kaum noch getraut, zu einem kritischen Thema überhaupt etwas zu sagen. Trotzdem sagt er, würde er sein großes Ziel heute wieder genauso anstreben. Es hat sich definitiv gelohnt, nicht nur finanziell. Er würde sich nur besser auf die Nebenwirkungen vorbereiten. Und genau darum geht es in diesem Kapitel.

Ich gehe davon aus, dass Sie Ihren Traum auch wirklich leben wollen. Und ich gehe davon aus, dass Sie das schaffen. Wenn Sie die Übungen ernsthaft und ehrlich durchlaufen haben wissen Sie jetzt was Sie wollen und warum Sie es wollen. Sie wissen ebenfalls, was Sie dafür tun müssen und Sie haben sich entschieden das Nötige zu tun und auf dem Weg flexibel zu bleiben und nicht aufzugeben. Warum sollten Sie Ihren Traum also nicht realisieren? Es gibt keinen vernünftigen Grund mehr, der dagegen spräche. Sie haben da noch Ihre Zweifel? Dann haben Sie grade den einzigen Grund entdeckt, der noch auftauchen könnte - Ihr eigenes Denken.

Aber ansonsten werden Sie Erfolg bei Ihrem Vorhaben haben und das wird zu Veränderungen führen. Ich weiß nicht, ob Sie Kanzler/in, Unternehmer/in, Popstar, Künstler/in, Profi-Sportler/in oder Lebenskünstler/in werden wollen. Es ist auch völlig egal. Auf jeden Fall werden Sie sich dazu im Normalfall verändern müssen. Sie müssen andere Eigenschaften annehmen, anders denken und handeln als bisher und Sie werden Veränderungen in Ihrem Umfeld vornehmen müssen, bzw. es werden sich Veränderungen dort ergeben.

Nicht jeder wird positiv darauf reagieren, nicht jeder wird Sie lieben, für das was Sie tun und je bekannter Sie durch Ihren Erfolg werden, desto mehr Leute werden sich aufgerufen fühlen ihren Kommentar zu Ihnen und Ihren Aktivitäten abzugeben. Bereiten Sie sich einfach darauf vor. Behalten Sie im Hinterkopf, dass das was Sie eigentlich sagen und bewirken wollen, nicht zwangsweise das ist, was die anderen davon wahrnehmen. Und last but not least überlegen Sie umgekehrt auch selbst, wo Sie andere als Projektionsfläche benutzen.

Ich will damit nicht sagen, dass die Politiker, Konzernchefs und sonstigen "Leitfiguren" unseres öffentlichen Lebens alles richtig machen und in Ruhe gelassen werden sollten. Ganz im Gegenteil. Man sollte denen, die unsere Geschicke leiten, in der Sache sehr genau auf die Finger schauen. Es geht vielmehr darum zu erkennen, wenn Sie Ablehnung oder gar Hass gegenüber einer Person empfinden, um was es dabei genau geht und ob Sie hier eventuell einen Blitzableiter gefunden haben, an dem Sie Ihre Ablehnung der eigenen Fehlbarkeiten los werden können.

Das sind wertvolle Hinweise darauf, wo Sie selbst noch wachsen und Ihre inneren Unstimmigkeiten bereinigen können. Und rufen Sie sich selbst diese Tatsache ins Gedächtnis, wenn jemand seine Probleme auf Sie projiziert. Das hat selten etwas mit Ihnen selbst zu tun und sehr oft etwas mit dem, der Sie unberechtigt angreift.

Ich freue mich auf Ihre Erfahrungsberichte, während Ihres persönlichen Wachstums.

Präsentation und Verkauf
- Die Sache mit der persönlichen Ablehnung

Schluchzend saß er vor mir. Seines Zeichens ehemaliger Abteilungsleiter eines Unternehmens mit über 500 Mitarbeitern. "Es tut mir leid", sagte er, "es geht einfach nicht. Ich kann das nicht."

Es war noch kein Jahr her, da hätte ich schwören können, dass diesen Mann nichts und niemand aus der Bahn werfen würde. Er strotzte damals vor Selbstbewusstsein und mancher seiner Auftritte grenzte an Überheblichkeit wenn es darum ging, sich gegen die Meinungen anderer durchzusetzen, die nicht den seinen entsprachen. Davon war jetzt nichts mehr übrig. Jeder Rest von Selbstvertrauen schien pulverisiert. Und das alles, weil ein paar Menschen "NEIN" zu ihm und seinem Angebot gesagt hatten.

Die einen freundlich aber bestimmt, die anderen schroff und ablehnend und wieder andere mit Ausreden und Entschuldigungen. Aber egal in welcher Form er Absagen erhielt, es waren alles auch Abwertungen seines Angebots und damit seiner Person. Jedenfalls empfand er es so.

Wie konnte eine gestandene Führungskraft, ein Mann, den seine Untergebenen einst fürchteten, wenn etwas nicht nach seinen Vorstellungen lief - wie konnte so ein Mensch, mental so einbrechen?

Wenn es der Erste gewesen wäre, bei dem mir dieses Phänomen begegnete, hätte ich mich ernsthaft gewundert. So aber wusste ich, dass es keineswegs ein Einzelfall war. Es ist ein himmelweiter Unterschied, ob jemand Angestellte befehligt, die vom Wohl und Wehe dieser Person abhängig sind oder ob diese Person selbst von der Entscheidung der anderen abhängig ist, denen er sein Ansinnen vorträgt. Oder einfacher gesagt, ob die Angesprochenen etwas von ihm kaufen oder nicht.

Ich konnte und kann das gut nachvollziehen. Auch mir war es früher ein Gräuel auf andere zugehen zu müssen und mich und mein Angebot anzudienen. Erst mit der Zeit habe ich gelernt, dass einen keiner umbringt, man nicht ins Gefängnis kommt und man auch sonst nur ganz selten körperlich verletzt wird, wenn man versucht anderen Menschen etwas zu verkaufen. Das Schlimmste was passieren kann ist, dass die angesprochene Person Nein sagt.

Das klingt einfach und es ist natürlich wahr. Trotzdem hat die Mehrheit der Menschen große Probleme mit diesem Nein. Vor allem, wenn sie von ihrem Produkt oder ihrer Dienstleistung selbst total überzeugt sind. Der Gedanke liegt da nahe, dass sich dieses Angebot doch eigentlich von alleine verkaufen müsste, so toll wie es doch offensichtlich ist. Gerade bei Verkaufsorganisationen, MLM-Firmen usw. wird das ja gern von den sogenannten Führungskräften propagiert. Jeder braucht dieses Angebot und es bewirkt wahre Wunder.

Wenn man das oft genug, in der richtigen Form präsentiert bekommt, fängt man an das zu glauben und ist zumindest schon mal selbst begeistert. Und wenn man selbst begeistert ist, müssen das doch andere ebenfalls sein, oder? Die Ernüchterung folgt dann auf dem Fuß. Sobald etwas nicht mehr aus freien Stücken und aus reiner Nächstenliebe empfohlen oder gar verschenkt wird, ist die Reaktion auf unsere Argumentation nämlich plötzlich eine ganz andere. Unsere lieben Mitmenschen reagieren fast schon allergisch, wenn sie den Eindruck gewinnen, dass wir nur ihr Bestes wollen - nämlich ihr Geld.

Aus Menschen, die uns bisher freundlich begegnet sind, werden dann plötzlich Abwehrspieler, die uns behandeln, als wollten wir ihre Familie umbringen und ihr Erbe stehlen. Und das gilt ganz besonders für Verwandte und Bekannte, keineswegs nur für Fremde. Ich habe mich früher oft gewundert, welch erstaunlichen Wandel ein Mensch durchlaufen kann, wenn er zunächst dachte ich sei ein Kunde und dann feststellte, dass ich etwas verkaufen wollte. Mit dem nötigen Abstand betrachtet, hatte das urkomische Züge. Damals hat mich das belastet. Und meinen Bekannten aus dem Beispiel oben auch.

Er war eigentlich jemand, den man als harten Knochen bezeichnet hatte, aber durch seinen Wechsel in den Direktvertrieb, war er plötzlich und völlig unvorbereitet mit 90 bis 99 % Ablehnung konfrontiert. Nur 1 bis 10 % der Angesprochenen reagierten positiv, hörten ihm überhaupt zu oder kauften etwas, während die Leute, die ihn angeworben hatten von einem Produkt sprachen, das sich praktisch selbst verkauft.

Jedes Nein war für ihn eine persönliche Ablehnung und verursachte fast schon körperliche Schmerzen. Mit der Zeit konnte er nicht mehr schlafen und der Angstschweiß brach ihm schon beim puren Gedanken daran aus, wieder rauszugehen und andere Menschen anzusprechen.

Wie gesagt, ich kannte dieses Phänomen aus eigener Erfahrung und wusste deshalb auch, wie man ihm begegnen konnte. Es gibt Menschen, die sind natürliche Talente im Verkauf. Sie können ohne Weiteres andere Menschen ansprechen und hartnäckig bleiben, wenn sich erste Widerstände zeigen. Im Normalfall wird das mit einem überdurchschnittlichen Einkommen belohnt, eben weil die meisten anderen damit Probleme haben.

Sie müssen allerdings kein Verkäufer oder Verkäuferin werden, um ein Leben nach den eigenen Vorstellungen zu führen. Vielleicht läuft diese Vorstellung, verkaufen zu müssen, geradezu entgegengesetzt zu ihren Vorstellungen. Aber wie schon im Kapitel über den Einkommensquadranten erwähnt, brauchen Sie für die Freiheit Ihr Traumleben zu gestalten in den allermeisten Fällen Geld um dieses zu finanzieren. Und dazu müssen Sie Produkte, Dienstleistungen oder auch einfach nur Ideen und Vorhaben "verkaufen". Sie brauchen Unterstützung von anderen, müssen kooperieren und handeln, müssen überzeugen und sich durchsetzen. Das alles ist immer auch eine Art des Verkaufens. Und Verkaufen hat immer auch mit Ablehnung zu tun.

Das Geheimnis damit klar zu kommen liegt in der Bewertung der Ereignisse. Sie haben nur einen gewissen Einfluss darauf, wie andere Menschen auf Sie und Ihr Angebot reagieren. Aber Sie haben 100 % Einfluss darauf, wie Sie mit dieser Reaktion umgehen und wie Sie diese bewerten. Es kann durchaus sein, dass dem einen oder anderen Ihre Nase nicht gefällt oder Ihre Größe, Ihr Aussehen, Ihr Dialekt oder sonst etwas an Ihrer Person. Aber der übergroßen Mehrheit wird Ihre Person vollkommen schnuppe sein und Sie sind nach wenigen Minuten schon wieder vergessen. Es geht diesen Menschen in den meisten Fällen um Selbstschutz. Sie wollen ihr Geld behalten, sind gerade genervt von ihren Kindern, haben im Moment überhaupt kein Geld und wollen es nicht zeigen, sind im Stress oder sonst wie von Dingen genervt, die nicht das Geringste mit Ihnen zu tun haben.

Der langen Rede kurzer Sinn. Ablehnung ist Teil des Geschäfts. Erfolg gibt es nur, wenn wir Ablehnung riskieren und lernen mit ihr umzugehen. Das ist nicht angenehm, aber auch nicht schlimm. Manche behelfen sich mit einer Aufteilung des Verdienstes auf alle Versuche. Wenn also pro Vertrag, Geschäft oder Verkauf 1.000 € verdient werden und man dazu 10 Menschen kontaktieren muss, verdient man statistisch bei jedem Versuch 100 €. Nur dafür, dass man gefragt hat. Man macht geistig ein Strichchen in seine Liste und weiß, dass man dem nächsten Geschäft wieder 100 € näher gekommen ist. Zu denen, die im Moment nicht auf das Angebot eingehen hält man einen möglichst guten Kontakt und der ein oder andere von denen wird später nachkommen.

Lernen Sie souverän mit dem Thema der Ablehnung umzugehen. Sie ist ein Teil unseres Lebens und hat selten mit uns persönlich zu tun. Beobachten Sie sich einfach selbst. Sie sind auch nicht immer gleich gut drauf und auch nicht immer ansprechbar für bestimmte Angebote. Hat das etwas mit dem zu tun, der Ihnen das Angebot unterbreitet? Manchmal, aber eher selten.

Wie gesagt, Sie müssen kein Starverkäufer werden, aber Sie brauchen einen gesunden Umgang mit diesem Thema, damit Sie Ihre Vorstellungen im Leben auch umsetzen / verkaufen können.

Umgang mit anderen Menschen - Kommunikation und Charisma

Der Umgang mit anderen Menschen ist ohne jede Alternative. Egal was Sie vorhaben, egal wie Ihr Traumleben aussehen soll, ohne die Interaktion mit anderen Menschen werden Sie es kaum erreichen können und im Normalfall auch nicht wollen.

Wir sind immer noch Herdentiere oder feiner ausgedrückt, soziale Wesen. Wir wollen uns austauschen, Kummer, Leid, aber auch Glück und Erfolg mit anderen teilen. Ich behaupte sogar, ohne den Umgang mit anderen Menschen können wir Erfolg und Glück nicht wirklich genießen und gehen an Problemen und Schicksalsschlägen eher zu Grunde, als wenn wir Hilfe haben, und sei es nur jemand, der zuhört und tröstet.

Um unser Traumleben zu realisieren müssen wir:

- uns gegen andere Menschen durchsetzen
- uns dem Wettbewerb mit ihnen stellen
- uns in eine Gruppe integrieren können, teilweise auch mal einem System oder einer Autorität unterordnen können
- mit anderen zusammenarbeiten können
- uns den Unterschied zwischen Hilfsbereitschaft und Aufopferung einprägen
- uns den Unterschied zwischen Durchsetzungsvermögen und purem Egoismus erarbeiten
- uns Wissen darüber aneignen, wie der andere tickt und warum er sich so verhält, wie er sich eben verhält
- uns Wissen darüber aneignen, wie wir selbst ticken und warum wir so handeln, wie wir handeln

Zugegeben, es ist nicht immer und bei jedem Zeitgenossen leicht, harmonischen und freundlichen Umgang zu pflegen, geschweige denn von Menschenliebe zu sprechen. Aber eine der Grundannahmen in der Neurolinguistischen Programmierung (NLP) ist, dass jeder zu jeder Zeit, im Rahmen seiner zu diesem Zeitpunkt zur Verfügung stehenden Ressourcen, sein Bestmöglichstes gibt. Auch und gerade wenn dies manchmal nicht ausreicht um unsere Sympathie zu gewinnen, ist diese Sichtweise hilfreich beim Umgang mit anderen.

Das heißt nicht, dass man Verbrecher lieben und Mörder verstehen muss. Es bedeutet nur, dass auch diese Menschen im Rahmen ihrer Überzeugungen und ihres vorherrschenden Weltbildes versucht haben, das für sich Richtige zu tun. ACHTUNG - das ist keine Rechtfertigung für die Taten, nur ein Denkansatz für das bessere Verständnis, warum Menschen unter bestimmten Umständen zum Helden und unter anderen zur Bestie werden können.

Menschen haben verschiedene Charaktereigenschaften, unterschiedliche Temperamente, verschiedene Erfahrungen hinter sich, unterschiedliche Überzeugungen (woher auch immer) und verschiedene Glaubenssätze. Das alleine verdeutlicht schon, dass man nicht alle gleich behandeln kann. Auch sollten wir andere nicht so behandeln, wie wir selbst behandelt werden möchten, was der goldenen Regel entsprechen würde, sondern so, wie sie behandelt werden möchten.

Dazu muss ich wissen, was das zumindest ungefähr bedeutet. Auf dem Weg zu unserem Traumleben brauchen wir, auf die eine oder andere Weise, die Unterstützung anderer Menschen. Je mehr Sie bereit und fähig sind, diesen Menschen zu helfen, desto eher wird das auf Gegenseitigkeit beruhen. Ein zentraler Punkt in den Beziehungen zu anderen Menschen ist die eigene Ausstrahlung und unsere Fähigkeit zu kommunizieren.

Macht und Einfluss guter Kommunikation und Ausstrahlung

Tagelang hatte Silvio an dem Entwurf gearbeitet. Jedes Detail passte wie angegossen. Das Modell war einfach nur perfekt. Es gab absolut nichts mehr daran auszusetzen. Kein Zweifel. Seine Konkurrenten konnten ihn nicht schlagen. Er hatte die Qualität auf seiner Seite. Er war sich seiner Sache diesmal absolut sicher - bis auf … ja, bis auf diese leise Stimme in seinem Hinterkopf. "Ja gut, sehr gut sogar, aber perfekt? Ich bitte Dich."

Je näher die Präsentation beim potentiellen Kunden rückte, desto lauter wurde diese Stimme, im Gegensatz zu seiner eigenen, die immer wackliger und brüchiger wurde. Und so kam es, wie es schon so oft gekommen war. Er hatte das beste Produkt, lieferte aber die schlechteste Präsentation ab und verlor den Auftrag. Geknickt schlich er nach Hause und nahm sich fest vor, das nächste Mal **noch perfekter zu arbeiten**.

Kennen Sie Leute, die so ticken? Kennen Sie diese vielleicht sogar näher? Wenn ja, dann ist dieses Kapitel eines der wichtigsten dieses Buches für Sie. Denn Kommunikation ist nicht irgendein Baustein für Ihren Erfolg. Kommunikation ist der zentrale Baustein Ihres Erfolgs.

Aber der Reihe nach. Zunächst ist Kommunikation die Fähigkeit sich auszudrücken, anderen mitzuteilen was man rüberbringen will und angemessen auf Äußerungen und Signale anderer zu reagieren. Kurz gesagt ist Kommunikation jeglicher Austausch mit anderen und sich selbst über diverse Kanäle. Darunter fällt keinesfalls nur die Sprache, sondern auch Gestik, Mimik, Körpersprache allgemein, aber auch die Schrift, Musik und sonstige künstlerische Ausdrucksformen fallen im weitesten Sinne darunter.

Eine souveräne Kommunikation ist
wichtig für den Umgang mit anderen
und erleichtert den Weg zum Ziel.
Stéphane Etrillard

Die Gesamtheit unserer Kommunikation ist ein wesentlicher Bestandteil von dem, was man eine charismatische Ausstrahlung nennt. Die Grundlage dazu ist aber häufig auch die Übereinstimmung von denken, fühlen, sprechen und handeln. Man spricht in diesem Zusammenhang auch von Authentizität. Oder verständlicher ausgedrückt geht es um die Stimmigkeit einer Person. Denn wie oben schon erwähnt kommunizieren wir nicht nur mit unserer Stimme, sondern mit dem ganzen Körper und es ist so gut wie unmöglich, alle Bereiche zum Lügen zu bringen bzw. zu kontrollieren. Und so sagt unsere Stimme manchmal ja und der Rest unserer Kommunikationskanäle sagt nein. Vielleicht bekommen das viele Menschen bewusst gar nicht mit, weil die meisten viel zu sehr mit sich selbst beschäftigt sind, um auf andere wirklich zu achten, aber unbewusst registriert man doch, dass hier irgendetwas nicht stimmt. Man kann es oft nicht genau einordnen, aber da ist so ein unbestimmtes Gefühl.

Dabei meine ich mit Lügen nicht nur bewusst eine Unwahrheit auszusprechen, sondern auch Dinge von sich zu geben, von denen man innerlich gar nicht überzeugt ist. In unserem Beispiel muss Silvio seinen potentiellen Kunden von seinem perfekten Entwurf überzeugen, hat aber selbst Zweifel daran.

> *Charisma ist keine feste Größe und*
> *kann entwickelt werden. Zum Beispiel*
> *kann es sein, dass jemand, der vorher*
> *kaum Ausstrahlung hatte, in einer neuen*
> *Umgebung, einem neuen Berufsumfeld oder*
> *in einer neuen Beziehung plötzlich*
> *wesentlich charismatischer wirkt.*
> Stéphane Etrillard

Diese Aussage von Stéphane Etrillard, dem Experten für Charisma und Souveränität, deutet schon darauf hin, dass es sich bei einer charismatischen Persönlichkeit um eine Mischung aus stimmigem Auftreten und äußerer Erwartungshaltung handelt. Es spielt also auch die Positionierung, die Sie bei anderen Menschen bereits erreicht haben, eine Rolle. So wird vielen, in Ehren ergrauten Pionieren, Unternehmensgründern, Sportlegenden oder Rednergrößen, eine charismatische Ausstrahlung bescheinigt, von der bei näherer Betrachtung nicht mehr viel übrig bleibt. Viele Menschen verwechseln in diesem Zusammenhang oft die eigene Ehrfurcht vor der Persönlichkeit mit dessen charismatischer Ausstrahlung. Oder im Klartext gesprochen, die eigene Bewunderung für die andere Person überstrahlt die eine oder andere ernüchternde Wahrheit.

Das heißt natürlich nicht, dass Charisma reine Einbildung des Betrachters wäre. Wer den Mut hat seine Gedanken und Gefühle in Einklang zu bringen und diese dann nicht nur auszusprechen, sondern auch entsprechend zu handeln, der wird immer Eindruck machen. Auch wenn er oder sie damit nicht immer gleich auf Gegenliebe stößt. Seine Meinung zu vertreten, bedeutet manchmal auch anzuecken und gegen den Strom zu schwimmen, wenn das nötig ist. Es gibt bequemere Arten durchs Leben zu gehen, dessen sollte man sich bewusst sein.

Dennoch lohnt es sich diesen Bereich zu beackern und darin zu wachsen. Im eingangs beschriebenen Fall hat unser Freund Silvio starke Defizite in seiner Kommunikation nach außen, aber auch nach innen. Dadurch kann er, ein an sich sehr gutes Produkt, nicht verkaufen, weil er dessen Wert nicht vermitteln kann. Das hat zum einen technische Gründe, die man mit einer Schulung beheben kann, aber auch psychologische, die schon schwerer zu beseitigen sind.

Wenn die Menschen vor die Wahl gestellt werden, aus mehreren tausend Metern Höhe mit dem Fallschirm aus einem Flugzeug zu springen oder eine Rede vor Tausenden von Zuhörern zu halten, würde die Mehrheit den Sprung aus dem Flugzeug wählen. Die eine Alternative beinhaltet das Risiko sein Leben zu verlieren, wenn etwas schief geht, die andere lediglich das Risiko sich zu blamieren. Trotz dieser vergleichsweise harmlosen Folgen einer misslungenen Rede, scheint das für viele schlimmer zu sein, als die Todesangst beim Sprung aus dem Flugzeug.

An der Technik kann man arbeiten. Rhetorik kann man lernen, Eloquenz ist auch ein Stück weit Übungssache und auch der Einsatz von Körpersprache, Gestik, Mimik etc. lässt sich einstudieren. Die Angst vor der Blamage, vor Tausenden von Zeugen Blödsinn zu erzählen, sich zu verhaspeln oder überhaupt keinen Ton mehr heraus zu bringen, wird durch Training zwar ebenfalls besser, ist aber nur mit der Logik sehr schwer in den Griff zu bekommen. Denn es geht dabei auch um die Kommunikation mit uns selbst. Und nicht selten wären wir mit anderen Menschen auf Lebzeiten beleidigt und würden jeglichen Kontakt abbrechen, wenn sie so mit uns reden würden, wie wir selbst das manchmal tun.

Kommunikation geht immer in zwei Richtungen

Ein eloquentes Auftreten, die Fähigkeit im richtigen Moment das Richtige zu sagen oder eben nicht zu sagen. Die Fähigkeit aktiv zuzuhören und ehrlich auf das Gesagte einzugehen, Respekt vor dem Anderssein des Gegenübers zu zeigen und nicht zuletzt die Macht der Stimme einzusetzen - das alles lässt sich lernen.

Die Stimme lässt sich trainieren und
verändern. Wäre das nicht wahr, könnte
man auch niemanden imitieren.
Arno Fischbacher

Diese Bereiche sind eminent wichtig um mit anderen Menschen zu interagieren. Je besser Sie mit diesen Werkzeugen umgehen können, desto besser werden Sie klar kommen. Allerdings kommunizieren wir nicht nur mit anderen Menschen, sondern vor allem auch mit uns selbst. Alles was wir nach außen sagen, wie wir uns dabei fühlen und welche Taten wir den Worten folgen lassen, wird in Ihrer persönlichen Blackbox registriert. Sie können, wenn Sie die Werkzeuge gut beherrschen, bluffen, täuschen, lügen und überlisten, aber eine/r wird immer wissen, was Sie da tun - Sie selbst. Aber unsere zentrale Registrierungsstelle beobachtet nicht nur unseren Umgang mit dem Außenbereich, sondern erfasst auch was wir uns so die ganze Zeit selbst erzählen.

Tony Robbins geht in seinen Ausführungen soweit zu behaupten, wir hätten so etwas wie eine zentrale Frage, die uns beschäftigt und die einen Großteil unseres Verhaltens im Leben bestimmt. Wenn Ihre zentrale Frage lautet: "Wie kann ich von allen geliebt werden?", dann sieht Ihr Leben anders aus, als bei einem Menschen, dessen zentrale Frage lautet:

"Wie kann ich immer der / die Beste werden?" Allein schon diese eine Frage, mit der wir uns, bewusst oder unbewusst, schwerpunktmäßig beschäftigen, beeinflusst unseren Lebensweg so nachhaltig, dass Sie sich Zeit nehmen sollten, um Ihrer zentralen Frage auf die Spur zu kommen. Was beschäftigt Sie tief in Ihrem Innern? Und passt es zu Ihren Träumen und Zielen? Kommen Sie mit dieser Frage wirklich weiter?

Nehmen wir an, es ist Ihr Traum ein großes Unternehmen aufzubauen oder ein erfolgreicher Verkäufer zu werden und Ihre zentrale Frage ist: "Wie kann ich möglichst harmonisch mit allen Menschen auskommen?" oder "Wie werde ich von allen geliebt?" Können Sie sich vorstellen, dass das irgendwie zum Erfolg und zu einem glücklichen Leben führen kann?

Oder stellen Sie sich vor Sie wollen ein erfolgreicher Musiker werden und Ihre zentrale Frage lautet: "Wie kann ich das Leben möglichst umfangreich genießen?" Können Sie sich vorstellen, wie es sich für Sie anfühlen würde, monatelang auf Tournee von Termin zu Termin zu hetzen? Die Wahrscheinlichkeit, dass Sie den Frust nicht lange ohne Betäubungsmittel aushalten ist hoch.

Diese Fragen entspringen bestimmten Glaubenssätzen, Erlebnissen und Überzeugungen. Wir haben das Gefühl, wenn wir diese Frage nicht zu unserer Zufriedenheit beantworten können, bedeutet das unser Ende. Das Ende der Person, die wir zu sein glauben. Und so gibt es Menschen, die fragen sich, wie sie etwas wieder ganz machen / heilen können. Und sie sind ständig umgeben von gebrochenen oder kaputten Menschen und Strukturen, welche die scheinbare Existenzberechtigung dieser Menschen unterstreichen.

Menschen, die sich ständiger Bewertung ausgesetzt sehen, wie Schauspieler beim Vorsprechen, Verkäufer beim Kunden oder Sportler beim Wettkampf, sind nicht immer frei von unpassenden Fragen und unpassender Kommunikation mit sich selbst. Wenn diese Gruppe Angst vor Zurückweisung hat und sich selbst immer wieder einredet nicht gut genug zu sein oder dass die Konkurrenz zu groß ist, dass die Chancen gegen Null gehen oder die Frage mit sich herumschleppen:

"Wie kann ich mich vor Zurückweisung schützen?", dann wird der Erfolg dieser Personen maximal durch Zufall eintreten können. Die Kommunikation dieser Person mit sich selbst wird immer wieder verhindern, dass sie es riskiert, sich zu öffnen, den Schutzpanzer abzulegen und sich somit verletzbar zu machen. Für ein selbstbestimmtes Leben und um das zu bekommen, was Sie haben wollen, ist das aber im Regelfall unerlässlich.

Die gute Nachricht ist, Sie können diese zentrale Frage anpassen, genau wie Ihre Werte und Glaubenssätze. Sobald Sie diese inneren Vorgänge identifiziert haben, können Sie sich daran machen, sie durch nützlichere Kommunikation zu ersetzen.

Die Qualität Ihrer Fragen und Ihrer Kommunikation mit sich selbst, bestimmen die Qualität Ihrer Außenwirkung und letztlich die Qualität Ihres ganzen Lebens. Es macht einen himmelweiten Unterschied ob Sie nur sagen: "Das kann ich nicht" oder ob Sie ergänzend fragen: "Wie kann ich es trotzdem tun/haben/lernen/erhalten?"

Wie würde es Ihr Leben verändern, wenn Sie in Zukunft Fragen wie: "Warum immer ich?", "Wieso bin ich so arm?", "Warum habe ich diese Krankheit?" oder "Wieso werde ich immer übergangen?" einfach nicht mehr stellen würden. Und wie würde es sich auswirken, wenn Sie stattdessen fragen würden: "Was ist positiv an dem Ereignis?", "Wie kann ich es für mich und meine Ziele nutzen?", "Wie kann ich das erledigen und Freude dabei empfinden?", "Was kann ich trotz der Krankheit noch alles tun?", "Wie kann ich mein Einkommen erhöhen, wie mein Vermögen aufbauen?" oder "Wer muss ich werden und wie muss ich werden um mein Traumleben zu leben?"

Können Sie den Unterschied jetzt schon bemerken, wenn Sie das lesen? Spüren Sie die Macht der Worte und ihre negative oder positive Wirkung auf Ihr Wohlbefinden, auf Ihre Motivation? Diese Macht der Worte sollten Sie auch im Hinterkopf behalten, wenn es darum geht, Dinge und Vorgänge zu benennen. "Ich bin etwas ärgerlich", löst andere Gefühle und Folgen aus, als "Ich bin stinksauer." "Ich bin etwas beunruhigt", wirkt auf Ihre Kollegen und Mitarbeiter anders, als "Ich mache mir große Sorgen." "Es wird schon alles gut gehen", wirkt sich anders auf Ihre Gemütslage aus, als "Mein Gott, was da alles passieren kann."

Was Sie so den ganzen Tag lang von sich geben, hat große Auswirkungen auf Ihre Erfolgschancen. Machen Sie sich deshalb Ihre Kommunikation mit sich und anderen bewusst und ändern sie diese wenn nötig. Es geht um nichts weniger als Ihre Lebensqualität.

Wenn es Ihnen gelingt Ihr Denken, Fühlen, Reden und Handeln, auf positive Weise, voll und ganz auf Ihre Ziele und Träume auszurichten, dabei anderen respektvoll begegnen und eloquent und stimmig auftreten, brauchen Sie sich um Charisma keine Gedanken mehr machen. Es wird sich, als Folge Ihrer inneren Wandlung von alleine einstellen. Ebenfalls werden sich Ihre Bewertungen der Ereignisse ändern und somit Ihr Verhalten und damit Ihr Leben als Ganzes. Kommunikation ist der Schlüssel zur Realisierung Ihrer Träume.

Was ich noch zu sagen hätte ...
Ein paar Gedanken to Go

Bevor Sie sich nun endgültig in Ihr Traumleben stürzen habe ich noch ein paar Gedanken für unterwegs. to Go, wie man das zu neudeutsch mittlerweile nennt. Passend zu unserer Zeit, in der alles nebenher mitgenommen wird und Multitaskingfähigkeit als Selbstverständlichkeit angesehen wird.

Gerade in dieser Zeit ist es aber wichtig zwischendurch auch zu entschleunigen. Wenn Sie vom systeminternen höher, weiter, schneller erfasst werden, sollten Sie häufiger mal auf die Bremse treten, wenn es Ihnen zu viel wird. Wir lassen uns sonst von einem künstlichen Druck terrorisieren, den uns andere, und häufig wir uns selbst, aufgezwungen haben. Nehmen Sie sich bewusst ein paar Minuten jeden Tag Zeit für sich. Machen Sie sich einen guten Tee, Kaffee oder was immer zu Ihrem Wohlgefühl beiträgt. Atmen Sie tief durch. Schließen Sie für einen Augenblick die Augen und analysieren Sie in Ruhe was um sie herum vorgeht.

Wollen oder müssen Sie das tun, was Sie den Tag über beschäftigt? Muss es wirklich alles heute erledigt werden? Können Sie einen Teil davon delegieren? Was ist Ihnen gut gelungen? Was haben Sie heute Schönes erlebt und wahrgenommen? Was können Sie jetzt gerade Schönes und Angenehmes wahrnehmen? Wenn Sie das Ganze schriftlich durchführen, zum Beispiel in Form eines Tagebuchs, können Sie noch öfter darauf zurückgreifen. Eventuell möchten Sie noch ein paar Worte über Ihre heutigen Ziel-Aktionen schreiben. Was hat Sie heute weitergebracht? Was kann man verbessern oder verändern? Warum tun Sie das alles?

Denken Sie daran, dass der Weg einen größeren Teil Ihres Lebens einnehmen wird als das Ziel. Gestalten Sie also schon das Heute so, dass es für Sie passt. Ich habe nachfolgend noch ein paar Gedanken über die Realisierung Ihrer Träume angefügt. Ich hoffe, Sie helfen Ihnen dabei den Weg zu Ihrem Traumleben zu beschreiten und ihn zu Ende zu gehen.

Wann ist die beste Zeit Ihre Träume zu leben?

Was denken Sie? Was sind die idealen Startbedingungen für Sie? Wann denken Sie, werden alle Rahmenbedingungen stimmen, um Ihren Traum zu leben? Ich weiß, das ist in der Theorie alles leicht gesagt und geschrieben, was wir bisher alles durchgegangen sind. In der Praxis sieht das immer ganz anders aus. Da haben Sie vielleicht Kinder, die Ihre Aufmerksamkeit fordern oder Eltern, die Sie pflegen müssen oder die mitbestimmen. Eventuell will auch Ihr Ehepartner nichts von Ihren Träumen wissen und sagt, es wäre besser endlich erwachsen zu werden und sich um den Ernst des Lebens zu kümmern.

Vielleicht drücken Sie noch Schulden, die Sie erst mal abbauen wollen, bevor Sie sich um ihre Träume kümmern oder Sie wollen erst Geld verdienen, damit Sie sich Ihren Traum auch leisten können. Möglicherweise warten Sie noch auf den richtigen Partner oder die richtige Partnerin mit der Sie alles angehen können. Zu zweit klappt das schließlich einfach besser und es ist auch schöner, wenn man Träume teilen kann.

Wenn es Ihnen so geht wie den meisten Menschen, dann empfinden Sie den jetzigen Augenblick einfach als nicht geeignet um Ihr Traumleben anzugehen. Tausend verständliche Gründe sprechen gerade dagegen. Vielleicht auch nur einer, aber der dafür massiv. Keine Sorge, ich kenne diese Art zu denken nur zu gut und ich habe volles Verständnis für Ihre Probleme, die Sie gerade daran hindern, sich auf den Weg zu machen. Niemand wird Sie dafür verurteilen oder bestrafen wenn Sie vernünftig sind und alles vorerst mal beim Alten belassen. Das ist ja schließlich normal. Jeder würde das an Ihrer Stelle so machen.

Haben Sie gerade erleichtert aufgeatmet. Ist der Druck von Ihnen abgefallen? Merken Sie, wie Sie sich wohler fühlen, wenn Sie das Ganze noch ein bisschen verschieben können? Dann gehen Sie jetzt bitte zum nächsten Spiegel, lächeln sich zu und schreien Sie so laut Sie können: "AUFWACHEN VERDAMMT NOCH MAL ..." War denn alles umsonst?

Wenn Sie sich auf diese Art und Weise von sich selbst und Ihrem Umfeld oder auch von mir einlullen lassen, dann wird das nichts werden mit dem Traumleben. Der ideale Zeitpunkt zum Starten wird nie kommen. Er kann nie kommen, denn er ist bereits da. Auf einen Zustand, der bereits eingetreten ist können Sie nicht warten. Etwas, das schon da ist, kann nicht noch einmal kommen. Das ist unmöglich.

Es ist dabei völlig egal, was Ihre jetzige Situation gerade ausmacht, was Sie belastet, was Sie versucht zu hindern, wer oder was Ihnen im Wege steht – nichts kann Sie aufhalten, außer Sie selbst. Die richtige und beste Zeit für den Start in Ihr Traumleben ist JETZT und der richtige und beste Ort ist HIER, genau HIER wo Sie jetzt sind.

Solange Sie anfangen sich zu erzählen, warum es jetzt nicht geht, solange haben Sie diese einfache Wahrheit noch nicht wirklich verstanden.

Ob Sie dabei von jetzt auf nachher alles über den Haufen werfen und gleich in die Vollen gehen oder mit kleinen Schrittchen beginnen, die in die richtige Richtung führen, ist dabei egal. Auch wenn Sie sich an den Plan aus den vorangegangenen Kapiteln halten und jeden Tag drei bis fünf Aktionen Richtung Traumleben durchführen kommen Sie auf jeden Fall an. Wenn Sie nicht gleich den idealen Weg zu Ihrem Traumleben oder zu Ihrem Traum finden, dann probieren Sie den nächsten aus. Es ist eine Frage der Zeit bis es klappt, solange Sie nicht aufgeben. Aber widerstehen Sie der süßen Versuchung scheinbar vernünftiger Gründe, noch ein wenig abzuwarten bis die Voraussetzungen günstiger sind. Diese Voraussetzungen sind Ihr Ausgangspunkt, nicht mehr und nicht weniger. Diese Umstände haben keinerlei Einfluss darauf ob Sie starten können.

Tappen Sie nicht in die ZU-Falle, indem Sie sich erzählen Sie seien zu dick, zu dünn, zu groß, zu klein, zu jung oder zu alt für Ihre Träume. So lange Sie leben und handlungsfähig sind ist noch Zeit an Ihren Träumen zu arbeiten. Alleine der Weg dorthin ist viel zu erfüllend und schön, als dass Sie aus Altersgründen oder sonstigen gedanklichen Einschränkungen darauf verzichten sollten. Ich glaube, dass wir am Ende unseres Lebens vor allem die Dinge bereuen werden, die wir gerne gemacht hätten, aber aus den unterschiedlichsten Gründen unterlassen haben. Nutzen Sie also Ihre Chancen.

Selbst wenn Sie gerade krank sind oder aus anderen Gründen nicht voll einsatzfähig sind, können Sie zumindest schon mal die nächsten Schritte planen, Kontakte knüpfen, Anfragen verschicken, sich notwendige Kenntnisse und Fähigkeiten zulegen, Bücher lesen, eine Online-Recherche durchführen, Freunde und Bekannte anrufen und um Unterstützung bitten, im

Internet nach Foren und Webseiten suchen, die Ihnen weiterhelfen, sich überlegen, wie Sie Zeit für Ihre wichtigen Aktivitäten gewinnen können und vieles mehr. Vielleicht helfen Ihnen auch die Beiträge auf Wissen-ist-Macht.tv weiter. Der Zeitpunkt in ein selbstbestimmtes Leben zu starten wird nie besser sein als jetzt. Also lassen Sie sich nicht aufhalten, schon gar nicht von sich selbst und dem Wunsch in Ihrer Komfortzone zu bleiben und Ihrer Angst vor Veränderung nachzugeben. Der Weg in die Freiheit führt durch genau diese Angst hindurch. Das einzige Hindernis auf diesem Weg sind Sie selbst.

Der Supermarkt des Lebens

Es gibt zahlreiche Analogien zur Lebensführung und zur Art und Weise, wie man sein Leben gestalten kann. Eine davon hat mir schon immer sehr gut gefallen, auch wenn ich nicht mehr sagen kann, wo ich sie zuerst gelesen habe. Ich denke, sie ist mittlerweile, wie so vieles, zum Allgemeingut geworden.

Das Leben ist ein Supermarkt und Sie sind der Kunde, der einkaufen geht. Sie betreten bei Ihrem Besuch eine bunt schillernde Welt voller Angebote und Verlockungen, die alle um Ihre Aufmerksamkeit und Ihren Kauf konkurrieren. Da gibt es hochwertige, bequeme, edle, prestigeträchtige, kostengünstige, preiswerte, gesunde, leckere oder nützliche Angebote. Nicht alles was mit großen Lettern beworben wird hält was es verspricht. Und nicht alles was bescheiden und unspektakulär daher kommt muss zwangsweise schlecht sein. Sie haben die freie Auswahl, aber Sie können nicht alles kaufen, denn Ihr Budget ist begrenzt auf den Inhalt Ihrer Geldbörse oder das Limit Ihrer EC- oder Kreditkarte. Der einzige Unterschied zum richtigen Supermarkt ist die Währung mit der bezahlt werden muss. Anstatt nur mit Geld, zahlen Sie im Supermarkt des Lebens zusätzlich mit Zeit und Arbeitseinsatz. Wahlweise, je nach Angebot, mit einem davon oder mit allen drei.

Gehen Sie also durch die Gänge und suchen Sie sich aus, was Sie haben, werden oder sein möchten. Schauen Sie auf das Preisschild und fragen Sie sich ob Sie bereit sind, diesen Preis zu bezahlen. Dann gehen Sie zur Kasse. Erklären Sie auch Ihren Kindern, sofern Sie welche haben, wie der ganze

Supermarkt funktioniert. Zeigen Sie ihnen auch die abgelegenen Gänge mit den Spezialangeboten. Den meisten von uns wurde als Kind nur ein Gang oder maximal zwei bis drei Gänge davon gezeigt. Wir hielten das für den gesamten Laden. Tatsächlich verbergen sich aber hinter jedem Gang zehn weitere. Ein wahres Einkaufsparadies. Lediglich die Qual der Wahl fällt am Anfang noch ein wenig schwer.

Gehen Sie also los. Prüfen Sie, welches die richtigen Angebote für Sie sind. Legen Sie diese in Ihren Einkaufskorb. Gehen Sie zur Kasse und bezahlen Sie den Preis. Investieren Sie die erforderliche Zeit und die nötigen Handlungen. Eventuell werden Sie auch zunächst noch Geld investieren müssen. Im Normalfall steht das alles auf dem Preisschild. Wählen Sie bewusst und dann genießen Sie das Einkaufserlebnis.

Bei einem Teil werden Sie vielleicht feststellen, dass der Preis zu hoch war. Ein Teil Ihres Einkaufs wird eventuell auch nicht halten, was Sie sich davon versprochen haben und es kann auch vorkommen, dass Sie vor lauter Schnäppchenjägerei, vergessen haben etwas Wertvolles einzupacken. Niemand ist vor Fehleinkäufen gänzlich sicher. Aber auf jeden Fall bestimmen Sie, was Sie mit zur Kasse nehmen und Sie werden mit jedem Einkauf sicherer in Ihrer Wahl. Je bewusster Sie einkaufen, desto mehr werden Sie den gedeckten Lebenstisch genießen können.

Perfektion und Wahrheit

Wer ein Buch schreibt, der kennt sich in dem Thema aus über das er schreibt, sollte man jedenfalls meinen. Ein Experte auf einem bestimmten Gebiet hat dieses auch immer im Griff, denkt man im Allgemeinen. Und tatsächlich hat jemand, der sich einem bestimmten Thema ausführlich gewidmet hat, im Normalfall einen Wissensvorsprung vor den anderen, die dies nicht getan haben. Die Schlussfolgerung, dieser Experte würde deshalb in allen Bereichen, die dieses Thema betreffen richtig liegen und sich selbst und sein Leben entsprechend ausrichten, ist allerdings einfach nicht realitätstauglich.

Egal ob Sie einen Trainer vor sich haben, der Zehntausende bei seinen Live-Events anlockt und Millionen Bücher und DVDs verkauft hat oder ob es ein Spezialist in einer kleinen Nische ist, wir alle haben eines gemeinsam. Wir sind Menschen und als solche automatisch fehlbar. Auch der Lehrer mit der jahrzehntelangen Erfahrung wendet manchmal seine eigenen Lehren nicht an. Ich durfte einige solcher Vorbilder kennenlernen und ich habe großen Respekt vor ihrer Leistung, ihren Kenntnissen und Fähigkeiten. Aber keiner von ihnen war perfekt. Ganz einfach weil es das nicht gibt.

Auch ich tappte oft genug in diese Denkfalle, dass jemand, der sich zu einem bestimmten Thema äußern will oder gar ein Buch darüber schreiben will, erst alles darüber wissen müsse und es auch umgesetzt haben sollte, bevor er das tut. Aber irgendwann erkannte ich, dass dieser Moment nie kommen würde. Es kamen und kommen ständig neue Erkenntnisse hinzu und andere, die man bisher für sicher bewiesen hielt, erweisen sich als falsch. Man hat Erfolg im einen Bereich des Lebens und vernachlässigt einen anderen.

Hinzu kommen Versuche, die nicht so klappen, wie ich mir das vorgestellt hatte. Kurz gesagt, ich bin alles andere als perfekt. Aber wissen Sie was? Das habe ich mit allen anderen Menschen gemeinsam. Auch mit den ganz großen Gurus der persönlichen Weiterbildung. Vielleicht enttäuscht Sie das und Sie hätten gerne jemanden, der alles weiß und richtig macht oder wenigstens den Eindruck erweckt, dass er allwissend und unfehlbar wäre. Aber leider gibt es nur diejenigen, die diesen Eindruck erwecken.

Möglicherweise ist das aber auch gut so, denn so können Sie sich sicher sein, dass mit Ihnen alles in Ordnung ist, auch wenn nicht alles auf Anhieb klappt und das eine oder andere gleich ganz in die Hose geht. Es ist ganz einfach normal. Auch ein Traumleben ist ein Prozess mit Höhen und Tiefen. Einen Teil Ihrer Vorstellungen werden Sie umsetzen, einen anderen werden

Sie vielleicht nicht ganz oder gar nicht schaffen und einen dritten werden Sie aufgeben, weil sich Ihre Ansprüche geändert haben. Der Unterschied zu einem sogenannten normalen Leben wird darin liegen, dass Sie sowohl Höhen als auch Tiefen viel leichter als zwangsläufige Ereignisse akzeptieren können, weil Sie den Großteil der Zeit mit Dingen beschäftigt sind, die Sie gerne tun und die Sie erfüllen. Wozu brauchen Sie dann noch etwas Unerreichbares wie Perfektion? Das Streben nach dem „So-gut-wie-möglich" reicht dann vollkommen aus.

Die Vorstellung ein erfülltes, glückliches Leben sei erst dann möglich, wenn alle Vorstellungen zu hundert Prozent umgesetzt sind, verhindert oft jenes erfüllte, glückliche Leben, das wir anstreben. Die Information, dass auch die Top-Erfolgsmenschen das nicht schaffen können, hilft Ihnen hoffentlich, das alles richtig einzuschätzen und sich nicht blenden zu lassen. Sie müssen nicht perfekt sein um das zu tun, was Sie lieben und auch nicht um Ihr Traumleben zu führen.

> *Nutze die Talente die du hast.*
> *Die Wälder wären still, wenn nur*
> *die begabtesten Vögel sängen.*
> Henry van Dyke

Anziehungskraft und Zeitverzögerung

Wie schon in den vorangegangenen Kapiteln beschrieben, halte ich das Gesetz der Anziehung eher für ein Gesetz der Wahrnehmung. Es wurde viel darüber geschrieben, dass Gedanken Energie sind und ihr materielles Gegenstück oder die nötigen Mittel um das materielle Gegenstück zu erlangen, anziehen würden. Napoleon Hill schreibt sogar, Gedanken seien Dinge und so wie er es definiert, ist es zumindest nachvollziehbar, dass es so sein könnte. Letztendlich sind es Theorien, deren Richtigkeit Sie sich nur selbst beweisen oder sie widerlegen können.

Ich vermute, dass Ihre gedankliche Ausrichtung auf Ihr Ziel durch Visualisierung, durch Affirmation oder einfach durch Beschäftigung mit Ihrem Plan, die ganze Wahrnehmung schärft und alles was damit zu tun hat, sichtbar werden lässt.

Durch die Entscheidung und Klarheit darüber was Sie genau wollen in Ihrem Leben, stellen Sie Ihre Wahrnehmung auf die notwendigen Dinge, Menschen und Umstände ein. Mit der nötigen Klarheit über das, was Sie wirklich wollen und der Entscheidung sich darauf zu konzentrieren es auch zu erreichen, stellen Sie Ihre Wahrnehmung auf die nötigen Werkzeuge und Hilfsmittel ein. Und plötzlich scheint es so, als würden Dinge und Personen in Ihr Leben treten, die Ihnen helfen. Aber oft stellt sich heraus, dass diese

Dinge und Menschen schon immer da waren. Der interessierte Geldgeber wohnt gleich nebenan, er wusste nur nichts von Ihrem Vorhaben. Die Traumpartnerin wäre sowieso an diesem Tag durch Ihre Stadt gefahren, weil sie geschäftlich reisen musste. Aber ohne dass Sie sich über Aussehen und Art Ihrer Traumpartnerin klar geworden wären, wäre sie Ihnen vielleicht gar nicht aufgefallen. Es ist aber auch letztlich egal, ob Sie an die Anziehungskraft Ihrer Gedanken oder die geschärfte Wahrnehmung durch Ihre Gedanken glauben wollen. Wichtig ist, dass es funktioniert und Sie zu Ihren Träumen und Zielen hinführt.

Allerdings liegt zwischen Ursache und Wirkung immer eine zeitliche Verzögerung. Das heißt, alles was Sie bisher erlebt und erreicht haben unterlag dem Gesetz von Ursache und Wirkung. Und bei allem, was Sie in Zukunft erleben und erreichen werden ist das ganz genauso. Die Zeitspanne zwischen Ursache und Wirkung variiert sehr stark, je nach Intensität des Reizes, den Sie setzen. Wenn Sie sich, im negativen Beispiel, eine Pistole an den Kopf halten und abdrücken liegen Ursache und Wirkung sehr dicht beieinander. Wenn Sie Ihrem Körper durch zu viel Alkohol, Nikotin, übermäßiges Essen, den Gebrauch weiterer Drogen oder einer anderen exzessiven Lebensweise Schaden zufügen, liegt diese Zeitspanne meist weiter auseinander.

Das Ergebnis ist zwar das gleiche, aber der Zusammenhang ist leichter zu übersehen. Im positiven Beispiel ist es ebenso. Wenn Sie schuldenfrei werden wollen und durch massive, konzentrierte und effektive Maßnahmen Ihr Einkommen erhöhen, wird Ursache und Wirkung, nämlich die Schuldenfreiheit, nahe beieinander liegen. Wenn Sie einfach nur eine Stunde mehr pro Woche investieren und 50 Cent in der Stunde Lohnerhöhung fordern, wird die Zeitspanne wesentlich größer sein. Wobei es sein kann, dass eine zu schwache Ursache gar keine ausreichende Wirkung zeigt.

Diese Zeitverzögerung ist letztendlich auch eine Schutzfunktion. Wir schützen uns damit vor uns selbst oder wir werden vor uns selbst beschützt, wie auch immer Sie das sehen wollen. Zum einen sind wir auf diese Weise vor voreiligen Gedankenschäden geschützt, zum Anderen ist es ein Prüfstein für die Ernsthaftigkeit unserer Wünsche und unseres Willens. Wenn Sie mal kurz im Kopf überschlagen, wie oft Sie sich schon spontan etwas gewünscht haben, wovon Sie später heilfroh waren, dass Sie es nicht bekommen haben, dann wissen Sie was mit der Schutzfunktion gemeint ist. Denken Sie nur daran, was man Menschen so alles an den Hals wünscht, die einen in Wut und Rage gebracht haben oder wie oft man sich selbst entsprechend anfeindet. So ein Sicherheitsmechanismus ist da äußerst hilfreich. Allerdings wirkt er eben auch bei positiven Veränderungen.

Wenn Sie jahrelang keinen Sport gemacht haben, tritt die Fitness nicht nach einmal Joggen ein. Wer sich jahrelang schlecht ernährt hat wird nicht nach einer Woche Diät gesund werden. Wer bisher kaum nennenswertes Einkommen generieren konnte wird nicht über Nacht Millionär, nur weil er sich das wünscht. Auch wenn so mancher Trainer-Guru solche Geschichten erzählt. Keine einzige davon ist nachweislich wahr.

Sie verkaufen sich einfach nur gut. Selbst ein Tony Robbins, dessen Arbeit und Inhalte ich sehr schätze, lässt sich immer wieder zu solchen Storys, zum Beispiel von mehrfachen Lottogewinnern, die sich das ausreichend stark vorgestellt hatten, hinreißen und widerspricht sich dann im nächsten Abschnitt gleich wieder selbst, wenn er sagt, man solle nicht auf Lotteriespiele setzen. Ja warum denn nicht wenn es funktioniert? Eben.

Leider läuft das Spiel nicht so, sondern nach den Regeln von Ursache und Wirkung. Und die Gleichung funktioniert ausschließlich folgendermaßen: Starke, aber kurzfristige Ursache = schnelle, oft nur kurzzeitige Wirkung. Schwache, aber ausdauernde Ursache = langsame aber nachhaltige Wirkung.

Am besten lässt sich das beim Thema Abnehmen aufzeigen. Wer schon einige Diäten hinter sich hat, weiß wovon ich spreche. Mit einer Crash-Diät, bei der Sie gar nichts oder nur Kohlsuppe essen, oder eine andere Art von Fehlernährung praktizieren, erzielen Sie eine verhältnismäßig schnelle Wirkung. Sie nehmen ab. Dass Sie ein Jahr später dicker sind als zuvor ist ein anderes Thema.

Mit einer dauerhaften Umstellung auf eine vollwertige Ernährung, bei der Sie dem Körper in vernünftigem Maße etwas weniger Kalorien zuführen als er verbraucht, dauert es wesentlich länger bis sich spürbare Ergebnisse einstellen. Aber Ihr Erfolg ist dafür von Dauer.

Wählen Sie Ihren Weg also weise und planen Sie die Zeitverzögerung zwischen Ursache und Wirkung mit ein, sonst werden Sie unnötig ungeduldig, obwohl eigentlich alles super läuft.

Wählen Sie die Intensität Ihrer Ursachen die Sie setzen so, dass Sie diese sehr lange, am besten für immer anwenden können. Wählen Sie Ihre ernährungsbedingte Gewichtsreduktion so, dass Ihnen das Essen immer noch schmeckt und Spaß macht. Ebenso bei Ihrem Bewegungsprogramm. Wenn Sie sich bisher hauptsächlich als Sachverständiger beim Fernsehsport betätigt haben, dann sollten Sie sich vielleicht nicht im ersten Schritt vornehmen jeden Tag 10 km zu joggen.

Wenn Sie Vermögen aufbauen und Ihr Einkommen erhöhen wollen, dann machen Sie das auf eine Art und Weise, die Ihnen Freude bereitet und bei der Sie sich nicht aufreiben. Sonst halten Sie das Pensum sowieso nicht durch. Und selbst wenn, dann werden Sie am Ende nicht mehr viel davon haben.

Nachhaltige Veränderungen brauchen Zeit. Seien Sie also geduldig mit sich und sorgen Sie dafür, dass Sie Freude und Erfüllung schon auf dem Weg finden.

Die Kraft der Vision - Warum Sie Ihre Träume leben sollten

Wenn Sie die Weltgeschichte so betrachten. Können Sie da einen Moment des Stillstands erkennen? Gibt es, wenn Sie den Verlauf Ihres Lebens mal zurück verfolgen, irgendwo einen Punkt, an dem alles stillstand und sich nichts veränderte? Ich vermute mal, Sie werden keinen finden. Genauso wenig, wie ich oder sonst jemand je einen gefunden hat.

„Alles bewegt sich fort und nichts bleibt", hat schon Heraklit gewusst aus dessen Satz später das berühmte „Panta rhei" abgeleitet wurde, was so viel bedeutet wie „Alles fließt". Von ihm stammt auch der Satz: „Man kann nicht zweimal in denselben Fluss steigen", weil es beim zweiten Mal nicht mehr derselbe Fluss ist. Das Wasser fließt immer weiter und verändert so den Fluss laufend. Im Leben ist es ebenso. Selbst wenn Sie heute, in einer ähnlichen Situation wie vor einem Jahr, genau das gleiche machen, sich genauso verhalten, werden Sie nicht zwangsläufig das gleiche Ergebnis erzielen. Der Fluss des Lebens, sprich Ihre Umstände, sind im Normalfall andere und Sie haben sich ebenfalls verändert.

Es soll sich regen, schaffend handeln,
Erst sich gestalten, dann verwandeln;
Nur scheinbar steht's Momente still.
Das Ewige regt sich fort in allen:
Denn alles muss in Nichts zerfallen,
Wenn es im Sein beharren will.
Johann Wolfgang von Goethe

Aber das sind philosophische Betrachtungen über die man lange und ausführlich diskutieren kann und die man aus verschiedenen Blickwinkeln untersuchen kann. Das haben philosophische Betrachtungen nun mal so an sich. Aber was heißt das nun konkret für Ihr Traumleben?

Egal wie schlimm eine Zeit für Mensch und Tier auch ist, es kann immer noch schlechter oder wieder besser werden. Egal wie schön, erfolgreich und sprudelnd man das Leben gerade jetzt empfindet, es kann sich verschlechtern oder plötzlich vergehen. Es gibt zahlreiche Unterschiede zwischen Menschen, Tieren und Pflanzen oder auch zwischen Menschen untereinander. Aber diese Tatsache ist für alle gleich. Sie alle kommen und vergehen wieder, jedenfalls in ihrer körperlichen Erscheinung und allem was damit zusammenhängt. In der kurzen Zeitspanne dazwischen haben Sie die Möglichkeit Erfahrungen zu sammeln, glücklich zu sein, alle Höhen und Tiefen auszukosten und an der Veränderung des eigenen Mikrokosmos mitzuwirken.

Vielleicht dient das alles einem höheren Zweck. Vielleicht sind wir die Werkzeuge Gottes, der durch unsere "Materialisierung" körperliche Erfahrungen macht. Vielleicht ist es aber auch einfach ein Spiel der Moleküle, Atome, Neuronen oder anderen Bestandteilen, die wir vielleicht noch gar nicht kennen. Eine zufällige Aneinanderreihung von Ereignissen. Möglicherweise führt es irgendwo zu einem bestimmten Endziel hin. Wer weiß das schon? Das sind philosophische Fragen, deren Beantwortung dem Glauben jedes Einzelnen überlassen bleiben.

Der Traum von einer besseren Welt voll glücklicher Menschen, die mit allen Geschöpfen dieser Erde in Frieden leben ist jedenfalls tief in uns verankert. Und wir finden Erfüllung, wenn wir in diese Richtung streben. Vorausgesetzt wir verlieren uns nicht unterwegs im Gegenpol: der Angst, dem Mangeldenken und der Du-oder-Ich-Mentalität.

Für viele Erwachsene ist das Kitsch, kindische Naivität oder gar etwas völlig Unrealistisches. Man erntet im Idealfall ein mildes Lächeln, oft auch eine spöttische Bemerkung. Manche lachen einen offen aus oder andere, die Ihr Weltbild gefährdet sehen, greifen einen dafür auch schon mal an. "Glückliche Menschen? Frieden für alle? Liebe? Welche Drogen nimmst Du denn und hast Du noch was davon?"

Und tatsächlich ist diese Vorstellung im Moment nur sehr schwer zu vermitteln. In einer Zeit in der das Hamsterrad das Geschäftsleben dominiert, Burnout und Seeleninfarkte an der Tagesordnung sind und die eiserne Jungfrau der Gewinnmaximierung immer weiter zugedrückt wird. In einer Zeit in der unzählige Menschen in kleine und große Kriege auf der Welt geschickt werden, während diese von anderen Menschen geschürt werden, weil sie vorzüglich daran verdienen oder andere egoistische Ziele damit verfolgen.

In einer Zeit, in der in dem einen Teil der Welt Kinder verhungern und Katastrophen wüten, während der andere Teil der Welt, deren Essen an ihre Tiere verfüttert und last but not least, in einer Zeit, in der die meisten Menschen der Industriestaaten gut dressiert Brot und Spiele konsumieren, während ihr Leben für und von anderen gelebt wird. Wenn man das alles betrachtet, und ich könnte die Liste noch sehr lange fortsetzen, wie kann man da von glücklichen Menschen und einem friedlichen Miteinander sprechen?

Ganz einfach. Weil das die Grundlage für positive Veränderung ist. Wir müssen uns daran orientieren, wie es sein soll, anstatt über die Welt zu jammern, wie sie ist. Sie können sich stunden- und tagelang über die schlimmen Zustände beschweren. Was wird das Ergebnis sein? Außer den Leidtragenden haben Sie einen weiteren Menschen in dieser Zeit unglücklich gemacht - nämlich sich selbst. Wenn Sie mitleiden, leidet einer mehr.

Wenn Sie positiv verändern, hilft es allen Beteiligten. Und das Einzige, was Sie wirklich beeinflussen können, was Sie zu hundert Prozent verändern können, das sind Sie selbst. Andere Menschen können Sie nur inspirieren, motivieren, mit gutem Beispiel beeinflussen oder im negativen Fall zwingen, etwas zu verändern. Aber die tatsächliche Veränderung kann nur der Mensch selbst für sich vollziehen. Wenn Sie etwas stört auf dieser Welt, dann fragen Sie zuallererst, was hat es mit mir zu tun? Was kann ich bei mir, in meinem Umfeld ändern, damit sich an dieser Sache etwas ändert? Mahatma Gandhi sagte: "Wir müssen die Veränderung sein, die wir erleben wollen."

Wir leben in einer polaren Welt in der es kein Gut ohne Böse, kein hell ohne dunkel, kein Anfang ohne Ende gibt. Das bedeutet, wir werden immer Gut und Böse als Einheit, als Ganzes betrachten müssen. Aber da es meiner Meinung nach schon genügend "Kämpfer des Bösen" gibt, wenn Sie mir diesen Ausdruck gestatten, würde ich sagen, sollte jetzt die Zeit der Gegenbewegung kommen. Vielleicht ist es auch unsere Aufgabe dieses Spiel irgendwann zu überwinden? Vielleicht ist das schon in der Bibel in Jesaja beschrieben mit der Ankündigung: … "Wolf und Lamm werden beisammen weiden; und der Löwe wird Stroh fressen wie das Rind; und die Schlange: Staub wird ihre Speise sein …"

Viele solcher Bibelstellen sind schließlich von solchen Visionen geprägt. Auch wenn ich natürlich den Einwand gelten lasse, dass man dort auch Stellen finden kann, die eher auf opfern, bestrafen und töten hinauslaufen.

Ehrlich gesagt, hab ich natürlich ebenfalls nicht den Stein der Weisen gefunden und nun die Erleuchtung erhalten, sodass ich nun die ganze Welt erklären könnte. Ich weiß aber zumindest, dass es außer mir auch niemand sonst wirklich weiß. Alle haben nur ihren Glauben oder ihre Überzeugung davon, wie Gott und die Welt so sind und was es davon überhaupt gibt.

Wahrscheinlich ist die Vorstellung von glücklichen Menschen in einer friedlichen Welt im Moment noch gefühlte zehn oder zehntausend Schritte vorausgedacht. Aber die Vorstellung gefällt mir und jeder Einzelne von uns muss ja nur seine eigenen Schritte gehen - warum also nicht den Versuch wagen? Krieg, Not, Elend und der unendliche Kampf gegen jeden und alles, das haben wir jetzt ein paar Jahrtausende lang ausprobiert. Das Ergebnis reißt einen nicht gerade vom Hocker, oder?

Menschen, die ihren Traum leben lassen sich nicht einfach in Kriege schicken oder fürs Töten begeistern. Menschen die ihren Traum leben sind zu glücklich um andere fertig zu machen oder zu bekämpfen. Warum sollten sie das auch tun? Menschen die ihren Traum leben sind eher bereit anderen dabei zu helfen, ebenfalls glücklich zu werden. Menschen, die ihren Traum leben haben weder Zeit noch gesteigerte Lust sich frustriert und ausgebrannt zu fühlen. Menschen, die ihren Traum leben sind zu glücklich um das Glück anderer zu zerstören.

Also - Lassen Sie sich jetzt nicht weiter aufhalten auf dem Weg zu Ihrem Traumleben, zu einem Leben nach Ihren eigenen Vorstellungen. Ich wünsche Ihnen viel Glück, maximalen Erfolg und Erfüllung auf Ihrer Reise. Malen Sie Ihr Leben auf einer großen Leinwand. Nichts weniger als das haben Sie verdient.

Der Worte sind genug gewechselt,
lasst mich auch endlich Taten sehn.
Indes Ihr Komplimente drechselt,
kann etwas Nützliches geschehn.
Johann Wolfgang von Goethe

– ENDE –

Wissen ist Macht TV

Persönliche Entwicklung ist eine Entscheidung

www.wissen-ist-macht.tv

Interviews

Was könnte Sie zur Verwirklichung Ihres eigenen Traumlebens mehr inspirieren, als die Menschen, die bereits nach den eigenen Vorstellungen leben.

Blickpunkte

Hier finden Sie Blickpunkte, Anregungen und Gedanken zu diversen Themen rund um das menschliche (Zusammen-) Leben, dessen Fallstricke und Möglichkeiten.

Erfolgsgeschichten

Hier geht es um Sie und Ihre Erfolgsgeschichte. Wir stellen persönliche Erfolgsgeschichten vor, genauso wie Projekte die etwas Großes werden könnten.

Tagesinspirationen

Hier finden Sie Gedankenanregungen, Blickpunkte zu Zitaten, eigene Erkenntnisse und Überlegungen, als Anregung für die eigenen Gedanken. Diese können Sie per eMail abonnieren und erhalten dann alle 1 bis 2 Tage eine neue Inspiration ins Postfach.

Für noch bessere Ergebnisse:

Vom-Traum-zum-Ziel –
endlich nach meinen eigenen Vorstellungen leben!

der begleitete Online Kurs

für Ihre ganz persönliche Traumerfüllung!

Weitere Informationen unter:

www.vom-traum-zum-Ziel.de

FSC
www.fsc.org
MIX
Papier | Fördert
gute Waldnutzung
FSC® C083411

Zeitfracht Medien GmbH
Ferdinand-Jühlke-Straße 7
99095 Erfurt, Deutschland
produktsicherheit@kolibri360.de